西村正男・星野幸代［編］

移動するメディアとプロパガンダ

日中戦争期から戦後にかけての大衆芸術

勉誠出版

移動するメディアとプロパガンダ

日中戦争期から戦後にかけての大衆芸術

［はじめに］

「日中戦争下の芸術家群像」から移動する身体芸術プロパガンダ研究へ

星野幸代

本書は、日中戦争期から中華人民共和国建国期をめぐる映画、音楽、漫画、舞踊すなわちヴィジュアル的な、パフォーマンス性の高い芸術を通じたプロパガンダを対象に、「移動」をキーワードとして、誰がいかなる動機で、あるいは誰との関係によってどこへ移動したのか、あるいは何を移動させたのか、その効果はどうであったか、その結果彼／女／らはどうなったのかを検討するものである。

本書の発端は、共同研究「戦時下中国の移動するメディア・プロパガンダ――身体・音・映像の動態的連関から」（平成二十四～二十六年度文部科学省科学研究費基盤研究（B）、研究課題番号：24320038）であった。この共同研究がスタートした二〇一二年、故・阿部幸夫先生が『幻の重慶二流堂――日中戦争下の芸術家群像』（東方書店、二〇一二年）を上梓された。これは、勝手なことを言わせていただければ、我々にとって絶好のタイミングであった。『幻の重慶二流堂』は学術書でありながら、陪都《ばいと》（戦時中だけの臨時首都）重慶における演劇人たちの創作活動を、キーとなる人物に順々にスポットを当て、あたかも章回小説のように人間模様を織り交ぜながら躍動感をもって浮かびあがらせていく手法をとっていた。時代、対象はもとより、知識人の移動と人間関係を通じてパフォーマンス文芸を再評価していく方法は、我々が目指すべきものであった。そのため、既に阿部幸夫先生と研究交流を行っていた邵迎建氏を通じて、阿部先生に「日中戦争下の芸術家群像」の内容で講じていただけないか打診してもらったところ御快諾下さり、我々の開く国際シンポジウム「戦時下中国の移動するメディア・プロパガンダ」で基調講演をしていただいた。その際、事前に送っていただいた御講演原稿は、下の様に語り起こされている。

お誘いをいただいて、すこし興をそそられました。研究の主題にでしょうか、題目にでしょうか、両方かもしれませんが、魅力でした。僕がやってきたことに近いようです。

阿部先生の方でも、我々の共同研究を多少なりとも御自身の後継と見なし、面白がって参加して下さったのだと思う。このシンポジウムでは、阿部先生の御話を目当てに遠方から来場した研究者もいた。前夜の晩餐を加えて二日間であったが、阿部先生を囲んで研究交流を行うことが出来た。

本来、その共同研究が終わる二〇一五年のタイミングで論文集を出せたらベストであった。阿部先生に改めて御講演をまとめていただき、研究メンバーがそれぞれ論文を執筆したのだが、研究代表者の取りまとめがまずかったのか、日本学術振興会・研究成果公開促進費に採択されなかった。そのため、研究の早期発信が求められる昨今、現役の研究メンバーはそれらの原稿を他の場で発表せざるを得ず、学務にも取り紛れ論文集が延び延びになってしまった。阿部先生が鬼籍に入られて後の出版となり、忸怩たる思いである。

上記の事情から、本書は阿部幸夫先生の文章以外は、その後の研究成果により新たに執筆した論考から成っている。なお、我々のような若輩が阿部先生の語り口を踏襲するのはやはりはばかられたため、オーソドックスな論文形式をとっている。

王騰飛「「狂乱」と「新生」——娯楽映画から灰色上海まで」（榊原真理子訳）は、淪陥期［日本占領期］上海の新聞雑誌で多用された「狂乱」、「新生」という言葉を、この時代の日常生活から価値観、心理、政治的スローガンまでを総括するキーワードとして提起している。「狂乱」とは破壊と占領下にある経済的・社会的不安定さと、気も狂いそうなほど抑圧された心理状態を指し、「新生」は日本軍と傀儡政権の掲げた言葉であるとともに、圧政下の人々が希求した「春」の意味をも含んでいた。本稿は、上海における中日合作の映画会社「中聯」こと中華聯合製片公司および中華電影股份有限公司、さらにその後継「華影」が一九四二～一九四四年に制作した社会派の映画を取り上げ、当局とのせめぎあいの下で映画というプロパガンダ・メディアが「狂乱」と「新生」を如何に表現しようとしたかを論じている。

邵迎建『『狼火は上海に揚る』から『春江遺恨』へ』は、一九四四年上海で日中スタッフが提携して製作した映画『春江遺恨（邦題：狼火は上海に揚る）』について、日本、中国それぞれの製作のねらいと結果を検証したものである。抗日戦期の傀儡政権下で制作された一〇〇本余りの日中合作映画は中国映画史から抹消されてきたが、『春江遺恨』はそれらの一本である。邵氏は自ら発見した日本語台本、中国語の検閲台本と実際の映像とを照合し、また日中双方の監督の日記や証言を合わせて制作プロセスを考察することにより、同作が表向きは日本の国策に沿ったプロットでありながら、台詞、役名、ショット等に中国側の意思が投影されていることを論証している。

張新民「日本占領下における華北映画について――華北電影股份有限公司の文化映画・ニュース映画を中心に」は、日本占領下の華北・内モンゴル（現在）において、日本の国策のもと政治・経済・文化的な要請を中国民衆、在満日本人に伝える任務を担った映画会社・華北電影に着目し、同社が製作した文化映画・ニュース映画の内容と、それらの上演状況を考察したものである。文化映画では同じテーマで日本語版、華語版とでは主眼が異なり、ニュース映画では中国民衆、日本居留民にそれぞれ知られて都合が悪いものは省くなど、内容の選別が行われていた。また日中スタッフを起用し分ける等、多方面で「差別化」が行われていた。その結果、映画の観客である中国人、日本人の相互理解は深まらず、かえって距離が広まっていった。

楊韜「小型映写機という戦争プロパガンダ装置」は、張論文で詳述される巡回上映の際に大いに活躍した小型映写機について、戦時下の移動式メディア・プロパガンダの技術という視点からアプローチし、日本光音工業製一六ミリトーキー映写機を具体的対象として取り上げている。もともと国内で初等教育の場やアマチュアの間で使われてきた小型映写機は、軍と出版メディアの要請と支援のもと発達し、満州各地で供給され、視覚的プロパガンダの装置となっていった。更に、その機材自体の広告もまた国策宣伝を担った。

城山拓也「プロパガンダと装飾芸術――張光宇『西遊漫記』をめぐって」は、中国における装飾芸術（装丁、舞台芸術など工芸美術）の第一人者、張光宇《ちょうこうう》の創作活動を整理した上で、色彩豊かな風刺漫画「西遊漫記」（一九四五年秋脱稿）を取り上げ、一九四〇年代中国の視覚的プロパガンダにおける張光宇芸術の特質を考察したものである。「西遊漫記」は戦時中の避難の中でのスケッチ、また抗日や反ファシズム表現を経た張光宇の集大成であり、『西遊記』を下敷きに、語りとしては多重の入れ子構造をとって現実との関わりを「無効化」しつつ、重慶の国民党下の社会を反映している。本稿は、同時期の漫画、またアニメーション等の視角芸術のプロパガンダとくらべ、「西遊漫記」は特定の政治的主張を打ち消し、プロパガンダそのものを相対化した作品であると評価している。

葛西周「音楽プロパガンダにおける「差異」と「擬態」――戦時下日本の「満支」をめぐる欲望」は、文化的「擬態」をキーワードとして、日中戦争期の音楽、特に歌謡をつうじたプロパガンダを読み解いている。アジア諸国の文化の類似性が主張される中、日中双方の芸能の交歓により「日支親善」がアピールされたが、それらは実質「支配／服従」の構図のプロパガンダであった。李香蘭の「流暢な日本語を話す中国人」への「擬態」、また「日本人女性を装う姑娘」白光の「カタコト歌謡」による不完全な「擬態」は、言語的支配の体現であった。こうした帝国主義下の権力関係を背景とした文化的擬態は、植民者／被植民者の二項対立を強化する役割を課されていた。

葛西論文で登場する歌手、音楽家たちの一部は、拙稿で扱う東南アジア派遣芸能慰問団に加わってミャンマーに赴いている。拙稿「南方「皇軍」慰問――芸能人《アーティスト》という身体メディア」は日中戦争期、日本占領区に駐留する日本軍の娯楽と士気高揚のため、日本／植民地の芸能人たちが陸軍省の後援で行われた慰問公演のうち、一九四二年ＮＨＫが南洋（シンガポール、インドネシア、ミャンマー）に派遣した「皇軍慰問」団の活動を、当事者である作曲家、浪曲家、舞踊家たちの手記と証言から再現し、当初の目的以外に芸能人というメディアが伝え、受容したものは何かを考察したものである。

晏妮「戦後日本における中国古典の映画化――日本・大陸・香港・東南アジアに跨る大衆文化の記憶」は、戦後日本で起きた中国古典の映画化ブームを、日本映画史と大陸、香港、東南アジア映画史との関係性の中で検証するものである。李香蘭／山口淑子は戦中に「支那ブーム」を引き起こし、戦時期の文化政策に同調しつつも、中国に対する大衆の文化的関心を高めた。さらに彼女のイメージは映画など視覚・聴覚メディアを通じて、戦時の大衆の文化的記憶を形作った。戦後日本映画は李香蘭イメージに代表されるトランスナショナルな戦時大衆文化の記憶をつなぎ、国際映画祭における需要を意識しつつ、中国古典を映画化していった。

西村正男「戦後における李香蘭と二人の後継者――胡美芳と葛蘭」は、戦後の李香蘭＝山口淑子が中国人を演じることを辞めて引退したあと、日本生まれの華僑・胡美芳と、葛蘭（グレイス・チャン）が日本、香港芸能界において李香蘭イメージの後継者となったことを、作曲家・服部良一と華僑の作曲家・梁楽音との関わりを通じて検証している。戦前上海・香港・日本の流行文化が往来する五〇年代、胡美芳と葛蘭は服部、梁がプロデュースする映画において李香蘭／山口淑子へのオマージュを演じ、また彼女のヒット曲へのオマージュである歌謡を歌う役割を担った。戦後、日本では李香蘭の記憶が薄れる中で胡美芳が活躍の場を失ったのに対し、葛蘭の方はそのイメージに縛られることなく、彼女自身の魅力によって、香港の大スターとしての地位を確立した。

韓燕麗「中国語映画の「戦後」――女優李麗華とその主演作品を中心に」は、従来日本では見過ごされてきた、一九四〇～五〇年代中国における二度の「戦後」（抗日戦と朝鮮戦争）における中国語映画の再生を、女優・李麗華の二度の「戦後」を通じて考察するものである。従来、戦後の大陸から香港への映画人の移動は、対日協力の責任追及を逃れるため、または共産党嫌悪のためと概括されてきた。だが、日本敗戦後の香港では中国への早期返還の機運が高まり、人民映画さながらの北京語映画が製作されていた。香港にあっても李麗華は対日協力を糾弾され、無産階級を演じる女優へと転換しようとした。しかし中国政府が香港の返還交渉をやめるに至り、李麗華は左傾化への反省文を公開し、商業映画のスター女優として再生する。李麗華のキャリアの転換とリセットは、中国映画と香港映画が地続きであった時期と、またそれらが岐路に至る過程の一典型として理解することが出来る。

以上の紹介でも少し言及した通り、映画、音楽、漫画、舞踊は人を通じて関連し合っており、それらは錯綜する個人の思惑と、個人を動かしている歴史社会的な動態を背景としている。本書が、戦時期から五〇年代初期にかけてのそうした動態的連関を少しでも提示し得ていれば幸甚である。もちろん本書で明らかに出来たのはその一端に過ぎないが、実は、冒頭で挙げた共同研究は、幸いにもその後続研究が採択され続けており、現在は合わせて八年目になる。それについては西村正男氏の「あとがき」を参照されたい。またの機会にこの続きを報告出来ることを切に願っている。

最後になったが、本書は起案から原稿がそろうまで非常に時間をかけてしまい、勉誠出版の編集担当の和泉浩二郎氏、坂田亮氏、またその前段階でお世話になった黒古麻己氏には大変お手数をかけたことを記し、感謝申し上げたい。

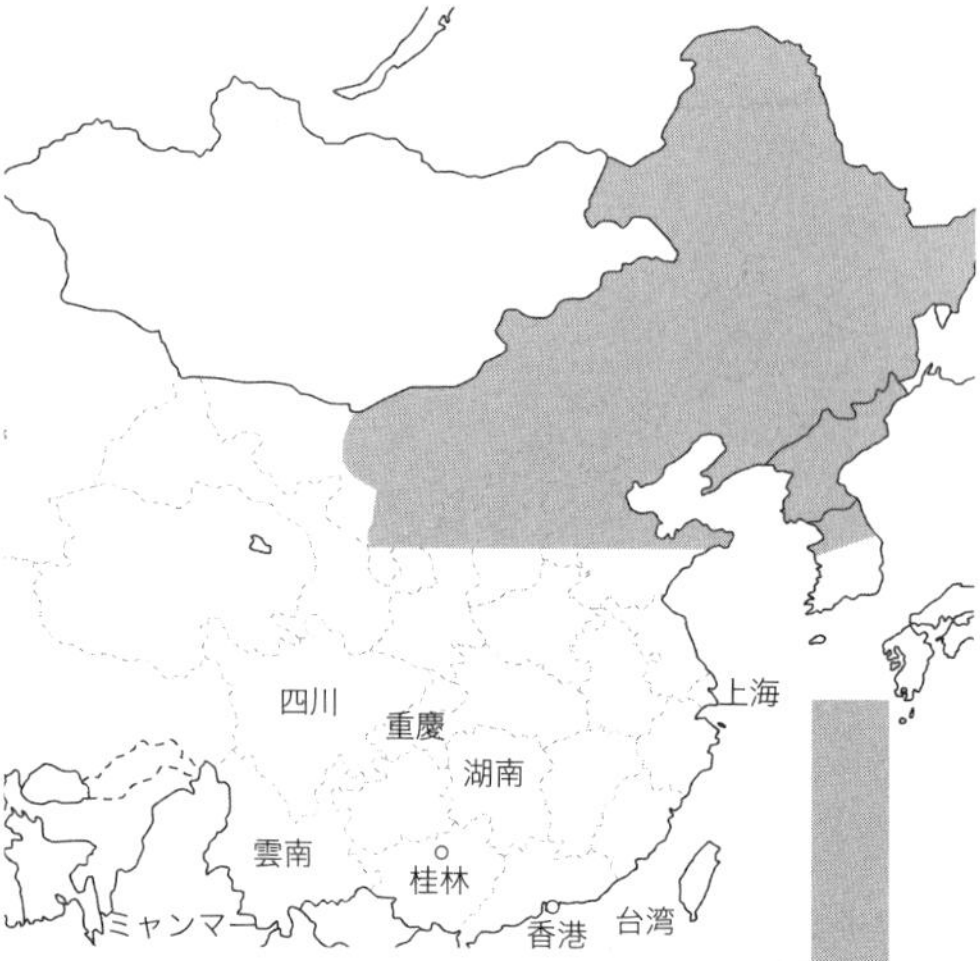

中国周辺地図

日中戦争時代の中国東北部

本書に登場する主な地名

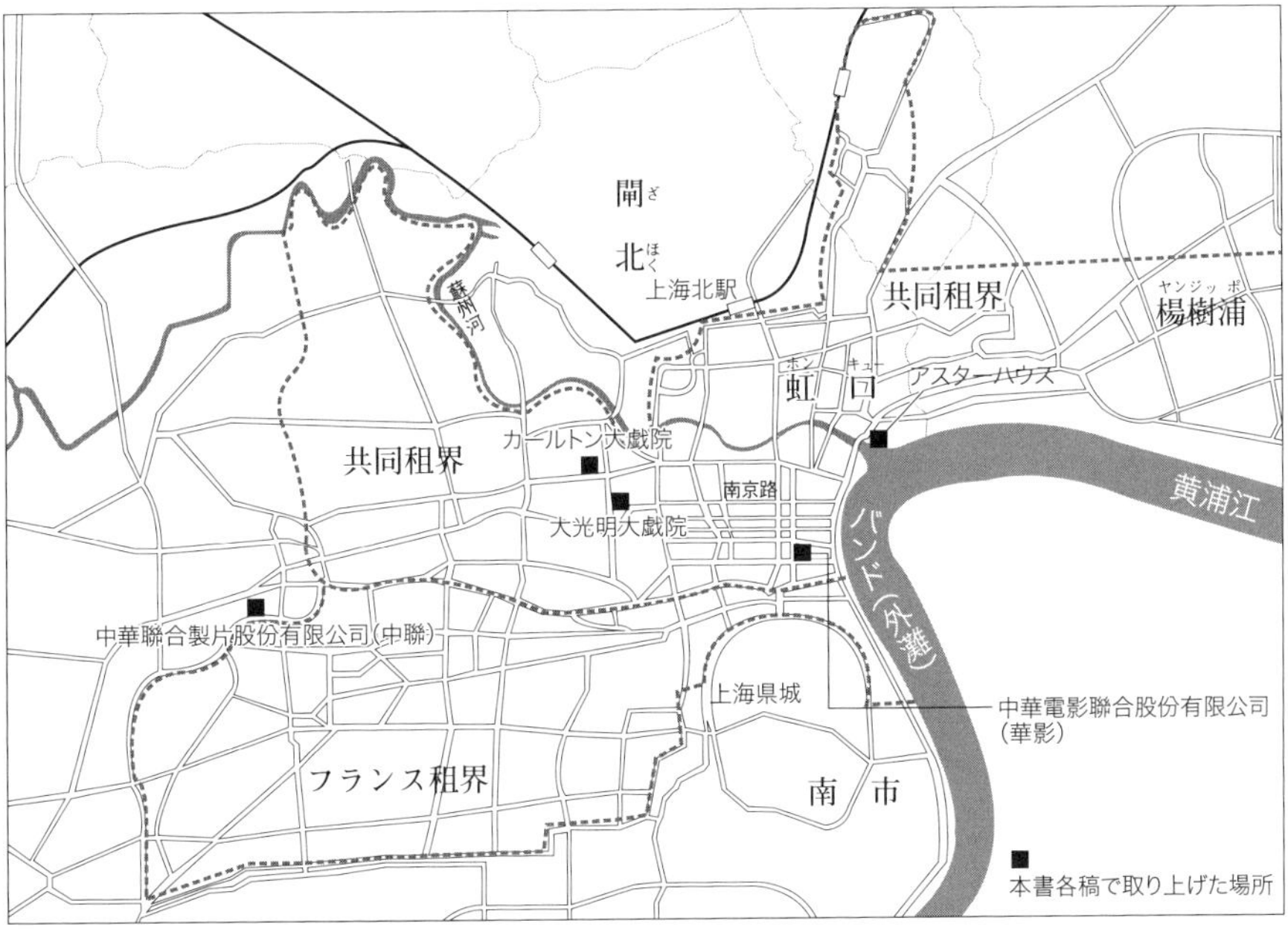

上海租界

【序論】

抗日期の文化人たち

阿部幸夫

日本との全面抗戦をきっかけに、日本から郭沫若《かくまつじゃく》（一八九二―一九七九）、ロンドンから黄佐臨《こうさりん》（一九〇六―一九九四）、アメリカから張駿祥《ちょうしゅんしょう》（一九一〇―一九九六）といった重要な演劇人たちが集結していく様相を、ジャーナリスト時代の劇作家・夏衍《かえん》（一九〇〇―一九九五）の移動をからめて追い、抗戦期の上海・桂林・香港・重慶における新たな演劇文化の勃興を描き出す。

一、陪都・孤島淪陥・陰陽界

はじめに

八年に及んだ抗日戦争で、なんとか「惨勝」したその後に、四年あまりの解放戦争がつづいて、中国における新しい国家の成立は一九四九年の十月になった。一方に新しい時代に相応しい文化を創りだそうという営為があれば、それと並行して、古いものを改造・止揚していくことも忽せにできないと、文芸工作者たちは気合を込める。とくに一九三〇年代上海の、かつての栄光を知る映画・演劇人たちは、新しい時代の息吹きにいっ

図1　左より1950年上海人民芸術劇院の副院長・呂復、初代院長・夏衍、副院長・黄佐臨（『夏衍』浙江摂影出版社、1993年）

そう身を引き締める。そうしたなか、上海人民芸術劇院が産声をあげ、新時代の到来を告げたのは一九五〇年八月二十日であった。

初代の院長は夏衍、副院長に黄佐臨と呂復《りょふく》。抗戦期の臨時首都重慶で、演劇（「話劇」と呼ぶ現代劇）ブームの中心にいたのが夏衍なら、孤島（孤立した）、そして占領下（被占領を淪陥という）上海で演劇の火を点しつづけたのが黄佐臨であり、八千里路の戦野を戦闘部隊に随行してかけめぐった抗戦演劇隊長が呂復。少し詳しく紹介するなら、国統区（国民政府が統治する地区）、もう一つの呼び方をすれば蒋管区（蒋介石政権が管理する地区）で、進歩的な演劇を指向した正統派の代表が夏衍である。つぎに、日中全面戦争の勃発を留学先のイギリスで知って、祖国存亡の危機に救国戦線に参加すべく、バーナード・ショーに激励され、帰国して奥地にはいるが、田舎暮らし（！）に馴染めず、もっと本格的な演劇による救国をめざして孤島上海にまいもどり、窮屈きわまる環境でブレヒトの演劇精神を実践することにしたのが黄佐臨ご夫妻。そして呂復は、青年の一本気な情熱を街頭劇に託した実践家とでも言えばよいか。抗日救国のストレートな表現とも言うべき「好一計鞭子」（『三江好』『最後一計』『鞭を捨てろ』に『台児荘の戦い』など評価の高かった街頭劇を一つにした呼び名）をひっさげて前線の兵士や民衆を鼓舞した、いわば演劇隊の英雄、通称、抗戦演劇九隊長である。抗戦時期の演劇を語るにふさわしい、演劇運動のそれぞれに異色な三様式・三結合の存在を認めての上海に結集する、バランスのとれた組合せが、どのように収斂し、次なるステージにつながるか、話劇の明日を期待させるものであった（**図1**）。記念写真に収まった夏衍、黄佐臨は、お仕着せの軍服がまだ呂復隊長（左端）ほどには着こなせて居ない。この上海人民芸術劇院は、陳毅司令員ひきいる第三野戦軍の文工団（政治部文芸工作団）が母体になり、さらに演劇九隊を編成替えした華東文工団が加わったと聞く。

本稿の主眼は、「新しい上海文化」に辿《たど》りつくまでの、主に抗戦期（一九三七年七月の盧溝橋事件から一九四五年八月の日本降伏・中国惨勝までの八年間）の、中国各地に華々しく展開（拡散か）してブームを巻き起こした演劇文化を、とりあえずは夏衍の行動を通して再認識する作業にある。地域で示せば、国統区＝蒋管区の陪都重慶である。

郭沫若、千葉から上海へ

未曾有の国難に際会して、万難を排して帰国しよう、抗日戦線に加わろうとした文化人の一人に、敵地日本の市川須和田で中国古代研究に専念していた郭沫若がいた。もともとが情熱ほとばしる現代詩人であり、かつては戎衣をまとって北伐戦争に従軍したこの文学者は、とにかく日本脱出の機会を窺っていた。仇敵蒋介石政権からの身分保証なども約束され、考古金文研究者の金祖同《きんそどう》（筆名は殷塵《いんじん》）をつれ、神戸で上海航路の日本皇后号（エンプレス・オブ・ジャパン号は昌興公司船籍）で上海に帰着する。船中で、日本に棄ててきた妻アンナ、息子四人、娘一人との別離の思いを詩につづる。従軍を志願するにあたって（＝纓を請うるの時）、断ち切れない妻子との縁を切ってきた船旅をつづるのだった。

又　筆を投げ　纓《えい》を請うるの時に当たり、
婦《つま》に別れ　雛を抛って　藕絲《みれん》を断つ、
国を去ること十年　泪血を余し、
舟に登こと三宿　旌旗《せいき》を見る、……

この詩は魯迅の詩（「忘れんがための紀念」の文中にある詩）の韻を踏む。こちらも心に沁みる。「長夜　春時を過ごすに慣れたり、婦を挈え　雛を将い　鬢に絲あり、夢裏に依稀なり　慈母の涙、城頭　変幻す　大王の旗、……」真冬の深夜に、上海龍華警備司令部で、左翼作家聯盟の柔石ら二十四人を虐殺した右翼テロリズム政権を告発する魯迅の筆鋒（一九三三年）と、ついに公然と中国侵略の馬脚をむきだした軍国日本にたいする沫若の怒りが重なる。

かくしてフランス租界は高乃依（コルネイユ）路のチェコスロバキア人が経営するアパートに落ちつく。上海で出迎えたのが郁達夫《いくたっぷ》、阿英《あえい》（銭杏邨《せんきょうそん》）らであるが、翌る八月二日、潘漢年《はんかんねん》と夏衍が連れだって沫若を訪れる。上海の文芸界のことは、そして上海の文化界救亡協会のことは夏衍に聞いて欲しい、と潘漢年がいう。夏衍の立場は、周恩来じきじきの言葉で、上海における「進歩的文化人という身分で各階層と、国民党の内部の人を含めて統一戦線工作をやってもらう」ことにあった。さらに劇作家としての夏衍は、盧溝橋事件の熱気のなかの「時事煽動劇」で集体創作の群衆劇『保衛盧溝橋』三幕を仕上げる「加工」と「潤色」を受けもち、また八月十五日からは西安事変の兵諫を下敷きに、つかの間の妥協で牢屋から解き放された青年達に降りかかった悲しみを劇化した名作『上海の屋根の下』がカールトン大戯院で初演の手筈になっていた（が、戦火が上海に及んで、停演となる）。

上海『救亡日報』創刊——ジャーナリスト・夏衍の誕生

盧溝橋から上海郊外へ。戦火が拡大するなかで、いがみ合ってきた国共両党に第二次合作の機運が生まれた。並行して同時進行したのが名目上は国共合弁の日刊紙、上海『救亡日報』の創刊であった。双方から編輯スタッフを出す、経費も折半することではじまったが、蓋を開けてみれば例によって、粘り強く編輯し、内容を吟味して販売を伸ばしたのは郭沫若社長、主編夏衍のラインであった。国民党側は権利と名義に拘るばかり。ルポルタージュ、時事評論、戦地慰問と探訪、それに文芸作品まで盛りこんだタブロイド版新聞が水がしみこむように上海の土地に根をはっていった。特筆できるのが、ジャーナリスト夏衍の誕生であった。

少し私事に逸れるが、筆者と夏衍氏の付き合いは「文革」以後のことで、文学のこと、映画のこと、演劇のことで分からないことだらけの筆者の「中国さがし」は、いつも夏衍作品を読み解くことであった。詩作にだけは手を出したことがないと本人は遠慮がちに言うが、文芸万般に通じるマルチタレントぶりは衆目の一致するところ。「でもね、じゃあ君の職業はと聞かれたら、ぼくの本質はジャーナリスト、新聞記者だな。そして桂林……」との答えが戻ってきた。映画・演劇に専念するのかと質問した筆者への、即座の回答であった。思いあたるし、うなずける。

上海が日本軍の手に落ちて、『救亡日報』は広州版そして桂林版と、国統区を次第に奥地へと分け入る。上海は敵に占領された中国人の論陥居住区と、なお諸外国が所有する租界つまり孤島上海が併存する、奇妙にして変則な都市に変貌する。租界には日本の軍民も歩きまわれば、イギリス・アメリカ・フランス・ロシア人も雑居する。だがフランス租界を中心に上海演劇はなお健在であった。上海から英領ホンコン経由で広州へ移動・後退を余儀なくされた夏衍は、上海演劇の後事を劇作家于伶《うれい》に托した。その于伶は、孤島で上海劇芸社を立ちあげて上海演劇を守りきる。いや育てあげる。一九四三年の時点まで。

多忙を極める郭沫若と夏衍は暫く、ここで別行動となる。北伐以来、政府要人にも人脈を持つ沫若は、国共いずれにも欠かせない「繋ぎ」の顔とあって、政府とともに陪都重慶に辿りつく。そして中国史研究という該博な専門知識を演劇につぎ込んだ名作『屈原』を構想した（一九四二年）。最後の一筆を前にペンが折れ、居合わせたロシアのフェドレンコ参事官の万年筆で力強く書き上げたというエピソードが残る。屈原の時代にかこつけて現代を描く、その手法はだれもがする現代演劇の諷刺の文体だが、戯曲のもつ社会的な意味合いを、もう少しいえば抗戦中国の陪都重慶の光と影を描きだした話劇として成功し、陪都を涌かせた。禁演ぎりぎりの表現で切りぬけて効果をもたらす熟練の筆の冴えと、成功させようと政府系新聞を利用する周囲の努力がかみ合って、国泰劇場は上演・再演の長い興行となった。抗戦演劇のブームに太い柱ができたと言えようか。

夏衍、桂林で『救亡日報』を復刊

話を、夏衍に戻す。夏衍はジャーナリストだという。しかし劇作家である。ジャーナリスト夏衍は桂林で頂点に立つのだが、それでいて演劇を離れることはない。夏衍は「此地此時」を書く。いま、ここで、何が起きているかを書く。新聞人の簡潔な筆で、観客の心に語りかける舞台づくりの感性で。桂林で書いた戯曲に『心防（心のまもり）』（一九四〇年五月）がある。孤島上海に残留した新聞記者を主人公にした作品である。汪精衛カイライ南京政府が出てきたころ、租界があるから外商が経営する新聞社を拠点に、せめて心のレジスタンスをとの目論見が外れるという話の筋である。この戯曲を推薦する「序文」で揮逸群《きいつぐん》（後の解放日報社長）は、抗戦文化の原動力は「ペンの力」だと書いた。「上海の二つの租界は、中国文化の保塁である。われわれはこの保塁をどんな力で守り通すか。武力ではない、金銭ではない、文化だ、もっと具体的にいえばペンだ。（これまで）文化部門で成績顕著なのは新聞、補修学校、演劇の三種。とくに上海の新聞何社かは二十万の大軍に匹敵するという人がいるが、敵に脅威を与え、淪陥区の人心をつなぎ止める上で、決して誇張の言ではない。」（大意）（揮逸群「〈心防〉代序」より）。あのころの「新聞」と「演劇」に希望を寄せる風潮が伝わってくる。

新聞紙面には新しいアイディア企画が大胆に取りこまれる。販路は広がる。蒋管区から香港、南洋一帯へと送られた。発行部数は伸びる、印刷廠をつくる、出版社も抱える盛況であった。そんな大記者のデスクの前には、いつもいくつもの取材メモらしきものがピンアップされていた。その大部分が、次なる脚本につかう構想、背景につながっていたという。

そんななかで皖南事変が起きた（一九四一年二月）。新四軍を軍令違反の反乱軍だと誣告した中央社発のお仕着せ原稿、つまり国民党中央党部のよる掲載命令つき原稿を『救亡日報』は掲載拒否という正々堂々の禁じ手で応じた。これこそ新聞検閲当局に対するもっとも悪質な確信犯的な違反とあって、もちろん当局が黙っているはずもなく、中統の特務機関が桂林に手を出すとの緊急事態がせまった。夏衍はホンコンに避難する。といっても土地が変わって英領ホンコンなら身を秘すこともない、香港の（党責任者）廖承志をたすけて『華商報』の創刊に加わる。またしても新聞記者で、以後も一九四九年の上海解放まで、重慶『新華日報』（主編代理）、戦後に上海『建国日報』、また『華商報』と縁が切れることはない。

劇作ももちろんつづく。いわば二足のわらじを履く、二種の職を兼業した形だが、見た目に両立しない草鞋ではなく、かれの場合は二刀流に近いのではないか。異なる二つの才能がそれぞれの表現をもちながら、一つの目標に収斂していくものと考えてよい。

陪都重慶の演劇人たち――香港の揺籃

夏衍にとっては、見るもの、聞くこと、すべてが新聞記事のネタであり、脚本のト書きの材料であった。夏衍演劇は現代史と同時進行する。だから観衆にとっては、いま自分のいる立ち位置がわかる。

皖南事変につづく大きな時代の転換期は太平洋戦争の勃発であろう（一九四一年十二月）。香港を脱出して重慶に帰りつき、最初に手がけた多幕劇は『水郷吟』（一九四二年六月）は、杭州の実家、兄の沈乃雍《しんだいよう》が経営する養蚕業旧家が焼き討ちされた実話を下敷きにする。これは占領日本軍の宣撫班にカイライ南京政府の属僚がくっついてがやってくる、しかも一応は国統区と分類される「陰陽界」、すなわち民衆がアイマイにしか生きられない哀しい地域での遊撃戦を背景とし主題とするから、桂林で、昆明で、各地で迎えられた。

夏の長江を遡ると、蒸し風呂の耐えがたい暑さに迎えられる。重慶の夏はとくに高温多湿。七月中旬の真夜中近く、中芸（中華劇芸社）の御大、応雲衛《おううんえい》が「案の定、債務の取り立てに来た」と夏衍は伝記に書いた。よい脚本、『屈原』ほどに重慶を沸きたたせられる台本が欲しい応雲衛の懇請に応えたのが、名作『法西斯細菌』（一九四二年夏、五幕劇）である。抗戦十年と科学者の立ち位置をじっくりと、東京、上海、香港、桂林を舞台に組み上げる。その構想は日本改造社の文芸雑誌『文芸』の「夏衍・久板往復書簡」に見える。日本に留学した微生物研究学者兪実夫博士には、日本人の妻子が居る。すでにこの家族構成からして複雑なのだが、折から険悪さを増す日中関係、抗戦十年の曲折歳月のなかで、「ファッショと科学は共に天を戴かず」の覚醒にたどりつくプロセスを克明にドラマ化したといえばよいだろうか。軍国日本の一九三一年秋の東京は柳条湖事件が背景にある。一九三七年八月の上海はもちろん第二次上海事変、日本軍の侵攻である。一九四一年秋九月の香港九龍は香港人のつかの間の安息を書く。つづく一九四一年十二月の英領ホンコンは香港陥落を書き、一九四二年新春にたどりついた国統区桂林で、難民生活を体験しつつ覚醒していく、……。

現代史と同時進行する話劇は、比喩に頼る歴史劇より数段難しい。比喩が薄っぺらになり、見通しがぼけるから、そこをきちんと見通す眼力と手腕（ペンの技量）は、夏衍の場合、国際人感覚つまりジャーナリストとしての研ぎ澄まされた感受性があったからである。

そんな次第で、ここで国際人感覚の揺籃の地ホンコンに少し触れておきたい。

香港学士台の古びた住宅街に、そのころおおぜいの文化人がたむろしていた。馮亦代《ふうえきだい》、徐遅《じょち》、葉霊鳳《ようれいほう》、戴望《たいぼう》舒《じょ》、葉浅予《ようせんよ》、郁風《いくふう》、黄苗子《こうびょうし》、袁水拍《えんすいはく》、などなど。これだけ揃えば多士済々、新聞副刊やら雑誌を手がけるインテリ集団（横文字を操る面々）である。馮亦代がキングズ・ロードに遷り、喬冠華の国際読書グループが誕生し、その馮亦代の重慶に転勤とあって、欧米戯曲の翻訳・出版が盛んになった。世界の情報があつまり、問題意識が生じ、同時代演劇を共有できた。反ファシズムの現状がわかり、スペイン市民戦争を知り、ゲルニカと重慶盲爆をくらべる判断力が養われていった。戦時の情報統制で国際情勢に対して耳目を塞がれていた日本人には、なんとも羨ましい限りだったというしかない。

たとえば、反ナチス演劇『ラインの監視』（ユダヤ系ドイツ移民で女流作家リリアン・ヘルマンの作品）だが、重慶では一九四四年の夏、米ウォーレス副大統領が郭沫若に献呈し、夏衍が粗読みしてその価値を知って魅了され、馮亦代に翻訳を依頼する。大後方国統区での演劇運動を形骸化させないためにも、こうした反ファシズム演劇を絶えず供給しつづけたいと、文芸雑誌に載せ、単行本化し、上演の運びとなったところで戦争が終わる。ルーマニアのファシスト貴族と、反ファッショのドイツ人技師が対決するクライマックスは、見られなかった。

因みにこの戯曲は、戦後十八年を経過した一九六三年に日本公演あり、村山知義訳、内山鶉演出、東京芸術座で公演された。少なくともここに十八年の時差がある。香港の果たした役割（「イギリス領」ということ）は、上海の「租界」とともに、無視できないものがあったといえようか。

二、「黄・万・張」小劇院

ロンドン留学期の黄佐臨

黄佐臨のことで中国の話劇研究者は「喜劇の演出を好み、喜劇の様式を上手にあやつる、これこそが佐臨演出の重要なポイントだ」という。賛成である、異論はない。もう少し付けくわえて言えば、観客が腹の皮をよじって笑いころげるほどの滑稽劇（閙劇・笑劇＝farce）が書けて、演出ができる演劇人は端倪すべからずと筆者は思っている。そして黄佐臨は劇作家であって、しかも現場で力を出せる演出家ではなかったかとも思っている。

盧溝橋での日中両軍による夜間の小競り合いから、抗日戦争が爆発したとき、黄佐臨と丹尼《たんに》（金韵之《きんいんし》）の夫妻はロンドンにいた。ここで夫人を芸名にしたのは、師事していたフランス籍の演出家ミシェル・サン＝ドニにあやかって、Denis＝丹尼を名乗っていたことによる。二度目のイギリス留学にあたって、佐臨はシェイクスピア研究を名目にケンブリッジの大学院に籍をおくが、週の四日はサン＝ドニが創設した倫敦戯劇学館に通う。ここでかれは演出を学び、夫人は演技を専攻した。またシェイクスピア研究が嵩じて、ストラトフォードの地に五度も足を運び、劇聖の叡智にあやかりたいと莎王の「霊感の椅子」に七回も座ったと随筆につづる（これは晩年の口述筆記にあり、このエッセイは「新民晩報」の連載され、二〇〇六年には『往時点滴』の書名で刊行）。演出家サン＝ドニは、演劇における「あらゆる理論と方法に、フランス人らしく、常に懐疑的」な人として知られる。黄佐臨たちは、すでにしてそれらしい演劇家を指向していたと言えないか。さて、黄佐臨はとりあえず祖国に戻り救亡戦線に加わりたいと決めて、別れの挨拶にとバーナード・ショーを訪ねると、ショーは求めに応じて励ましの言葉を贈った。帰国しようとの判断は、的確でしかも速い。七月十一日に近衛内閣が日本はこの小競り合いを「現地解決・不拡大」とごまかし、中国側が十七日に蒋介石の周恩来とも話しあった上での「廬山談話」で「抗戦あるのみ」と決意のほどをしめした日付を照合すれば、佐臨とショーは「中国よ、立て！」と時局をすでに見通していたことがわかろう。

10th,July 1937.

Up, China!

The future of the eastern world is yours if
you have the energy and courage to grasp it.
The ritual of that future will be the Chinese
drama.
Not my plays, but your own.

G. Bernard shaw

中国よ、立て！
亜細亜の未来はきみらに属す
きみらにそれをつかみ取る
　気力と勇気がありさえすれば。
その未来の儀式こそ
　中国演劇にちがいない。
　わたしの演劇ではない、きみら自身のものだ。

ショーという劇作家の、ひと拈りした皮肉な言動や毒舌は、中国でも知られているところだが、黄佐臨は十年前（一九二七年）にも、ショーに教えられていた。

……イプセンは「イプセン派」にあらず、かれはイプセン。
　わたしは「ショー派」にあらず、わたしはショー、バーナード。
　もし黄クンが成就するところあらんと想うならば、
　　かれは絶対に門徒であってはならぬ、
　かれは必ずかれ本人の自我生命にたよるべく、独創一格たれ。

シェイクスピアに次ぐ劇作家と称される劇作家に、きみ独りだけの格式を創造しなさい（独創一格を独創〝黄派〟とする文章もあるが未詳）などといわれたとなれば、演劇界のために奮起して当然。だから一九三五年からのイギリス再遊には金韵之夫人と手を携えることにもなった。

黄佐臨の観たソビエト・ロシア演劇

ロンドンから中国奥地までの工程は、祖国を目指したい気持ちとは裏腹に、地図を眺めるだけでも眩暈がするくらいの長旅である。まずはイギリス演劇家協会が組織したソビエト・ロシア演劇節の研究交流見学団に便乗して、九月、ベルリン経由でモスクワに着く。この際、メイエルホリド、スタニスラフスキーのロシア演劇をじっくり観ていこうとの算段であった。

「全ソビエト第五回演劇節は申し分なく絢爛多彩で、二十日間の長きにわたり、わたしたちはモスクワ芸術劇院のタラーソワが主演する《アンナ・カレーニナ》を観、シチューキンが演じるゴーリキーの《エゴール・ブルイチョフとその他の人びと》を観、それからとてもレベルの高いオペラとバレエを観たよ」

（黄佐臨『往時点滴』上海書店、二〇〇六年）

アルラ・コンスタンチノヴナ・タラーソワはモスクワ芸術座第二スタジオ（実験培訓処）育ちの女優、つまりは演出家スタニスラフスキーがめざしたロシア演劇を身にまとった最後のメンバーといえる。ボリス・シチューキンはワフタンゴフ劇院育ちのレーニン役者（映画『十月のレーニン』（一九三七年）に主演）として知られる俳優で、前年に人民芸術家の称号を授与されている。第一次世界大戦後の混乱がつづく世の中で、ガンに冒された大商人ブルイチョフが、外には戦争の後遺症と階級格差が顕在化し、内には遺産を狙う家族が巻き起こす事件に疲れはて、カネも権力も神も信じられなくなって破滅していく、そんなゴーリキーものである。

因みにこの三幕物は、日本では新築地劇団が前年に公演している。翻訳は杉本良吉、演出は千田是也と、それなりに注目できるのだが、なにせ軍国日本の公演である。忍び寄る軍靴の音、締めつける思想統制、お国のための演劇界再編、容赦のない検閲とそれを見越した業界あげての自主規制ムードのなかで、戦争の影もない、階級意識も払拭されているという、惨めな改竄がほどこされた台本で、貧相な芝居を演じさせられたらしい。当時の劇評もその不出来な公演を嘆いている。そういった上演上の制約がまったくない本場モスクワの公演は、想像するだけでも見応えがあったろう。

しかしながら、このころのモスクワ演劇界は、これまた途轍もない嵐の中にあったらしい。一九三六年の後半から新しいソビエト演劇は危機のまっただ中にあった。劇作家が逮捕され、劇場が次々に閉鎖され、墓場のような死の静寂、……、メイエルホリドの伝記『暗き天才、メイエルホリド』を書いたエラーギンは「全演劇活動はほぼ停止した」と書き記す。スターリンによる演劇の粛清というよりも、徹底した全体主義が指向する凡庸な社会主義リアリズムがもたらす「芸術の衰退」現象といえばよいか。

これはあくまでもソビエト・ロシア演劇界の内部で吹き荒れた嵐であって、おそらくロンドンから来た黄佐臨らにどこまで汲み取れたかどうか疑わしい。ただただじっくり、ひたすら舞台にしがみつき、またチェホフ演劇学校などを見学してまわる、恵まれた二十日だったように思う。佐臨は手持ちのロシア通貨、何百ルーブル（一九三七年七月から仏フラン換算を米ドル建てに改め、一ルーブル＝五・三〇ドル）を使い切るため、王朝貴族の馬車を乗りまわして、赤の広場をぐるぐる回ったよと回想する。ベルリンでなぜか廉価で買った腕時計が、ロシアの時計マニアの好事家の目にとまり、金を積まれたはいいが残金の国外持ち出し不可とあって、すべては演劇の油彩画と書物の購入に充てられたという。これまた祖国へ持ち帰る貴重な資料であったろうが、ちょっとしたエピソードである。

モスクワの収穫はまだある。ナチスドイツに迫害されたブレヒトとの接触、中国から招かれていた梅蘭芳の中国伝統演劇を観たことを挙げている。役者が役になりきるリアリズムをスタニスラフスキーとすれば、役者はリア王になるべきでなくリア王を示すべしとブレヒトは言う。酔った李白がお召しに応じて参内する場面の、馬と李白の一人二役芝居を、黄佐臨は、上半身の酔った李白はリアリズムで、素面のはずの馬つまり下半身はブレヒト理論でなくてはならぬ、これこそが中国伝統の表現方法じゃないか、と呟く。

黄佐臨、重慶に至る

モスクワからはトルコ、ギリシャ、エジプトを経由しての船旅であった。天津に戻り、奥地国統区の演劇仲間と交信しつつ、便を待つ。相手は陪都重慶の国立戯劇学校で教務を預かる劇作家曹禺《そうぐう》である。抗戦期文芸の主たる戦力といえば、まず演劇がその筆頭にあげられよう。演劇と拮抗できる、あるいは、より有力な文芸ジャンルとして映画があるが、フィルム不足、器材不足の映画界は、戦時文化を牽引する力には慣れない。いっときの安らぎ、解放感のためには、演劇に頼るしかないのが実情であった。見終わったその場で文化的な充足がえられる工具は演劇ということになる。昔風に言えば芝居見物だが、演劇という媒体は「＋精神の保塁」である。それにはそれに相応しい思想的充足が求められよう。新進気鋭にしてロンドン演劇を身につけ、モスクワ演劇も十分に仕込んできた黄佐臨夫妻の奥地入りが待たれたはずであった。

天津から奥地まで、どう辿《たど》ればよいか。日盛りは日本兵の銃剣が光る、昼過ぎは国民党の兵隊がおざなりに巡回する、夜間は八路軍の若ものが連絡にやってくる……、そんな抗日小説もあったが、そのわずかな狭間を縫って移動する旅の困難ぶりを、よく伝えてくれる小説に銭鍾書《せんしょうしょ》の『囲城』（邦訳は『結婚狂詩曲』岩波文庫、上下本で読める）がある。「包囲された城砦」あるいは「鳥籠」の意で、「城の外の人は攻めこみたいし、城の中の人は逃げ出したい」そんなところという。なんでこんな僻地に大学を創るのかといった世論も聞こえてくる。この戦争が始まって欧州から船で上海に帰国し、奥地の大学に職をえた知識人・文化人たちの行動が、どうやらこの黄佐臨たちをモデルにしているらしく、逃避行と物見遊山、そして旅費の工面まで、なかなかに読みごたえがある。赴任の旅のつれづれに新劇本一冊抱えているのもご愛嬌。

まず赴任する三閭大学が湖南省でも五番目くらいの新興都市邵陽からさらに山越えする小さな山城に設定される。「三閭」は戦国楚国の憂国の大詩人屈原にあやかった命名とすぐに知れる。実際には陪都重慶からさらに西南に二〇〇キロほど船で岷江を遡上する古い城鎮江安に国立戯劇学校が居を構えたことを暗喩する。

旅費が見繕いで三四〇元、銀行為替で届いたところで動き出す。そして戦時、移動の不自由さが余すところ無く描写されていく。イタリア船で寧波入り。ここで船待ちして河を溯行し、渓口で人力車を捉まえ、雪竇山を見物しましょうと寄り道する、この辺りまでは遊山気分だから、金華につくまでに時間と財布のムダが目立つ。鷹潭、吉安と鉄路も生きていた。しかし輸送網は日ごとに変わる。荷物と人が別車輌になって二日待ち、旅費が底をついて三閭大学に緊急の救済送金依頼の電報を打って返事待ち。ようやく届いた電報為替だが、新設三流大学では銀行に信用がない、かくして保証人捜しにてんてこ舞いする日々がつづく。仕方なく駅前旅館でくすぶれば、歳寒三友（蝿、蚊、南京虫）に容赦なく弄ばれる。「漱石の『猫』を思わせる諷刺と諧謔」（岩波本、装幀カバーの惹句より）を駆使する銭鍾書の筆は、そのまま黄佐臨そのひとにつながっていく。平時ならばせいぜい一週間か十日の行程だろうが、どうやら三週間にわたる長旅になったようだ。

曹禺（本名は万家宝《ばんかほう》）は、この先輩の到着を心待ちにしていた。そしてその期待を、つねづね呉祖光《ごそこう》に語っていた。戦争を終わらせて、いつの日か「黄・万・張小劇院」を立ちあげたい、理想の実験スタジオを創りたい、と。

黄佐臨、重慶から上海へ

奥地の水は黄佐臨らに合わなかったのか、重慶についで小城江安の滞在は一九三八年夏から、ほぼ一年間にすぎない。国立劇校は刺激があって心地良く、文化官僚の思想統制下にあって息苦しい。なんとも二律背反、どちらを是としてよいか、新来の帰朝演出家には判断に苦しむ生活が待っていた。

これを呉祖光が救ってくれる。折から戯曲『鳳凰城』に挟んだ劇中劇とのかかわりで、四川の地方劇を共同研究しませんかと提議され、川劇という未知の世界、独特のユーモアを持つ伝統演劇に魅了された。丹尼が西欧風の発声法で『四郎探母』第一段「坐宮」の鉄鏡公主の胸中を唱う。すると曹禺が、だから「小劇院」をやろうと口を挟む。曹禺は呉祖光劇に触発されて、異色の翻案物、独幕笑劇『正在想』の劇中劇にこの地方劇の味わいを仕込んだ。後年、黄佐臨は洋の東西を併せた独自の「演出論」（スタニスラフスキーとブレヒトと梅蘭芳の融合した演出に着目する）を作りあげるのだが、それをこの国立劇校時代に求めてよいかと思っている。

だが黄佐臨が担当した「演出と監督術」の指導には官僚の干渉がはいり教材が指定される。夏衍の『上海屋檐下』を希望したが、余上沅《よじょうげん》校長（つまりは黒幕の張道藩《ちょうどうはん》）から対案として校長自作の『従軍樂』が示され、曲折の末に田漢《でんかん》戯曲『阿Q正伝』で折りあった。居心地が悪い、窮屈だ。加えて、妻の出産という大事が夫妻の頭を悩ませたらしい。たとえば胡風《こふう》はその回顧録のなかで、重慶でのお産と梅志《ばいし》夫人それに乳飲み子の受難について、生々しく描写する（『胡風回憶禄』、邦訳は『胡風回想録』第三部「重慶にて」）。大鼠がミルクの匂いをかぎつけて乳飲み子の鼻、耳、唇にかみつき血だらけになると言う。病原菌の感染も怖いと。天津育ち、イギリス生活が長い佐臨らにとって、この日常生活の不便さは、耐え難かったかも知れない。

大後方から、外国留学組の、ペアの演劇人が戻ってくるとあって、上海の演劇界に激震が走ったという。上海は于伶が上海劇芸社によって孤塁を守っていた。上海を動かないモリエールの研究者がいた。佐臨はその李《り》健吾《けんご》に宛てた曹禺の紹介状を持って上海に来た。

張駿祥、アメリカ現代演劇を伝える

「黄・万・張小劇院」の張、張駿祥の帰国、黄佐臨とのすれ違いについても、触れておきたい。北京では呉祖光の家と親の代から付きあいあり、清華大学では外国語文系に李健吾、張駿祥、その後に万家宝、銭鍾書がつづく。大学図書館の演劇本はことごとく、張駿祥と万家宝の借用サインで埋め尽くされていたという。一九三六年に留学するエール大学では、ダイナミックな現代演劇を指向するアメリカ演劇をリードする教育スタッフにも恵まれたから、留学三年の研鑽は充実していた。

さらに滞在一年という選択肢を脳裡からぬぐいさっての帰国は、曹禺による通信、適切なアドバイスあってのことと推測できる。本来ならば国立劇校での立場は逆で、教務のしごとを曹禺に托しての留学だった。

サンフランシスコから帰国する外洋船のなかは、立場を異にするさまざまな中国人を乗せていた。戦雲たれ込め、汪兆銘は国家に反逆し、存亡の危機が到るところに根をはっているというのに、アメリカ航路を往来する達官貴人や富裕な大商人はどこ吹く風の言行を慎みもしない。これを悄然と監察し、黙して思考する劇作家は、後にこれを戯曲『美国総統号』にまとめた。

上海で李健吾、于伶から孤島や大後方国統区演劇界の複雑な局面について、大方のことを知らされる。進歩派演劇人と国共それぞれとの遠近距離感の差は、ひととおり知っておきたい。重慶、江安ゆきは便船待ち六週間で、海路をトンキン湾、ハイフォンから老街へ。昆明経由で陪都入りして重慶の演劇界と連結した。ここから先は曹禺と二人、「長虹号」で岷江を遡上する三泊四日の船旅であった。チケットは取れても、仕切りのない大船艙の詰め込み式大部屋はすでに立錐の余地もなく、本来ならば苦しさだけ印象に残るところだが、二人の会話は尽きなかった。曹禺はブロードウエイの近況を問い、張駿祥は咳きこむように屋内政局と演劇界の状況を尋ねる。郭沫若の文工委員会と張道藩の文運委員会の違いもここで理解するが、身分が国立劇校にあるからには迂闊な動きを制限されることとも知る。張駿祥の初仕事は、曹禺の新作『蛻変』の演出となった。リハーサルの時間も取れず、出演者は学生と研究生ばかりという劣悪な環境のなかでの公演だったが、アメリカ現代演劇の作風を伝えて、陪都を賑わしたという。

もう一点、かれのもたらした新機軸は卒業公演に伝統のシェイクスピア劇を取りあげず、代わって笑劇を宛てたことだった。李健吾の『以身作則』がそれで、このあたりやはり黄佐臨に通じるものがある。

帰国が少し遅かったという、たったそれだけのことが張駿祥のその後の生き様を少しばかり窮屈にしたのではないかと思うことがある。演劇に関して厳しい先生だったという。妥協しない演出家といえばよいか。だから国立劇校は筋のとおった演劇人を多数送りだして、抗戦演劇界に益したといえる。

張駿祥も、上海に出たかったが果たせなかった。黄佐臨は曹禺の正劇『蛻変』と鬧劇『正在想』を携えて上海に帰ってきた。この二本の芝居はどちらも陪都重慶（抗建堂）と孤島上海（辣斐劇院と卡爾登大戯院）で上演された。鬧劇『正在想』のラファイエット劇院公演に関連して「李健吾の主演とはなんとも洒落ている」「独りよがりな想像だが、重慶での評判はいまひとつ冴えなかったのでは……」と評したことがある（『幻の重慶二流堂』一一「『正在想』からメキシコ万歳へ」）。哲学・思想を熱く語らない、ちょっと憂鬱なのにお喋り好き、しかも叡智をかくして道化てみせる、必要以上には皮肉な冷笑はしない。大事なところはやんわりとつぼをおさえる、これが笑劇の主人公だから、判りづらい。わが国の中国研究は当時、この戯曲に注目しながらも、正当に受けとめきれなかったことにも付言しておきたい。

苦幹劇団、躍動する

上海に出た黄佐臨は、水を得たように面白いお芝居の演出に嵌っていく。多くを語らずに、ひたすら仕事したように思える。上海劇芸社のあとを引き継ぐように、苦幹劇団を立ちあげて本拠地とする。「苦幹」＝苦しみに耐えてがんばる、と辞書にある。「埋頭苦幹」なら、脇目もふらずにひたすら演劇に没頭する、そんな決意の表明と受けとれる。たしかにそのように専心した。曹禺劇『蛻変』の演出、ここで戦局が大転換し、上海が孤島から淪陥区となる。袁俊（張駿祥の筆名）劇『辺城故事』を改編した『鳳娃』の演出、ついでイギリスはジェイムス・バリの演劇『あっぱれクライトン』を改編した『荒島英雄』、師陀編劇『大馬戯団』の演出などなどと、ひたむきな頑張りが続いて、さらに空前のヒットとなる三幕鬧劇『梁上君子』の演出となった。

中国で『梁上君子』といえば、一九三〇年の上海で上海芸術劇社が初公演した記念すべきアプトン・シンクレアの戯曲と同名である。日本の築地小劇場で『二階の男』と訳して公演した翻訳劇をそっくり持ってきた。今回、一九四三年の『梁上君子』は映画『回転木馬』の原作となった戯曲『リリオム』で知られるハンガリーの劇作家モルナールが、「わたしは本国で劇作家となった」と自己紹介する戯曲（一九〇二年）が原作となっている。じつに面白く、黄佐臨の翻案が、淪陥区上海に相応しく（!?）躍動する。以下は当時、控えの主役だった白文《はくぶん》の文章をつまみ食いして意のあるところをあぶり出したい。

――あたまが少しいかれている弁護士先生と、持ちつ持たれつの関係にあるこそ泥クンの、取り替えばや物語である（名誉を盗む）。先生の奥方と出入りする警察のハンサム氏はどうやら好いた同士（情を盗む）。秘書の青年と奥さんの妹は秘かごとに夢中（香りを盗む）。ミス家庭教師は退屈を持て余す（懶惰を盗む）。登場人物のだれもが「盗み」に明け暮れて、てんやわんやの騒ぎは留まるところを知らず……

――観客を人力車で劇場まで送ってきた車夫が、そのまま三階の立ち見席に入りこむ。金山衛を盗まれ、真珠湾を盗まれ、南洋の石油を盗まれてと巧妙に諷刺しているとも知らず、漢奸やら「穀潰し」やら、はては日本軍までがただの娯楽ものと思って、競って切符を買って入ってきた。

（「佐臨氏在〝苦幹〟時期的芸術活動」『佐臨研究』より。文責は筆者）

気がついたら、「黄・万・張小劇院」は上海に来ていた。『正在想』（曹禺―万家宝―黄佐臨）、『辺城故事』（袁俊―張駿祥―黄佐臨）、『梁上君子』（黄佐臨）が劇場を賑わす淪陥区が、なぜか次の時代につながる気配すら醸し出していた。

本稿の第一章では、郭沫若から夏衍への演劇の流れに触れ、第二章で欧米からの帰国組を眺めてみた。この両者を跨ぐところに曹禺と呉祖光をみいだす。抗戦演劇はこのサイクルであった。そこで、国立劇校という地味だが光を当てたい組織の存在理由を意識する。抗戦期の文化人の動きを少しは辿《たど》れただろうか。黄佐臨の演出についてもう少し補足しておきたかったが、果たせなかった。かれはサン＝ドニのように、すべてに演出方法に懐疑的ではなく、すべての新しいやり方に興味を持つ。すべてを実験してみたい演出家であった。

「狂乱」と「新生」——娯楽映画から灰色上海まで

王騰飛（訳：榊原真理子）

「狂乱」と「新生」、この二語は上海淪陥期のさまざまなメディアにしばしば見られる重要な語彙である。(1)これらは当時の社会階層の状況をある程度集約的に表しており、また同時にたびたび淪陥期の映画のテーマともなった。本稿では「狂乱」と「新生」を戦争期の上海映画の分析に取り込む。一つには映像テクストの欠如という客観的限界を避けるためであるが、より重要な目的は、日増しに単調になってゆく淪陥映画をめぐる曖昧な議論に対して新たな現実的な座標を見つけ出し、映画および淪陥社会全体に対話と接触を生み出させることである。

はじめに

一九四三年六月、上海の『雑誌』という政治刊行物に「狂乱の望み」と題した短詩が掲載された。

天の網／地の網／逃げられない／生きてゆけない。

前には三本の道／低俗な凡人の道／卑怯な金の亡者の道／私が選ぶのは：狂乱。

夢のような理想を抱いていると人は言う／世界を馬鹿にしようとも、思わない／狂乱が私にとっておいてくれた／それは：新生の機会。

詩の作者は紫歌という。彼（彼女）の詳細については史料がほとんど存在せず、わかっているのはしばしば雑誌に詩歌や散文、翻訳の文章を発表していたということだけである。詩人は常に時代に対して独特で繊細な感覚を持っている。「狂乱の望み」には重苦しさに満ちた狂乱した世界が表され

おう・とうひ——上海電影博物館企画展示総監、映画キュレーター。専門は映画学。主な論文に「影史之盲——戦後"華影"的接収与処置」（『電影芸術』二〇一四年〇三期）、「転折与序曲——中華聯合制片股份有限公司的建立及発展」（『当代電影』二〇一五年〇四期）、「身体的越境と異国情緒——李香蘭の死亡という暗号」（『Intelligence』一八号、早稲田大学二十世紀メディア研究所、二〇一八年）などがある。

さかきばら・まりこ——愛知県立大学非常勤講師。専門は中国近現代文学・演劇。主な論文に「中国演劇におけるゴドーの造形——林兆華を中心に」（『中国研究月報』七二巻四号、中国研究所、二〇一八年）、「消失した中国実験演劇をめぐる考察——牟森の軌跡をたどって」（『中国21』四六号、愛知大学現代中国学会、二〇一七年）などがある。

ているが、そこに深く呑み込まれた「私」は狂乱をもって狂乱に抗い、自己の新生を求めている。

この詩に差し挟まれている「狂乱」と「新生」はまったく出自がないわけではない。淪陥上海のさまざまな新聞、雑誌を精査すると、この二語は社会の各階層の言葉に見られる使用頻度の高い語彙であった。日常生活から政治スローガンまで、心理状況から価値の追求まで、「狂乱」と「新生」はほぼこの時代のもっとも簡潔な総括となっていた。

本稿では、「狂乱」とは淪陥社会および当時のメディアに反映された社会や個人の異常であり、秩序の消失と混乱を意味していると定める。「狂乱」という語は隙あらば淪陥上海に入り込む。米の値段は狂乱し、布地の値段は狂乱し、株は狂乱し、群衆は狂乱している……。誰もが重苦しさと不安の中で生活しており、知識人は再三世間に「群衆精神病」の症状が爆発的に起こるだろうと警告していた。そして「新生」はすべてに美しい情景をもたらし、人は新生を手に入れたいと願い、「春」の訪れを望んだ。政客は「新生」を鼓吹し、大東亜の未来はすぐそこまで来ているとプロパガンダを行った。子供は新生を追い求め、女性は新生に邁進した。上海は新生している、大東亜は新生に努めよ！　当然ながら、映画も「傷を負った祖国」のために、大東亜の建設のために力強い支持を送り、新生を創造することが必要だった（林柏生「勉電影界同志」『新影壇』創刊号、一四頁）。

本稿では「狂乱」と「新生」を娯楽映画の分析に取り込む。出発点は映像テクストの欠如という客観的限界を避けるためである。もちろんより重要な目的は、日増しに単調になってゆく娯楽業界をめぐる曖昧な議論に対して現実的な座標を見つけ出し、当時の映画の分析が業界内部にとどまることなく、淪陥社会全体との間に対話と接触が生まれるようにすることである。

一、この狂乱の世界

ある報道の見出しが淪陥上海の異常事態をよく言い表している。

「物価高騰！　市場は狂乱！」
（老胡「物価高漲！　市場在瘋狂！」『吾友』二三四頁）

「米はずっと狂乱の値上がり！」
（「米価瘋狂続昇」『申報』一九四二年二月二十八日、六頁）

「布地に人はびくびく、狂乱の値上がりの勢いは極点にまで達す」
（「棉布人心惶惶，漲勢瘋狂達於極点」『申報』一九四二年三月十日、四頁）

「株式市場と戦時経済」
（「股票市場与戦時経済」『申報』一九四三年二月十日、五頁、瘋狂病態的経済環境）

「日用品の狂乱した値上がりとその対策」
（「日用品価格瘋漲与其対策」『申報』一九四三年四月二十三日、六頁）……

五金店に勤務する店員の顔濱《がんひん》は一九四四年二月九日の日記にこう記している。

戦争は最後の瀬戸際に来た。つまり人民の生活ももっとも辛い時期だ。わずかな資産階級を除けば、誰もがこっちに向かってため息交じりに首を振り、しかめ面をするのに毎日出くわす。目の前の困窮を訴えているのではなく、この先の苦難を憂いているのだ（顔濱著、采金整理『我的上海淪陥生活（1942-1945）』人民出版社、二〇一五年、一五九頁）。

メディアはもっと大きな憂慮を抱いていたようである。淪陥上海の日常的な経済が極度の混乱に向かってゆくにつれ、人々の心にもますます重苦しさがのしかかり、国の講じる政策はまたひどい状況を生み出した。「目にするもの、耳にするもの、どの職場、どの階層、どの街角もすべて、極めて重篤な病的状態を呈していないものはなく」（郭声鏗「群衆精神病」『沙漠画報』一九四三年六巻一四期、一八頁）、これらすべては群衆精神病の症状を反映したものであり、時代がまっしぐらに狂乱へと向かうのを後押ししていた（「論畸形政治」『申報』一九四四年七月二日、一頁）。顔濱は日記にたびたび上海の前途への悲観と絶望をこぼしている。その筆致によると、上海にはもはや昔日のような栄華はなく、この都市は「こうも凶悪で恐ろしいものに様変わりし」、破滅への道を歩んでいるのであった（前掲『我的上海淪陥生活（1942-1945）』三六頁）。

日常生活の観点から淪陥映画にある狂乱のかけらを見つけ出そうとすることは難しい。検閲機関は秩序を失ってしまった現実をスクリーン上でさらに展開させることを許さなかった。しかし、淪陥映画の狂乱状態と空気をめぐる表現はとくに珍しいものではなく、ある意味では淪陥社会の現実を反映したものであったと見なせる。ストーリーを見ると、描かれているのはたいてい伝統的な家庭の崩壊、もしくは具体的な背景をぼかした階級の抑圧か社会の不平等である。

一九四二年九月、楊小仲《ようしょうちゅう》は巴金《はきん》の「激流三部曲」の『春』と『秋』を引き継いで改編した。巴金の原作では、家庭内の抑圧と争いによって堕落した旧制度が明るみに出され、封建一族が繁栄から没落へと至る歴史が描かれている。楊小仲はこのテーマに沿い、旧家庭が狂乱する様と、そのために引き起こされた恐ろしい結末を描くことに力を注いだ。『春』と『秋』は元来、張善琨《ちょうぜんこん》の「国聯」時期の映画企画であり、「中聯」との合併後、新会社に引き継がれたものである。二つの「時代」にまたがった『春』と『秋』は、直観的に「孤島」映画と淪陥映画業界の間の密接な関係を反映しているが、政治局面の変化のために二つの時代に分断されたわけではない。二作は創作の素材や作風、人材の継承をとおして相通じる遺伝子を持ち続けている。

『春』のストーリーは旧家庭が崩壊しようとする頃の狂乱の時である。（屠光啓演じる）克安は楊奶媽を誘惑し、（厳俊演じる）克定は喜児をほしいままにし、恵表姐は旧い儀礼や道徳に苛まれて没し、「千々に乱れた情景が、大家庭崩壊の土台を作り出している」（周小平「影評〈春〉〈秋〉」『太平洋周報』一九四二年一巻三十九期、六八三～六八七頁）。家庭が狂乱の居所となり、（周曼華演じる）恵表姐は臨終の時、死は生よりもずっとよい気分だと泣き叫びさえする。『秋』も同じような悲劇のストーリーが繰り広げられる。克安、克定はますます放蕩し、（王丹鳳演じる）淑貞は最後井戸に身投げする。だが、新生が狂乱の中に内在しており、（徐立演じる）覚新がとうとう全員の前で「嫌だ」と口にした時、取り巻いて見ていた克安、克定らは意地悪く「気が狂った、気が狂った」と言う。この箇所ではまさに紫歌の短詩にあったように、狂乱は最後追い詰められた選択の中で死にもの狂いになり、別の狂乱に抗う唯一の武器となる。楊小仲が高家崩壊によって淪陥社会の必然的な結末を暗示していたという証拠はないが、映画の重苦しい空気は確かに淪陥上海の社会の雰囲気とたいへん似通っている。生活が強権に抑圧される環境の中、人々はさまざまな束縛に息苦しさを感じ（前掲『我的上海淪陥生活(1942-1945)』五八頁、六九頁、九〇頁）、覚新らのように「秋が過ぎ、また春が訪れる」(2)と叫んでいた。

馮節《ふうせつ》らにしてみれば、映画界の春は確かに訪れた。「華影」の創設は一大勢力を作り、「中聯」時期によくあった娯楽化した映画製作に対し政府当局から婉曲な批判があったこともあり、「華影」の映画製作の方針には徐々にいわゆる映画教育効果が前面に押し出されるようになった（馮節「一年来的電影事業」『新影壇』一九四四年二巻三期、一二頁）。事実、当時の映画製作は教育効果を強調することにより、さらなる製作活動が可能となったのだった。具体的な創作としては、暗い劣悪なものを明るみに出すことをとおして、いわゆる警戒心を起こさせ教育する目的を果たす。これは流行の創作法となった。

岳楓《がくふう》監督『生死劫』［訳注：生死の分かれ目］（以下［ ］は同

様）は「華影」のもっともよく知られている「硬性映画」[3]と評されている。この映画は悪を明るみに出すことにより教育することが図られた筋になっている。あらすじは法律と人情の間の葛藤を描き、法律はすっかり悔い改めた者でさえ犯罪者を絶対に逃さないというものである（「今年不可多得的硬性影片〈生死劫〉」『芸壇春秋』一九四三年双十国慶紀念電影新聞特刊、一八頁）。（舒適演じる）貧しい顧傑は重病の子供を医者に見せる金がなく、追い詰められて病院に薬を盗みに入る。だが、そこで誤って人を死なせてしまい、最後、法律の厳正な処罰を受け一家が皆死んでしまうという代償を払うことになる。この映画が「硬性」と呼ばれるのは、ヒロイン胡楓が言っているように、当時の暗く荒んだ社会の空気を深く描き出し教訓を示しているからである（胡楓「演〈生死劫〉後的一点感想」『中国影壇』一九四三年一期、九頁）。評論家は、映画の価値は金がすべてという社会の不平等を表現したことにある、「貧しい者は常に窮地に追い込まれ、手錠はいつまでも飢えに苦しむ人々に掛けられている」、とはっきり指摘している（藍天「評〈生死劫〉」『新動向』一九四三年九十期、四〇～四一頁）。

しかし、『生死劫』は「硬性」であるゆえに憂き目に遭った。上映の直前に試写が行われ、修正が求められた上で上映可となった。胡楓は試写の件について答えている。映画の撮影技術は必ずしも十全ではなく乱雑なところもあり、会社当局は非常に不満だったから、いくつかのシーンの撮り直しが必要だった（「胡楓談〈生死劫〉緩映原因」『影劇新聞』一九四三年革新一、五～六頁）。胡楓の返答には公式発表のようなはぐらかしたところがあると言える。別の報道で真の理由が明らかにされている。当局はこう述べている。「映画にはある人間の堕落が描かれているが、これはまったくこの一個人のもがきから堕落に至ったもので、社会環境が悪かったから堕落したものではあり得ない」。その上、夫婦が惨めな死に方をする結末は若者に「明るい」道しるべを与えることもできず、たいへん悪い影響を与えるものであったために、カットや修正をしなければならなかった（無言「〈生死劫〉影評」『太平洋周報』一九四三年一巻八十六期、一九〇六頁）。修正されたものは「明るく」円満な結末で、顧傑夫婦は一度法を犯したものの法律の許しを得、子供は死ぬこともなく、一家は最後に和気あいあいと集う。調整後の結末は社会制度がかくも「寛大」であることを表している。「華影」が使っていた各段に教育効果のある創作方法は傀儡政府の検閲機構が承認する範囲内で進められたものであり、映画はさまざまな問題を表面化させることについて根本的原因にまったく触れることができなかった。そのことを、『生死劫』事件は明確に表している。

硬性の表現は検閲の刃に見舞われ、「華影」の他の創作の反面教師となった。一九四三年十二月二十一日に上映された『秋海棠』では、狂乱した世界は民国元年の軍閥混戦の時期に設定され、鴛鴦蝴蝶《えんおうこちょう》派的な悲恋の物語が大筋となっている。これは馬徐維邦《ばじょいほう》のよく手掛けていた恐ろしい雰囲気作りに習ったもので、（呂玉堃演じる）秋海棠が顔を傷つけられるというあらすじが狂乱の破壊力を集約的に体現している。秋海棠の狂乱は、身体の破壊であり愛情の打撃であった。邵迎建氏は映画の中にある数々の隠喩の秘密を読み解きつつ、とくに秋海棠の顔の十字の傷跡に言及している。傷跡は日本軍の銃剣で強制的に切り離された淪陥区、国統区、解放区の戦時空間を表している。全身を負傷し、屈辱に耐え重荷を背負う主人公の男性は、受難の中国人のイメージそのものである。邵迎建氏はさまざまな史料を用いて比較し、『秋海棠』という映画名自体が「中国」の代名詞であり、「中国の地形はちょうど秋海棠の一枚の葉のようである。そして野心的な国々は海棠の葉を食う毛虫のようだ」（邵迎建・蔡聯「張愛玲看〈秋海棠〉及其他——没有硝煙的戦争」『書城』二〇〇五年十二期、四一頁）、とさらに掘り下げて明らかにしている。したがって、ここからあえて推量すると、観客の受け入れた視点、さらに創作者の視点から見れば、映画における凶悪な軍閥と狂乱した環境には日本の侵略者の影がいくらかあると言える。

『生死劫』『秋海棠』を参照すると、朱石麟《しゅせきりん》監督の『草木皆兵』［恐れるあまり草木も敵兵に見える］は、社会批判をするものであると当局の指摘を受けかねないため、ストーリーが芸術的に誇張されている。『草木皆兵』は譚惟翰《たんいかん》が英語小説 *Have You Seen Him?* を改編したもので（譚惟翰「関於〈草木皆兵〉」『新影壇』一九四四年三巻二期、二二頁）、ストーリーは極めて単純である。（厳俊演じる）銀行員の李光は職場の小切手を盗み、現金に換えて気ままな生活をしようとした。だが、思わぬことに街中の広告、映画館の映画すべてに自分の指名手配が出ており、李光は常に怯えながら草木皆兵の生活を送るしかなくなった。用心していようとも、結局彼は捕まるのだった。いわゆる教育効果は映画の結末で表現されている。すべては李光の夢だったのだ。ただ小切手が彼のポケットの中にあり、夢の中での戦々恐々としながら送る生活を思いめぐらすことになった。李光は最後、小切手を元の場所に戻す。

映画の情景描写やカメラワークは極めて芸術的に演出されている。ある場面の写真では、厳俊が中央に立ち、その周りを囲んでいるのは舞台用にデザインされた草木と空中に漂う金である。同じようなカットは他にもあり、「厳俊が五〇万

（実際には三〇万）の小切手を着服する時、目の前に数字が映ることで金の誘惑、そして犯罪の心理が物語られる」（江帆「影評：〈草木皆兵〉」『新影壇』一九四四年三巻二期、二九頁）。別のシーンの写真では、場面全体が単調で物寂しい街中に固定され、厳俊は街灯の下で一人寂しく立ちつくしている。厳俊の夢では、優雅な世界がもたらすものは幻影の空しい夢にすぎない。映画は最後、夢という方法で、残酷な現実と、登場人物の張りつめた重苦しい気持ちを解消している。

朱石麟は映画を幻想性豊かなストーリーに仕立てた。全体はユーモラスな緊張感にあふれ、展開はすべて荒唐無稽な非現実のようである。しかし、同じようなストーリーが確かに淪陥上海で起こっていた（前掲『我的上海淪陥生活（1942-1945）』一六〇～一六一頁）。観客が『草木皆兵』を高く評価した点は、まず「現実味あふれる」作風にあった。評論家は「十年後の観客がこの映画を見たとしても、数十年前の中国の戦争時期の社会現象を理解するだろう」と述べている（江帆「影評：〈草木皆兵〉」『新影壇』一九四四年三巻二期、二九頁）。観客が映画の時空の超越的な力について想像したことも、その現実味の大きさを実証している。

「狂乱」というテーマのもう一つの表現の視点は社会の個人への重圧に集中しており、狂乱した社会における個人がどのような心理状態になるか答えを出している。「これが狂乱の世界である」。不平等な抑圧に『漁家女』［漁師の娘］の（周璇演じる）天真爛漫な周瓊珠は追い詰められ、気がふれてしまう。顧也魯の回想によると、「漁民は網元の抗争に反対しているが、それは日本軍の中国侵略に反抗している意」である。卜万蒼《ぼくばんそう》の描いた周瓊珠が気がふれるというあらすじでは、狂人の口を借りて、網元が土地を力ずくで占有し家屋を略奪するのを罵っている。その目的は「日本軍が我が国を侵略占領し、我が国の人民を一家離散させたことを告発する」ことである（顧也魯『芸海滄桑五十年』学林出版社、一九八九年、五五頁）。したがって、創作の中心メンバーの言葉によると、映画で激しく非難されている「狂乱世界」は、実際には淪陥上海のことである。それは蛇が足跡を残さないように、わかりにくいところに表れ、直接的で強烈に訴える力を有している。

他にも同じものがある。『瘋狂八月記』［狂乱八月記］（『雑誌』一九四四年連載）、『瘋婦人』［狂婦人］（高世英『吾友』一九四四年四巻三三期、一六五～一六六頁）、『瘋婦』［狂婦］（何心『作家（南京）』一九四四年三期、一六二～一六三頁）……など、淪陥文学作品には同じく多くの狂人の描写がある。狂人は個人にとって精神の崩壊を意味し、気がふれた原因は善人が報われない劣悪な社会にある。事実、魯迅が近代文学史において狂乱というテーマを打ち立てた際、基本的に着眼していたのは社会が人を錯乱させるということであった。同時に、「狂人」も慣例を破り、迷信を排除し、権威を疑うことの提唱者となった。この意味において、狂人はまさに潜在的な理性主義者であり（陳暁蘭「現代中国〝瘋狂〟観念的衍変——中国現当代文学中的狂人与瘋子」『上海文学』二〇〇五年十二期、七二〜七八頁）、事実の真相を見抜くということは、彼らにとって神秘的な色合いを帯びたある種の本能の反映であった。

ゆえに、『漁家女』が台詞をとおして直接訴えるという行動ができた理由は、ここにあった。ただ気がふれることでのみ、周璦珠は訴える力と勇気を持ち得、また、狂乱世界の拒絶を直接語ることができるのだった。「鳥はもう歌うことができない、花はもう咲くことができない、私はこの狂乱の世界はいらない」。裕福な家の娘の凄まじい剣幕を目の当たりにして、彼女は抑え込んでいた怒りをようやく口にすることができた。「この人は私たちに手を貸しに来てくれたの？この人たちは私たちの家を奪って行く、この人たちは私たちのものを奪って行く、今はお金で私たちの心を買いに来た」。カメラは二人の衝突の迫力で詰問のエネルギーを映し出そうと、周璇の怒りと裕福な家の娘のおののきの場面を切り替える。

他の映画創作の小心翼々とした様と比べると、『漁家女』のテーマの表現はこのように大胆である。だが、淪陥上海の他のメディアと比較すると、狂乱というテーマの繰り返しはずっと勇気があり深い。周璇の歌う『瘋狂世界』の歌詞は新聞に書き換えられ、いっそう過激になっている。

物価は命がけで上がる／物価はここからまだ上がる／私たちは腹ペコになる／腹ペコになるよ……／誰がおまえの腹ペコをかまってくれよう？／誰がおまえが仰天するのにかまってくれよう？／物価はここからまだ上がる／砲火はここからまだ開く／この狂乱の世界はいらない／この狂乱の世界……

歌詞の落款には、「合唱の主体：戦火下の大衆、場所：戦神屠殺場および雑踏の都市」と書かれている（「新歌改編：瘋狂世界」『青年画報』一九四三年四期、五頁）。『瘋婦人』では子供を亡くした女性が気がふれて、強制的に精神病院に入れられ、小説の作者は「誰が彼女にこんな非人間的な生活を送らせたのか！」と問いただしている（高世英「瘋婦人」『吾友』一九四四年四巻三十三期、一六五〜一六六頁）。『瘋婦』では、戦争で市民が一家離散する。子供が夭折し夫も死に、気のふれた女が孤独な貧しさと向き合うことになる。もはや気のふれた女性に明日があり得るのか、と作者は問う（何心「瘋婦」『作家（南京）』一九四四年三期、一六二～一六三頁）。これらの作品では、「狂乱」が個人や社会と緊密に結び付けられており、その因果関係はさらに明らかである。

実際のところ、卜万蒼は病理学的な意味での狂人を是が非でも造形したかったわけではない。あえて芸術創作の角度から述べると、周瓊珠の狂乱は予想外で理不尽であるように見える。しかしながら、工夫の凝らされたプロットでは、人物が狂乱状態であることで反抗者としての現実的な効果が出されている。また狂人という皮を借りさえすれば、検閲の許可範囲内で動きながら誰にでも聞こえる大声を出すことができた。ゆえに、映画の最後は円満な結末を迎えるにしても、『漁家女』は安全域でもっとも強烈な抗議を表現することができた。

岳楓の『生死劫』の「硬性」とは異なり、卜万蒼は改編演出当初、田園牧歌的な雰囲気を作り出そうと考えていた。創作の最初の意図を述べると、卜万蒼自身は「ただ唯美的な作品を撮りたかった」から、「このようなストーリーを用いた。われわれは魅力的な山紫水明の景色をたくさん撮影できるし、観客に美しいシーンを見せたい」と考えていた（「〈漁家女〉攝制経過：与卜万蒼一席談」『新影壇』一九四三年二巻一期、二五～二六頁）。具体的には映画でも、卜万蒼は確かにそうした処理をしている。最初、卜万蒼は広いパノラマで朝日の輝く中にある穏やかな太湖の水面を映し出している。視点はゆっくりと移動しつつ、そよ風に揺れるアシの上を飛び跳ね、美しい歌声がついて来る。カメラが湖面の数隻の漁船の方に向くと、周璇は船のへさきに立って甘美な歌を歌う。周りの漁民たちは美しい歌声を聞きながら仕事に精を出す。穏やかで和やかな情景である。映画は山紫水明の情景描写にあふれている。ゆったりしたカメラの言語が、卜万蒼が貫く映画の民族化の追求およびその「中国型」映画の構想を体現している（李道新『中国電影史研究専題』北京大学出版社、二〇〇六年、五一頁）。日本の映画評論家の辻久一はこの映画について、作品中には得難い「躍動性」がちりばめられていると述べている。辻久一は、卜万蒼のこの元来非常に悲劇的なラブストーリーの仕上げ方は、ある種悠然としたものだと批評している。「彼は笑みをこぼしながら悠然と物語の展開を注視し、くつろいでゆったりとし」（辻久一「如是我観――〈漁家女〉〈生死劫〉〈激流〉」『新影壇』一九四四年二巻三期、三三～三四頁）、最後はある「身分違いの悲劇」を喜劇風にアレンジした。不平等で重苦しさに満ちた社会において「笑みをこぼす」、これははっきりと卜万蒼個人の作風がにじみ出ているということであり、また淪陥上海で生きる辛い環境についての自身の独特な心情の表れでもある。したがって、映画の最後、狂人は不平等な社会に消滅させられるわけではなく、周璇と顧也魯は円満に結ばれる。結末は通俗劇の手法に満ちているものの、作者が狂乱の中に新生を切望する気持ちがまさに見てとれる。

この狂乱の世界において、被迫害者のイメージが徐々に浮かび上がって来る。『春』の恵表姐、『秋』の淑貞、『生死劫』の顧傑、『秋海棠』の呉玉琴、そして『漁家女』の周瓊珠、彼女たちは死や狂乱の宿命が狂乱の世界を問い詰めることができるよう、淪陥映画のスクリーンに特殊な人物や情景を構築した。ある研究者は満洲文学の重要な特徴である描写の陰鬱さを分析し、陰鬱な青年のイメージとは、植民統治下において臆病になり何もできなくなってしまった特徴を持つ、また社会の抑圧に反抗することに悲観的である知識青年であると提起している。陰鬱さとは、植民の近代的な症状の表れである。これは生活の意義や命の価値の渇望、そしてその渇望の挫折に基づいており、社会の抑圧に反抗し続ける象徴である（謝朝坤「憂鬱，一種反抗方式——論偽満洲文学的由於書写及其反抗精神」『東亜殖民主義与文学論文集』華東師範大学、四六八〜四七六頁）。これと相似して、淪陥映画における被迫害者のイメージは、狂乱の世界で抑圧される不幸な者であるとともに、そこには脱出する願望が見え隠れしながらきらめいている。悲しむべきことに、檻の中でのダンスは限られた空間でしか動き回れない。したがって、われわれも映画にどれほどの反抗精神が伴っているのか、確定的に判断することはできない。

二、新生創造の機会

ヴィクトール・クレンペラー（Victor Klemperer）は『第三帝国の言語』において、「天意」「最終勝利」「最終解決」等ナチス・ドイツのプロパガンダ用語を仔細に挙げている。[4] これらは戦時頻繁に多くの新聞紙面で見られた文章語である。クレンペールの言語学に基づく研究方法に影響を受けて筆者が淪陥上海のプロパガンダ用語を検索したところ、「新生」はプロパガンダ語彙の中でも頻出する語であることがわかった。「新生」の意味は、一九四三年五月から『協力』雑誌に掲載された「罪悪の掃きだめを一掃し、新生の上海を建設せよ」という漫画に、わずかに垣間見ることができる。漫画では、二人の労働者が力を合わせて英米租界を象徴する西洋の彫像を壊している。別の漫画では、一人の腕っ節の強い大男がイギリスとアメリカを表す人形を一つずつ上海から掃き出している（**図1**）（「掃除罪悪淵藪，建設新生的上海」（漫画）『協力』一九四三年一巻五期、一頁)。明らかに、日本の協力の下に租界と治外法権を取り戻した傀儡政府が、「新生」でもって西洋の邪悪な勢力を一掃し、東亜人の協力によって共にいわゆる「新上海」を作ったのだと示されている。

傀儡政府のプロパガンダ語彙の歴史過程から考察すると、以前「新生」と同じ意味を持つ語は「更生」であった。歴史の大きな転換点はおよそ、七・七更生、八・一三更生、太平洋更生などと、日汪均が「更生」と名付けてその歴史的意義の特有さや重要性を示している。概括すると、新生／更生とは日本の武力の功績を飾り立てた独自の語彙で、日本はアジアのリーダーであり、傀儡政府と手を取り合い、いわゆる「大東亜共栄」を完成させるのだと自任して振る舞っていた。それゆえ、淪陥時期はあたり一面「新生」であった。新生の上海、新生の香港、新生の満洲、新生のジャワとスマトラ、「新生」はすばらしいが偽りの政治公約となった上、戦争後期になるにつれてますます頻繁に使われるようになった。まさにプロパガンダ刊行物が鼓吹するように、「世界はもはや昔日の面影はない／新生の光芒／大地と野原を再び照らす」(威立「詩歌特輯：新生」『婦女雑誌』一九四三年四巻九期、一九頁)のであった。

図１　漫画「罪悪の掃きだめを一掃し、新生の上海を建設せよ」

淪陥時期の上海映画にとって、「新生」がとりわけ指し示すものとは、一九四二年の「中聯」の創立であった。「中聯」の設立は中国映画が英米映画の支配と搾取から脱却すること、そしてそれを出発点として、英米映画の「毒を満たし、ポルノを売る」という創作形式から抜け出し、全面的に新しい国産映画の創作を始めることを意味していた(黄天佐「中国電影文化建設運動」『新影壇』一九四三年三期、一七〜一八頁)。しかしながら、実際の創作においては、淪陥映画は一向に英米映画との関係を断ち切れなかった。もっとも明確な例は、多くの映画が英米映画に素材を得ていたことである。岳楓の『芳華虚度』[むだに青春を過ごす]はハリウッドの一九四一年の同名の映画 *Back Street* の翻案、『情潮』[感情の波]は *Anna*

Karenina（『春残夢断』〔美しい夢は短く消える〕一九三五年）の翻案、『両地相思』（離れて互いに恋い慕う）はアメリカ映画*Love Affair*（『画中愛』〔存在しない愛〕一九三九年）のリメイク、『香衾春暖』〔暖かな布団、うららかな春〕は*Gone with the Wind*（『乱世佳人』〔乱世の佳人〕一九三九年）にインスピレーションを得たもの、李萍倩《りへいせん》の『浮云掩月』〔浮雲が月を隠す〕は*Day-Time Wife*（『白画夫妻』〔冷めた夫婦〕一九三九年）の改編、『桃李争春』〔桃と李は争って美しい花を咲かせる〕は*The Great Life*（『大謊言』〔真っ赤な嘘〕一九四一年）に基づくもの、屠光啓《とこうけい》の『并蒂蓮』〔二つの花が咲く蓮〕は*A Woman's Face*（『女人面孔』〔女の顔〕一九四一年）の改編、文逸民《ぶんいつみん》の『紅豆生南国』〔紅豆は南国で育つ〕は*The Great Waltz*（『翠堤春暁』〔緑の堤防、春の朝〕一九三八年）と酷似したもの、楊小仲の『莫負少年頭』〔少年の時間を無駄にしてはいけない〕は*Wuthering Heights*（『呼嘯山庄』〔風吹く山荘〕一九三九年）に基づいて改編したものである（尹鵬飛「淪陥上海電影初探（1941-1945）」中国電影芸術研究中心二〇一四年修士論文、五三頁）。加えて、テクストの内容に至っては、いわゆる「硬性映画」『生死劫』のように、ハリウッドの影響が随所にある。批判には、依然テクニックばかりを売りにしている、とりわけハリウッド映画の目新しい手法を模倣してストーリー展開が乱雑になっている、という声があった（無言「〈生死劫〉影評」『太平洋周報』一九四三年一巻八十六期、一九〇六頁）。英米映画の影から抜け出すことができず、プロパガンダ部門が鼓吹する映画界の新生は、始終揺さぶられている夢のような話となっていた。

「新生」は傀儡政府がプロパガンダにおいて用いていたが、その意味と概念の範囲は必ずしも広い政治のみが独占していたわけではない。個々人にとっては、ある種の悪い状況から覚醒し、脱出することを意味していた。「新生」は「改造」「教養」「教育」などの語彙が生まれたこととも関連していた。したがって、「華影」当局が映画の教育効果を鼓吹していた当時、「新生」は自ずとこうした映画のテーマの用語の一つとなった。傀儡政府の検閲機関にとっては、個人の堕落が社会の影響にあるとすることはできなかったが、個人の新生は当然ながら社会と関連付くことが可能なばかりか必ず関連付けなければならなかった。プロパガンダ部門がしばしば、「われわれのこの落ちぶれて動揺する国は、社会行政管理と個人の思想、行動をどこもかしこも洗い流し、「新生」させることが急務である」（「〈新生〉観後」『華文北電』一九四五年三巻十一期、一六頁）と大声で呼びかけていたのも無理はない。新生は確かに必要であったが、映画創作にとってみれば、プロパガンダの使命として作り上げた「新生」は、最後往々にして創作者の頭上に暗い影を落とすことになった。「新生」は直接映画のタイトルになることさえあった。高《こう》梨痕《りこん》が香港から上海に戻った後、最初に監督した映画が「新生」と命名された（「高梨痕加入華影」『申報』一九四三年六月二十四日、五頁）。映画のあらすじは次のとおりである。（黄河演じる）農村の学生の趙明徳はある大学に進学した後、虚栄心から堕落した生活に溺れ、（王丹鳳演じる）昔から意気投合していた顧慧蘭と徐々に疎遠になる。趙明徳の父親は息子にひどく失望し、貯蓄のすべてを使って「利群小学校」を設立する。顧慧蘭は卒業後、趙老人の立派な行動に感化されて帰郷し、農村での教育に尽力する。終盤、困窮して帰郷した趙明徳は老父と顧慧蘭が農村で学校運営をしているのを目の当たりにする。父親たちの「利群の教育事業」の精神で最後、趙明徳は目を覚まして悔い改め、辺境の農業に身を投じて恩を返す道を選ぶ。

高梨痕は『新生』においてさまざまなテーマを織り交ぜているが、人物たちの関係をよりよい設定にはしていない。主人公の男女の愛情も実質的には何も起きていない。都市で堕落していた様子も深刻さはなく、結末の力強い教育テーマは生硬で実情にそぐわない。この映画が脚本の段階において監督の楊小仲に「陳腐で単調な繰り返しだ」（『陸潔日記摘存』一九四三年六月十六日）、と批判されていたのも無理はない。制片部も「脚本は平凡で、台詞も低俗だ」（『陸潔日記摘存』一九四三年六月二十二日）と見なしていた。だが、最後には脚本不足のために、会社は無理に許可したのだった。

映画における上海生活の描写は、基本的に三〇年代の新興映画運動における批判的な態度を繰り返したものである。上海は人を堕落させる掃きだめであり、田舎は常に素朴で道徳の化身であり、魂が慰めを得る郷里である。ただ監督は趙明徳のそばに悪い誘惑をする役を配置しただけであるから、上海の罪悪感はある程度希薄になった。この場合も『生死劫』の検閲で機関が提起していた、個人の堕落は社会の責任に帰すべきではないという原則に応じている。

映画の結末は生硬すぎるが、人物の覚醒ははっきりと「華影」の教育効果の協調に呼応している。とくに農村教育に落ち着くのは、まさに傀儡政府が提起していた地方教育発展の政策に基づいている（「〈新生〉主題厳粛，針砭現代病態」『華文北電』一九四五年三巻十一期、一六頁）。趙明徳がいわゆる辺境開墾団に参加するのは、プロットの組み立てから見ると、少しも関連性がない無理なこじつけである。張愛玲《ちょうあいれい》がこの点について、「彼がこの地で罪を犯したのなら、なぜこの地で罪を償わないのか。私たちの周辺の環境では、身体が丈夫でふさわしい知識を持った一人の若者ができることはまさか何もないのだろうか。どうしても「遥か、遥か彼方の土地」に行かせなければいけないとは」（張愛玲『張看』（下）経済日報出版社、二〇〇二年、二三七頁）と多くの見解を述べているのも無理はない。張愛玲は辺境開墾と直接関連する食糧問題に思い至っていない。当時食糧不足は深刻で、叫ばれて久しい「農業新生」は中身の伴わない虚しいスローガンに堕していた。

一九四五年二月十一日に上映された『還郷記』［帰郷記］と『新生』のストーリーは、実際には大同小異であった。映画は卜万蒼監督で、（梅熹演じる）田舎者の李大が同郷の口利きで上海に行き暮らす。李大は出世すると浮かれて故郷のことを忘れ、上海で二人目の妻と結婚し子供を持つ。息子の李毅は上海にやって来て父親を捜すが、李大は息子と認めないばかりか、実の息子に暴力を振るう。豪勢な生活の近代都市で人の変わった李大は最後、鎖につながれ刑務所に入る末路をたどる。卜万蒼の『漁家女』と同じく、映画はモンタージュの方法で、都市と田舎の貧富の大きな落差を対照的に繰り広げている。旱魃で田畑はひび割れ、農家は収穫するものが一粒もなく、李大の母親、妻子は家畜を売って食糧に手に入れるしかない。この時李大は上海で値上がりを待って売ろうと物を買い占めている。カメラが対照的に映し出すのは貧しい者への同情、そして薄情な金持ちへの非難である。富裕な「不心得者」の李大は最後には罰せられる。これとは反対に、善良な妻子は李大が刑務所から出所して帰郷すると、家族として迎える。死の間際に李大は心を入れ替え悔い改める（大林「評〈還郷記〉」『新影壇』一九四五年三巻六期、二四〜二五頁）。『新生』と比べると、卜万蒼はストーリー編集、演出技法が一段と向上した。加えて、映画の現実味は上海の人々にとってたいへん鮮明なものであった。やはり李大のように農村から淪陥上海に紛れ込んで暮らす者は大勢いたのである（大林「評〈還郷記〉」『新影壇』一九四五年三巻六期、二四〜二五頁）。

「新生」がいわゆる教育と関連付いて帰結しなければならない以上、社会機構や権力機関は「新生」ストーリーを操作し、そのストーリーに必要とされる職務機構が映画題材の定番となり、「華影」後期の作品中にしばしば現れた。

『苦児天堂』［苦難の子供の天国］は「稀に見る優秀な児童教育映画」（「新片漫評：〈苦児天堂〉」『上海影壇』一九四四年二巻一期、三九頁）だと見なされている。戦後のメディアでさえ依然この映画を高く評価し、「貴重な中国映画」だと推奨し、再上映の機会を作った（呉恩忠「縦〈苦児天堂〉談起」『友誼』一九四八年二巻六期、二九頁）。『苦児天堂』は魯迅翻訳のソ連の小説『表』を改編したものである。『華影周刊』でこの映画を撮影した目的が述べられているが、「新しい児童は新しい精神の食物を得るべきである。子供たちが新しい世界に向かってたゆまず成長し前進できるように」、ととくに言及されている。この言外には、「国策」プロパガンダは児童から着手する、「国策」精神は新しい国民が継承することを必要としている、という意味がある。映画は児童教育の問題に焦点が当てられている。（葉小珠演じる）あるホームレスの子供は盗みをして刑務所に入ったが、後に警察に養護施設に送られて教育を受け、最後は自らの多くの過ちを正す（「新片漫評：〈苦児天堂〉」『上海影壇』一九四四年二巻一期、三九頁）。映画の結末では校旗が高々と掲揚され、養護施設の正門のところでカメラが静止する（帆「影評：〈苦児天堂〉」『新影壇』一九四四年三巻三期、二九頁）。児童養護施設は一つの社会規範の訓練所と見なされている。映画は意識的にその教育効果を用いて大々的に示し、無知で聞かん気な泥棒を社会規範制度の下でよい人間にする。明らかに、児童養護施設や傀儡政府下の上海において子供が素晴らしい未来の天国を獲得しており、「新生」の軌跡がまさにこの地で起こっている。

『回頭是岸』［改心すれば救われる］は成人版『苦児天堂』と言える。ホームレスの子供は上海の名士に置き換わり、養護施設は警察に取って代わる。この映画は話劇を改編したもので、上海市警察局司法処防犯科がプロパガンダ対象となり、映画撮影を強力に支援した。「華影」の大小のスター俳優たち十数人が招かれ、周曼華、白光、楊柳、厳俊らが参与した（施瑪「〈回頭是岸〉華影明星総動員」『上海影壇』一九四四年二巻二期、三二頁）。『回頭是岸』の悪役は上海の名士である。この人物は平素大勢集まっては悪事をはたらいている。アヘン館を開いて非公式な娼婦を置き、上海を日が差さず毒気の立ち込める暗黒の狂乱世界に変えてしまう。警察の説得と教化により、男は最後には改心して救いを得、更生する（施瑪「〈回頭是岸〉華影明星総動員」『上海影壇』一九四四年二巻二期、三二頁、「介紹社会諷刺劇〈回頭是岸〉」『商鐘半月刊』一九四五年四巻五期、一一〜一二頁）。傀儡政府下にある警察が、当局の権力機関としてこの映画の主役となった。警察は堕落した者が新生に向かうのを導く役割を演じることに成功した。この時期、すでに一九四五年となっていた。戦局はもはや明らかであり、これまで直接権力機構が姿を現すことは少なかったが、それでもスクリーンの前面に押し出されたことは、傀儡政府の最後のもがきであった。

『新生』『還郷記』『苦児天堂』『回頭是岸』の映画四本の基本的なストーリーの枠組みは、いずれも道を見失った者が再起するというものである。自我の覚醒であれ教育し更生させることであれ、「新生」のテーマは最後には完了する。そして映画の背後に隠れている、作品が負うべき教育効果という創作の決まり事を、常にうかがい知ることができる。加えて、付和雷同した素材の選択にも、淪陥後期の脚本不足の様子がはっきりと表れている。

『回頭是岸』と同月に上映された『万戸更新』〔どの家庭も新しい生活を迎える〕は、映画のタイトルにも「新生」の意が含まれている。映画は『博愛』の撮影スタイルで、張善琨率いる全スタッフのグループで製作された。『万戸更新』は「華影」時期のいわゆる「年に一度の集団創作」であった（「新片漫評：万戸更新」『上海影壇』一九四五年二巻五期、三五頁）。しかしながら、一九四二年、会社の最盛期に創作された『博愛』と比べると、人材登用面に、すでにこの時期の「華影」の深刻な人材離れの苦境が表れている。『万戸更新』のプロットは一九三七年の張石川《ちょうせきせん》監督の『圧歳銭』〔お年玉〕に相似している。ストーリーの展開する時期は、特別な祝日——大晦日が選ばれている。この日、普通の会社員などは昇進のために上司に物を贈る。贈り物の一つは一羽の鶏であるが、上司は受け取るとその鶏をまた別の者に贈り、それを繰り返して鶏はさまざまな人の手から手へと渡る。カメラをとおして社会のあり様が見える。「更新」の意味がある以上、自ずと映画の結末は決まっている。最後はあらゆる問題が円満に解決し、鶏はまた平社員の家に戻って来る。元日の朝、鶏が高らかに鳴き旧年を送り新年を迎える（「〈万戸更新〉本事」『新影壇』一九四五年三巻六期、二三頁）。

「鶏」を物語を紡ぐ鍵としたのは、一九四五年がちょうど酉年であったからである。鶏の鳴き声による結末の締めくくりは活気と繁栄を、そしていわゆる「腐敗したものをなくし、奮起するものを再生させよ」と間接的に表している（「〈万戸更新〉本事」『新影壇』一九四五年三巻六期、二三頁）。美しい間接表現ながら、「鶏」をリードとする設定には苦心した工夫がこらされている。新生を呼ぶイメージの代表としての「鶏」は、「ぎこちなく挟み込まれていて、まったく馴染んでいない」と批判され、観客も無遠慮に、いい加減な新生茶番劇だと非難している（「新片漫評：万戸更新」『上海影壇』一九四五年二巻五期、三五頁）。しかし、黄天始《こうてんし》は後の回顧録で、映画の「新生」は反日の意味を孕んでおり、創作者たちは鶏の鳴き声で「勝利は希望にある」と暗に示している、と指摘している（黄天始『一段被遺忘的中国電影史（1937-1945）』手書き原稿、未出版）。このようにして、『万戸更新』は多義的な役割を果たしている。この「新生」というテーマは、傀儡政府が必死に生を求めるという案に限定しているわけではなく、祝日の幸福祈願だけを指しているに過ぎないわけでもない。それはもしかしたら、密かに民族としての意識の信念を伝えているのかもしれないが、それぞれの訴えが渾然と映画の中に混ざっており、生硬にならざるを得なくなっている。

『万戸更新』は一九四五年三月二十八日に上映された。この時「華影」の経営は傾き始めており、総務部と劇務部では五割の人員が削減され、制片部と映画製作所三か所の業務が解散を宣告された。その一か月後、張羅《ちょうら》は『万戸更新』の張善琨の「新生」の未来にもはや完全に絶望し、とうとう上海から逃亡した。寓意の「新生」の鶏に話を戻すと、映画の上映された六日後、第四映画製作所長の陸潔《りくけつ》が市場価格で鶏を買い取り、絞めて料理し、朱石麟、桑弧《そうこ》、王丹鳳《おうたんほう》ら親しい友人六人で豪快に平らげた（『陸潔日記摘存』一九四五年四月三日）。以上の現実と映画の内容との対比には、その荒唐無稽さが垣間見られる。

おわりに

論陥社会の重要なプロパガンダ・メディアの一つとして、映画は社会のさまざまな「狂乱」がもたらす重苦しさを緩めまた解き放つため、娯楽を作り出した。それと同時にその娯楽は政治やイデオロギーの浸透にしばしば直面していた。映画の現実をめぐる表現、および創作者個人の理念と芸術の追求の表現は、常に検閲制度や現実の環境と競り合っていかなければならなかった。まさにそれゆえに、論陥時期の多くのいわゆる娯楽映画において、政治プロパガンダと個人の表現はともすれば切り離されているというものではなく、共生している。

共生状態の存在は、漠然といわゆる「娯楽」と「国策」を定義するのでなく、研究者がより注視して論陥社会の現実を掘り下げることを必要としている。実際の作品の中に結論を求めることはさらに必要とされている。作品を論陥の現実の中に置くことで、映画作品に内在する政治プロパガンダのエネルギーや効果が鮮明になり、映画人の創作の知恵についてもいっそう深い理解を得られるのかもしれない。

注

（1）上海論陥期は一九四一年十二月八日太平洋戦争勃発から一九四五年八月十五日日本降伏までを指す。

（2）映画『春』の中の台詞。

（3）本稿で用いる「硬性」とは、「軟性」映画と対応するそれである。「軟性」映画は通常、ラブストーリーだけを描いたもの、社会の現実に目を向けていないものなどであるのに対し、「硬性」映画は現実と向き合い、ある程度の社会批判性を有するものを指す。

（4）天意：ヒトラーは自分は天意の道具であり、天意が自分を指導者と定めたと公言していた。「最終勝利」は同盟国戦争の最終勝利を意味し、ナチスの軍事情勢が悪化するにつれてこの語が頻繁に使われるようになった。「最終解決」とは「ユダヤ人問題の解決」のことで、一九四一年にナチスの文章語となった（維克多・克莱普勒著『第三帝国的語言——一個文学者的筆記』商務印書館、二〇一三年）三四二頁、二九四～二九五頁、三五三頁［日本語の翻訳書としては次のものがある。ヴィクトール・クレムペラー著、羽田洋・藤平浩之・赤井慧爾・中村元保訳『第三帝国の言語〈LTI〉——ある言語学者のノート』法政大学出版局、一九七四年］。

『狼火は上海に揚る』から『春江遺恨』へ

邵　迎建

しょう・げいけん――東洋文庫研究員。専門は中国現代文学。主な著書に『伝奇文学と流言人生――一九四〇年代上海・張愛玲の文学』（お茶の水書房、二〇〇二年）、『上海抗戦時期的話劇』（北京大学出版社、二〇一二年）、『当我們年軽時――抗戦時期上海話劇人訪談録』（北京大学出版社、二〇一三年）などがある。

一九四四年に誕生した日中合作映画『春江遺恨』（邦題『狼火は上海に揚る』）が戦後、中華人民共和国の映画史から抹消された。筆者は日本語台本および中国語の検閲台本を基に歴史の現場に戻り、コンテクストおよび製作プロセスを考察し、文字資料と映像を対比して、日、中それぞれの狙いと結果を検証することを試みる。

はじめに

一九四四年十一月、第二次世界大戦終結の九か月前、中華電影聯合有限公司（略称華影）と、大日本映画製作株式会社（略称大映）が上海で提携製作した映画『春江遺恨』（邦題『狼火は上海に揚る』）が、上海大光明電影院にて封切られた。二十日間で観客総数は延べ十万人に達した。毎日平均五〇〇〇人である。続いて日本でも上映され、やはり良好な興行業績を上げた。

一九四五年八月、第二次世界大戦が終結した。華影は崩壊し、川喜多長政を始めとする日本人経営者らは日本に引き揚げた。張善琨等中国側のメンバーは「漢奸」（漢民族を裏切るもの）罪に問われ、一時厳しく追及された。しかし内戦において国民党の敗色が濃くなることに伴い、うやむやになり、やがて風化された。戦時上海で活躍した映画人のほとんどが故里を離れ、香港に移住した。

一九六三年、中華人民共和国で初めての映画史『中国電影発展史』（中国電影出版社）が刊行された。同書で『春江遺恨』は次のように裁かれた。(『春江遺恨』は)「敵と傀儡政権の『中日映画界における合作共存共栄の象徴である』」、その製作により「敵および敵に降参し、追随する者、例えば張善琨らが製作した反動映画のピークが示され、同時にその滅びゆくことも示された」(程季華主編、第二巻)。台湾の歴史書でも同様の見解が述べられた。その結果、『春江遺恨』は中国の映画史から抹消された。

華影関係者の後日譚

日本では、一九八〇年代初頭、川喜多長政を始めとする華影の幹部らが戦時上海映画界での活動を回想し始め、その時期の映画を再評価しようと試みた。一九九六年、戦火中に行方不明となっていた『狼火は上海に揚る』のプリントが、ロシア国立映画保存所で日本映画調査グループにより発見された。第一巻が紛失した以外、他の部分の保存状態は良好であった。プリントは四十年ぶりに日本に持ち帰られ、NHKテレビ局により公開放送された後、ビデオテープが市販された。

一方、戦後、難を逃れるため、上海を離れた張善琨を始めとする華影の映画人は、香港において再起を図り、『国魂』『清宮秘史』など戦時期にヒットした話劇を悉く映画化した。また『春江遺恨』の脚本の共著者であった陶秦《とうしん》、合同監督であった岳楓《がくふう》は、戦時下における芸能人の境遇を再現し、その心の葛藤、および敵への抵抗を表現する映画『花街』を製作した。張善琨は一九五七年、撮影ロケ地である日本で亡くなったが、陶秦と岳楓はいずれも香港映画界に多大な貢献をした。しかし、彼らは死ぬまで戦時中のことについて口を開くことはなかった。岳楓の場合、インタビューに応じて、一言、二言自己弁解をしたことがあったものの、生命の最期に、過去の発言をすべて取り消すという遺言を遺した。

以上の経緯から見て取れるように、『春江遺恨』は戦時上海で製作された映画を読み解く際にキーとなるテクストである。その汚名のため当時製作された一〇〇本あまりの映画がマイナスの評価を受け、今に至るまで歴史の埃に埋もれることになったのである。

再評価の動き

二十一世紀に入り、日中戦争時期における文化史を再考する動きが生まれた。二〇〇五年、日本の好並晶氏の「戦中合作映画の舞台裏——『狼火は上海に揚る』における日中映画人」(『野草』第七六号、中国文芸研究会)を皮切りに、二〇〇八年、アメリカのPaul G.Pickowicz氏が「『春江遺恨』の是非および淪陥時期の中国映画」(「『春江遺恨』的是是非非与淪陥時期的中国電影」『文芸研究』二〇〇七年一期、中国芸術研究院文芸研究編集部）を発表、二〇一〇年、在日中国人晏妮氏の『戦時下の日中映画交渉史』（岩波書店）が刊行された。この三名の研究者はいずれも中国・台湾映画史における『春江遺恨』に対する評価に異議を申し立てた。

数年前、筆者は幸運にも東京の川喜多記念館で日本語台本『狼火は上海に揚る』および中国語の検閲台本『春江遺恨』を見つけ、二つのテクストのあまりの差異に驚いた。そこで、歴史の現場に戻り、コンテクストに寄り添って製作プロセスを考察し、文字資料と映像を対比して、撮影当時における日、中両側それぞれの狙いとその結果の検証を試みたい。

一、製作前史

中華電影聯合有限公司

映画が製作された一九四四年は、アメリカ、イギリス、ソビエト連邦、中華民国重慶政府を始めとする反ファシズム陣営が反攻し、勝利をおさめつつある時であった。

その契機は二年前の一九四二年の暮れに現れていた。日本はガダルカナル島戦に負け、十二月になるとアメリカ軍が航空戦における優勢を握った。そうした中、日本は十二月二十一日の御前会議において、対華（汪精衛政府）新政策を発表、「国民政府ノ政治力ヲ強化シ之ヲ通シテ民心ヲ把握シ同甘共苦自発的協力」を求めるために、「帝国ハ国民政府に対シ勉メテ干渉を避ケ、極力其ノ自発的活動を促進スル」（御前会議昭和十七年十二月二十一日決定）と定めた。

一九四三年五月、日本は、上海全面占領後に中国の十二の映画会社を統合して設立した中華聯合製片股份有限公司（略称中聯）を改組して華影を設立した。それは対華新政策の文化面における重要な一環であった。資本を見ると、中国側（汪精衛政府）六〇パーセント、日本二五・五パーセント（全額、社団法人映画配給社より分担）、満洲国一四・五パーセント（全額、満映により分担）で、職員総数は三〇〇〇人、日本人は三〇〇人未満であった。映画製作の業務においては、中聯の体制を踏襲して、川喜多が撮影を可否する審査権を握り、製作に関する仕事はすべて中国映画人に任せた。張善琨が中国側の「総製作者」になった。

合作撮影まで

中聯時期から終戦まで、上海で製作した映画は一二七本に上る。「国」という主題に触れないことが「この時期この場所」（中国語：此時此地）における中国映画人の暗黙のルールであった。題材は、外国の有名な脚本や民間故事を翻案したり、男女、家族の間の出来事を描写したりするものに限られた。

中聯が成立したのち、多くの日本映画会社から合作の申し出があった。たとえば、東宝は汪精衛の「平和建国」をテーマにした映画を企画し、『汪精衛』や『大建設』のようなタイトルまで決めた。松竹は日本軍と中国民衆との接触を描きたい、等々の案を出した。しかし、さまざまな企画は紙の上に留まり、実現しなかった。華影幹部の清水晶によれば原因は、これらの案はいずれもあまりにも「現実とかけ離れた甘いもので」、上海の映画人の協力を得られるのは無理であろう（『上海租界映画私史』新潮社、一九九五年）からであった。

今回の合作は大映からの提案が発端であった。最初の段階では、大映の永田専務が独自で上海で活躍している日本憲兵の映画を撮影したいと考えたこともあった。その後、提携映画のジャンルを「時代劇」と提案したので、中国側に受け入れられた。

一九四三年二月、大映の製作部長の服部静史と脚本家の八尋不二が共に上海を現地視察し、資料を収集した。帰国後、作成した初稿を中国側に郵送して、関係者からの意見を集めた後に書き直した。このような作業を繰り返し、定稿まで一年かけて五回書き直し（本刊記者「国際合作影片春江遺恨」『新影壇』第二巻第五期、一九四四年三月二十五日）、最後に大東亜省に提出して意見を求めたという。

二、『狼火は上海に揚る』から『春江遺恨』へ

題名の変更

華影の国際合作製作責任者であった筈見恒夫は、宣伝誌の『新影壇』に発表した「中日合作映画の理想」（一九四四年新年号）で、初めて合作の企画について明らかにした。その時の題名は直訳による『上海的烽火』であった。ところが、清水晶の回想によると「題名もいち早く日本語は『狼火は上海に揚る』、中国語は『春江遺恨』と決定して、その後変更もなかった」、中国側が完成したシナリオを受け入れられるかという日本側の最大の懸念は、八尋・陶秦の「共著」により解消された（前掲『上海租界映画私史』）という。また辻久一によると「張善琨が非常に満足そうに」日本側に『春江遺恨』は「いい題名だろう、そう思わないか、という意味のことをくり返していた」（辻久一著、清水晶校注『中華電影史話――一兵卒の日中映画回想記』凱風社、一九九八年）という。

張善琨の自慢には理由がある。「孤島」時期に京劇や話劇などの形で明朝の亡国の痛恨を描く『明末遺恨』がヒットしていたからである。

三月、『新影壇』の巻頭に『紅楼夢と春江遺恨』が掲載された。まず『紅楼夢』が「豪華且雄大」なセットを有し、

「大勢の優秀な俳優を動員」しており、「きっと空前の壮観を得る」と観客に向けて宣伝を行った。そして三分の一弱の紙面を使って『春江遺恨』に触れた。

『春江遺恨』は側面から太平天国の有力な表情を力強く描写するものである。以前上海劇芸社が著名な演劇『李秀成殉国』を公演した際、盛況だったが、現在の『文天祥』も負けてない。ここから、観客の太平天国に対する濃厚な興味が見て取れる。

『文天祥』は「孤島」期に『正気歌』という題名で上海劇芸社の公演によりヒットした。当時は上海聯芸劇団（支配人：張善琨）により再公演され、すでに二か月あまり経過して、観客の熱気はなお衰えなかった。

華影は意図的に中国の観客がよく知っている「側面」を切口に「孤島」期の有名な抗日劇を連想させ、好評上演中の『文天祥』と関連づけることにより『春江遺恨』への理解を導いた。

続いて文章は「李秀成役は『李秀成殉国』の厳俊氏によって演じられる」と強調し、以下のように締めくくった。

すべての歴史を題材とする歴史劇は、「見方」が正確であれば、教育の働きを果たすべきであり、必然的に果たさなければならない。ある作者が「すべての歴史劇は『非歴史劇』である」と述べたが、その言葉は正しい。

「孤島」時期の記憶を喚起し、この芝居を「借古諷今」の「抗日劇」の系譜に位置づけさせようと期待する製作者側の気持ちが手に取るようにわかる一節である。

命名権は所有権の一部である。日本語題名とまったく違い、奥深い意味を持つ『春江遺恨』という中国語題名への変更は、中国の映画人が中国の立場を主張し、受動的立場から能動的に関与するようになることを意味していた。

「翻訳」の方法

製作意図

日本側の監督稲垣浩は「日華合作映画製作前記――『狼火は上海に揚る』覚書」（『映画評論』一九四四年一月）に、「大東亜宣言にもある通り、道義に基く共存共栄、竝に互助敦睦の実を挙げる事がこの作品の意義である」と強調し、「製作意図」の小見出しの下にこう書いた。

脚本に附せられた製作意図には次の様に記されている

――「大東亜戦争、日に苛烈さを加え来る今日、日華提携の今日程切実なるものはありません。それは最早理論ではない、実行の時です。我々日本人は中国人の心をしっかりと掴まなければなりません。中国人として真に日本を知らしめ、日本頼むに足ると魂の底から信じ込ませねばなりません、と同時にアングロサクソンの鬼畜惨忍の本性を彼らに暴いて見せ、英米崇拝の感情を除去してやる事が、刻下の急務であると考えます。

読者は日本人であるから真意を隠す必要がなく、「中国人」の心をしっかりと掴まなければなりませんとあからさまに記された。

ところで、中国側へ提出したものは書き換えられている。

美英東亜侵略の歴史を描いて、東亜を東亜人自ら護らざるべからざる所以を闡明し、同生共死の精神を以て、共同の敵撃滅に当るの要を強調す。

（『新映画』第三巻第四期、一九四四年十一月）

基本的な「意図」は同じであるが、日本国内向け文章と日中映画製作者向けの文章を比べると、差異も明確に見て取れる。前者には戦局に対する切羽詰まった危機感が溢れ、「われわれ日本人」と「彼ら中国人」との境界線ははっきりしており、「我々」と一緒に「米英」に立ち向かわせるために「彼ら」「中国人の心」を「掴」み、友に変えさせなければならないとしている。しかし後者は共同撮影者向けの文章であるから、我々と彼らを融合して「東亜人」と名付け、「闡明、強調」という二つの動詞によって柔らかさを残しつつ、最後の「撃滅」で強硬な意志を示した。

一方、中国語の雑誌に掲載された際には、同文は次のように「翻訳」された。

製作趣旨

作品は、英米が東亜を侵略した歴史を描き、東亜人が東亜を護る精神を発揮し、同生共死共存共栄の大信念を以て、共同の敵をあしらうことを強調する。（『華北映画』四八期、一九四四年四月二十日）

中国語の雑誌に掲載された「翻訳」文をよく読めば、「撃滅」が「あしらう」に取って代わられ、さらに「強調」と「意志」を加えたことで、食うか食われるかの関係が軟化されたことがわかる。

このような換骨奪胎の「翻訳」は、中国側の「合作」の方法であった。

三、台本と史実

次の**図1**は、川喜多記念館に所蔵されている日本語台本と中国語検閲台本（筈見恒夫の遺物）の表紙の写真である。

「検閲台本」では「製作意図」「あらすじ」「登場人物表」「言語記号」が省かれ、一三四節の分量が（フィルム）十二巻の量へと短縮され、すべてのセリフがD中、T日、T英でまとめられていた。筆者が両者を対照、比較した結果、対話の一部しか対応できないことがわかった。中国語版は大量に削除、書き換えがなされたことにより別のテクストになったと言っても過言ではない。

あらすじ

以下は『華北電影』に掲載された梗概である。

文久二年は日本に於いてはベルリ来朝の十年後、支那に於いては阿片戦争の二〇年後に当り、東西よりする米英の侵略の触手が著しく東亜へ伸びて来た時代である。当時の日本は尊皇攘夷の気運漸く高まり、薩摩の有馬新七、長州の高杉晋作等はその急先鋒を以て目されていたが……（筆者による省略。以下同じ）幕府が上海へ派遣する第一回交易船に幕府使節の随員なる名目を以て高杉は船中に於いて、薩摩の五代才助、肥前の中牟田倉之助の二青年と相識る。彼等は……外国の事情を探り……新知識を得やうとして、この船に便乗したのである。

五月六日船は上海へ着いた。上陸第一歩の彼等を驚かしたものは上海の城外三里に迫ってゐる太平軍、「即ち世に謂ふ長髪賊の乱の砲声であり」（削除）碼頭に群る夥しき阿片吸煙者の群であった。

彼等の止宿した宏記号には幼少の頃より長崎に育った玉瑛が居て、……彼等は日夜玉瑛の案内で動乱の上海を見聞する。

（中略）

一行中の中牟田が支那少女桃花から一個の硯を求めた事が機縁となって、高杉は桃花の兄、太平軍の少壮幹部翼周を識る。翼周は清朝の腐敗を怒り之が改革の情熱に燃えて太平軍に投じたのである。一夜を両国の志士は語り明したが何れも国を思ひ祖国の運命を憂ふる心に変りは

図1　「中華電影股份有限公司」の『春江遺恨』（以下、「検閲台本」と略す）と日本語版の『狼火は上海に揚る』（以下、「台本」と略す）を比べると、前者は紙質の悪いガリ版であるのに対し、後者は紙が白くタイプライターが使われていた。

なかったが唯一点、両者の間には合致し難き所があった。それは翼周の目前の清朝打倒の目的の為に外国勢力を借りんとするに対し、高杉は国内の事は国内にて解決すべし、清朝よりも尚恐るべきは英米の侵略であると為する点であった。

然し英米信頼の心深き翼周は英国領事メドハーストと会見して、外国の援助、太平軍の上海入城、阿片の禁止などに付き、諒解を求める。クリスチャンにして人道主義者なるメドハーストは全幅の後援を約し、ここに太平軍は旗鼓堂々上海へ入城し、阿片禁止の布告は全市に貼出された。然し、此事は英国の対清貿易上の損失は勿論、印度の阿片栽培事業を全滅せしめ、その植民地政策を根底より覆す事となるのである。俄然、英国の局外中立、否、太平軍援助の態度は一変した。

……砲口は太平軍の本営に向って一斉に火蓋を切った。翼周は驚愕し、今更に高杉の忠告を想起したが、時既に遅く、太平軍は悲涙をのんで潰走し、彼の父親は外人兵の為に殺され、その家は掠奪放火され、而も彼自身は厳しく追捕の手に追はれたのであった。憤怒と悔恨にさいなまれて、遁れに遁れる翼周が進退窮して、絶体絶命の関頭、その眼に映ったものは飢餓にあへぐ同胞の悲惨な姿と、こと惨状を知らぬ気に踊り狂ってゐる英米人の華やかなる姿の対照である。今こそ彼も亦、真の敵を知った。猶も執拗に迫る外人兵の追及より、その翼周を救った者は、日本の志士達であった。時に故国の日本は攘夷実行の火蓋を切り、英国キューパー提督の率ひる聯合艦隊、下関へ急航する飛報来て、高杉等一行も急遽帰国する事となる。

かくて東亜に渦巻く風雲の裡、日華両国の先覚者は再会を期して、上海碼頭固き握手を交わすのであった。

（「『春江遺恨』歴史巨片」一九四四年四月）

以上の文章は「長髪賊の乱」云々の部分で太平軍を侮辱する表現を削除した以外、台本を忠実に訳したと言えよう。

歴史記録

次に日本の歴史文献から事実を検証してみる。

高杉晋作（一八三九―一八六七）、五代才助（のち五代友厚と改名、一八三六―一八八五）および中牟田倉之助（一八三七―一九一六）の三人は一八六二年、幕府の貿易船「千歳丸」に乗って長崎から出発して、六月三日に上海に着き、七月十四日に帰国した。その時まで、日中の自由な往来は二世紀にわたって絶たれていた。高杉は日記『遊清五録』、中牟田は『上海行日記』、『上海滞在中雑録』、峰潔源蔵は「船中日録」

「清国上海見聞録」を書き、その目で観た上海を次のように描いた。

上海は支那南辺の海隅にして、嘗て英夷に奪はれし地、津港繁栄と雖ども、皆外国人商船多き故なり、城外城裏も、皆外国人の商館多きが故に繁栄するなり、支那人の居所を見るに多くは貧者にて、其不潔なると難道、或年中船すまいにて在り、唯富める者、外国人の商館に役せられ居る者也……

徘徊街市、土人如土檣囲我輩、其形異故也、毎街門懸街名、酒店茶肆、与我邦大同小異、唯恐臭気之甚而已（高杉）。

繁華と貧困が混じり、西洋人が「勢盛」で、中国人が「可哀想」な「衰弱」の実況を記録している。彼らが上海に行った一八六二年一月から六月までは、太平軍が第二次上海進攻を試みた時期にあたっていた。清朝は防衛を外国の軍隊に任せ、孔子廟は外国軍隊の駐屯地となっていた。彼らも「到廟堂、廟堂有二、……賊変以来英人居之、変為陣営、廟堂中、軍隊枕銃砲臥、観之不堪慨嘆也」（高杉）と記録している。また孔子廟のみならず、上海城門も外国兵に管理されていた。「西洋人え相頼、門番為致候処より、自国之城門を自国之人出入不叶様相成、賊乱之末故とは乍申、余り西洋人之勢盛なること、為唐人可憐。」上海の状況は高杉らの強烈な「亡国の危機感をつのらせ、幕末の開国・改革に走らせる一助となった」（横山宏章「文久二年幕府派遣〝千歳丸〟随員の中国観――長崎発上海行の第一号は上海でなにを見たか」『長崎県立大学国際情報研究紀要』三巻、二〇〇二年）という。

上述の史料からわかるように、清の客であった高杉等は、太平軍の事件に大きな衝撃を受けた。彼らにとって太平軍は「賊」であり、そのメンバーと接触する機会も意志も当然なかった。

ところが、清を倒した民国時代になると、文化人の見方が変わってきた。二十世紀の三十年代に、上海では芝居や映画など太平軍を題材にした作品が続々創作された。たとえば、新華公司の『紅羊豪侠伝』、孤島期の『李秀成殉国』（話劇）、『太平天国』（映画、一九四一）、『洪宣嬌』（話劇、映画、魏如晦即ち阿英脚本、監督：費穆、一九四一）などである。いずれも太平天国運動をプラスに評価し、その失敗を惜しんで、原因を探るものであった。この映画の沈翼周およびその家族の構想は、正にこうした流れの延長線に位置していた。

四、台本から映像へ

日本語および中国語の台本と映像を比べると、大きな違いとして指摘できるのは以下の三か所である。

菊から刀へ

以下は日本語「台本」の内容である。

中牟田は硯を買う時、中国娘の桃花と知り合い、

後に彼女の自宅を訪ねる――

かすかに胡弓の音が聞こえている。

中牟田が薄く埃をかぶった英書を取り上げ

◎これ、あんたか……

桃花はその埃の上に指先で兄という字を書く。

◎そうか兄さんは仲々の……

五代は昌齢に見送られ、五代は陶淵明の宋本を見た

▽判るのですか、陶詩が……

昌齢目を瞠る

五代:「これ、これ」と(飲酒)二十首の条をめくって

◎菊を東籬の下に採り

悠然として南山を見る

声を上げて読む

老昌齢は顔を綻ばして

桃花に酒を取ってくるように

『帰去来辞』をよむ

▽帰去来兮

田園将蕪胡不帰

自以心為形役

奚惆悵而独悲

五代も合わせて読む

帰りなん　いざ

でんえんまさにあれなんとす　なんぞかえらざる

音読する

路地を胡弓を弾いて、流して行く声

中牟田は郷愁をそそられたように

……

五代も胡弓の音に耳を傾ける

桃花が盆を捧げてでて来る

ところが、このシーンの映像を確認すると、次のように変わっている。

高杉は栄宝斎で硯を買おうとするが気に入るものがなく店を出る。ずっと外で見ていた若い娘と年寄りの召使が追いかけて、硯を見せる。すると高杉が

高:これは端渓硯ではないか

と大喜びして叫び、値段を聞いて、数枚の貨幣を老人の手の平に置く。

……

（場面が切り替わる）。

硯の持ち主である沈昌齢はこの話を聞いて

沈：日本の武士か、彼もわかるかい？硯のわかる人ならきっと詩文がわかる、彼と話をしたいなー

と呟く。

（場面が沈昌齢の家に切り替わる）。

沈家で、沈昌齢と高杉らが筆談する。沈は筆で力強く「陳化成（一七七六〜一八四二年。アヘン戦争のとき福建水師提督であった陳はイギリス艦と戦い、その後、江南提督に任命された。道光一二年にイギリス艦との戦いで、戦死した）更勝林則徐」（陳化成は林則徐を超える）と書き、そして——

沈：俺は昔陳化成将軍の部下だ。この目で陳将軍を殺したやつを見た。俺は永遠に陳将軍の死を忘れない。

高：それはイギリスの兵隊でしょう。（中国語：英国兵？）

沈：いいえ、英国兵に征服された印度兵だ。

と言い、「印度兵」と書いた。

沈：同じアジア人だが、アジア人を殺すなんて。

高：中国語：您説的太对了（ごもっともだ）。

中牟田君、俺らは今日とても面白い話を聞いたぜ、ここにもアジアのことを真に心配する人がいるぜ。

沈：君の宝刀を我々に見せてくれませんか？

高杉の刀を見たいと要求し、高杉は口で薄紙を銜え「口からの呼気が刃を腐食することを防止するため」と説明されている。『新影壇』に第三巻第四期。一九四四年十一月二十日」

高：見てご覧

と光り輝く刀を出して見せる。沈は受け取り、そして、袖の上に横にして返す。

沈：日本刀は実に美しい、武器ですが、芸術品でもあります。

この場面を見ると、台本のキーであった「詩」が、映像において「刀」へと取り換えられたことがわかる。

文祥と小紅

台本と映像の最大の相違点は桃花の婚約者である文祥（「文天祥」を連想させる）の登場シーンである。「検閲台本」には以下のような会話がある。

D中：小紅、悲しまないで、ぼくは必ず戻ります。

D中：私は悲しみません、文祥。

D中：ぼくを待っていてください。

ところが、日本語「台本」には「文祥」も「小紅」もいない。

さらに画像を対照すると、こうなっている。

小紅の父を英国兵に殺された後、文祥が英国兵の一人を殺した。そして小紅に語る。

文祥：小紅、僕はお兄さんの軍営に行く、叔父の仇を打つために行きます。小紅、悲しまないで、ぼくは必ず戻ります。

（クローズアップした小紅と文祥が見つめ合うシーン）

小紅：私は悲しみません、文祥。

文祥：さようなら、ぼくを待っていてください。

「小紅」は即ち日本語台本の「桃花」である。「文祥」といえば、当時の観客なら誰もが、同時期にヒットしていた話劇『文天祥』の主人公を連想したであろう。ちなみに映画で文祥を演じた男優は「国破れて山河あり」の中国を象徴する映画『秋海棠』で主人公の役を演じた呂玉堃であった。

結末

日本語「台本」には次のように書かれている。

太平軍兵営

廃墟。

空一杯に鴉が群れ飛んでいる

復讐の念に燃ゆる太平軍の兵士達を前に翼周が

▽ 俺達はもう騙されないぞ、俺達の敵は清朝兵ではなかったのだ。昨日迄俺達の友人面をしていた洋鬼共こそ憎むべき吸血鬼だったのだ、アジアの敵だったのだ。詐謀を以て俺達の同胞を相喰ませ、その隙を窺って爪牙を伸そうとしていた侵略者イギリスだったのだ。その尻馬に乗って俺達を喰い物にしようとしていたアメリカだったのだ。激昂する兵士等は

▽ 洋鬼を撃て！

▽ 裏切り者を殺せ！

彼等を俺達の国から叩き出せ！

怒号する

▽ そうだ、今こそ俺達の祖国から侵略者を追放する時が来たのだ。俺達の国を護る者は俺達の外にないのだ。今こそ同胞の仇、民族の敵イギリス、アメリカを撃つ時が来たのだ。起て、俺と共に起て！起て仇敵アメリカ、イギリスを撃て！

それに対して「検閲台本」ではこうなっている。

高杉は馬に乗っている翼周に近づき

D中（翼周のこと、筆者）：高杉君、俺はわかった、君が

話してくれた言葉が。

T日（高杉）：わかったかい、翼周。

D中（翼周）：わかった。俺は東アジアの世界に英米の毒虫が一つ残らずなくなるまで戦う。五十年、百年かかっても、必ず成功させる。

D中（不明　筆者）：わかった……わかった。

T日（高杉）：アジアは一体だ。貴方たちが東亜のため立ち上がる時、我々友邦の日本も立ち上がって共通の敵を撃つ。

T日（不明）：わかった、わかった。

D中（翼周）：必ずそうする。

T日（高杉）：必ず、そうするぞ。

D中（翼周）：俺達の敵は清朝兵のみではなかったのだ。昨日迄俺達の友人面をしていた洋鬼なのだ、アジアの敵だったのだ。詐謀を以て俺達の同胞を相喰ませ、その隙を窺って爪牙を伸そうとしていた侵略者なのだ。

D中：洋鬼を打倒せよ！

D中：信用できない裏切り者を殺せ。

D中：今こそ俺達の国から奴らを追放する時だ。

D中：そうだ、今こそ俺達の国から奴らを追放する時だ。俺達の国を護る者は俺達の外にないのだ。今こそ同胞の仇を撃ち、民族の敵を打倒する時が来たのだ。


「検閲台本」では「イギリス、アメリカ」が削除され、その代わり「アジア人はアジア人と戦う」、「分かった分かった」などの言葉が繰り返し強調された。その目的は明らかである。それは紙面を埋め、表面的には日本語台本の分量と大差がないように見せるためである。

その場面の画像を見ると、次のようになっている。

　太平軍が行進する躍動的なメロディをバックに、玉瑛は高杉に付き添い、道端に立って通りかかる軍隊を見ている。翼周が高い戦馬に乗って、やってくる。玉瑛は興奮して声高く

玉瑛：沈先生――

　と叫ぶ。

　翼周は馬に乗ったまま手を下に伸ばす。高杉がその手を握る。

翼周：俺はわかった、君が話してくれた言葉が。
高杉：わかったかい、翼周。
翼周：俺たちは戦わなければならない。俺たちは英米の悪の勢力を消滅させるまで戦う。五十年、百年かかっても、必ずやり遂げる。
高杉：わかった、貴方たちが東亜のため立ち上がる時、

我々日本も立ち上がって共通の敵を撃つ、必ず撃つ。
カメラのアングルが切り替わる。
高杉は船の先端に立っている。日の丸の旗が翻る。
再びカメラのアングルが切り替わる。
翼周は馬に乗って、大部隊を率いて、突撃する。
高杉の顔が大海の波に重なる。
終（劇）。

五、現場の証言

川喜多長政

一九四四年三月、大映の俳優および撮影チームの三〇人あまりが上海に到着した時、川喜多は合同撮影の意義をチームに説明した。

二つの異なった民族、国籍の違ふ人種が一つの映画を作る場合、自分たちは国家代表であると云ふ意識を強く持つ。一つの場面を撮るにも、自国に与える影響を考え、そう云ふところから意見の対立がありがちだ。

（中略）

こんどの仕事でも、中国側がなぜこんなことを撮らされないかと思ふようなことに反対意見を出すかもしれないが、それは中国側から見た場合、風俗やその人情の上でおかしいと思ったことを主張するので、その辺の国家的民族的自尊心は大きな心で容れてやらねばならない。

（「日華合作映画の意義」『新映画』一九四四年八月）

「他民族的自尊心は大きな心で容れ」ることは川喜多の一貫したスタンスであり、それは、当時漫画などで宣伝していた「それぞれの国を愛し、隣の国を愛し、共に東アジアを愛す」という対華新政策にも符合していた。

稲垣浩

一方、監督の稲垣浩が中国に赴く前に書いた、「日華合作映画製作前記――『狼火は上海に揚る』覚書」を見ると、自分の「監修」の位置を強く意識していたくだりがある。

私は、この仕事で「監督」と云ふ立場に置かれる、演出は華共同――多分卜万蒼氏と僕で行ふが、更にその指揮権も持たされるわけだ。責任や誠に重大である。

新聞や雑誌では実感されないことを、「映画を通じて強烈に『英米人とはこんな奴だ』『アングロサクソンとはこんな悪い事をする民族だ』」と伝えるという抱負を述べ、さらに「日本人、中国人……アジアは一つである、東亜の民族は兄弟である、……英米撃つべしの信念に到着し、これをしっかりと把握し、真に同生共死の大精神を以て、大東亜戦争完遂の努力を倶にせんことを希むものであり、その実現への一助たらん事こそ、我々製作者の悲願であります」と書いた。

名監督稲垣は、「国策」を念頭に置きながらも、芸術家の一面も忘れてはいなかった。「僕の希望としては宣伝的、押し売り的なものは加えたくなく、あくまで芸術的に構成し処理し、それを以て結果的に国策宣伝の効果をあげたい」と思っていた。

さらに稲垣は細部まで考案していた。

例えば……中牟田が桃花と云ふ女から硯を買ふ件がある。彼は女が生活に困つてゐると思ひ、釣銭をとらずに去る。桃花親子は釣銭を返さねばならないし、若し先方が呉れたのならその好意に対して何か報いたいと、中牟田の後を追ひまわす。……数回訪ねて、ようやく時間の約束をし、一たん約束した時間には大切な用事を中止しても会見に行く中牟田である――と、こう云ふ風に、日本人の道義、支那人の律儀さを描くのだ。人と人の気持ち、個人同志の感情で結びつく方が、演説で日華相結ぶべしと声をからして叫ぶより、はるかに効果的だと思ふ。

ところが、「指揮権」を握るはずの稲垣はすぐに壁にぶつかった。監督として考えていた卜万蒼、主な俳優の予定だった高占非が共に参加しなかったのである。『新影壇』の人選の発表によると、撮影直前に中国側の監督は岳楓だと決められ、高占非は梅憙に換えられた（前掲「国際合作影片春江遺恨」）。理由については一言も説明がなかった。

人選ばかりではなく、稲垣が周到に考案した細部の寄り処――基幹のプロットも大幅に書き換えられた。

稲垣の記録によると以下のようであった。

三月一八日――

「本格的仕事に入る」第一日目に「移動車不備のため撮影できず」「一カット撮りて終わる」。

一九日――

忠王役の厳俊君、第一廠にて卜万蒼演出『紅楼夢』に出演中のため、当方撮影不能。俳優のてつぱりには上海へ来ても悩む。王丹鳳も『紅楼夢』への大役にて出演せり。今後の製作スケジュールを組むのに慎重を要す。

停電、「通訳その意解せず」、「ライト不充分」、「テーブルの上の埃や、画面の隅のグレ、ライトのコードが出てゐるのなど、〝馬馬虎虎〟（良い加減という上海語）なり。」

二九日、もっとも悩ましいことに遭遇した。合作監督の「岳楓は自分は進行段取りの責任を持つから現場は一切余に一任すると云ひ出す。」

「それでは困る。……お互ひ肩を並べてやると云ふ約束もあり、それを実現せずば意味なし、貴君を共同演出者として希望せし真意何処にありや」と懇願して岳楓は「出来るだけ現場に出て協力する」と答えた。

三〇日、岳楓は合作するようになり、仕事の効率も良くなった。「本日が真の意味での『狼火……』初日と云ふべく、記憶すべき日也」と感激した。

三月三一日、曇天のため、稲垣は撮影中止と云ったが、岳楓は午後三時まで待ちましょうと提案し、「その態度真に協力せしむ事を表現すと看る」、待っている間に撮影組は華影の所内ピンポン室で時間を潰す。「その明朗な風景を見るに……合作映画の前途明るし」と稲垣はほっとする。

四月二日、日中俳優は初めて合同出演。「仕事の能率非常に低下す。」五日、沈家内部のセットである。三日に稲垣は岳に「我は中国の家庭の事情にも明るからず、貴君にコンテを任す」と云って、岳は「謙遜して應ぜず」、翌日に漫画コンテを持ってきて稲垣の意見を求める。「余の思ひし通りのカットなり。良き友を得たるもの哉。」現場では、呂玉堃や王丹鳳などが日本語で挨拶したりするようになり、大映側も、中国語を練習する。「其の雰囲気誠にうれしきものなり。」しかし、撮影一九日目に入った六日に、稲垣が目を見はる出来事がおきた。「岳楓より王丹鳳役の〝桃花〟と云ふ役名は品格よろしからずとて〝小紅〟と改めては如何」との意見が出る。稲垣は「中国の習慣わからねば、よろしからむと同意す。それにしても、準備中はいささかの話もなく、現場に至り右の如き意見の出るところなど、馬馬虎虎なる所以か。」

協力する態度を表明し、相手の好感を得た上で、意表を突く提案をしたり、時には激しく抗争したりして、人物の名前のみならずいくつかのプロットまで変更させた岳楓の戦術は実に見事であったと言うべきである。

岳楓

次に岳楓の発言を検証してみよう。岳楓は『監督の話』(前掲『新影壇』第三巻四期)で当時のことを回想した。『両地相思』を完成し、『党人魂』を準備している時に、会社のトップから稲垣浩との合作の指示を受け、その瞬間、ぼうっとなったという。

実は『両地相思』は「上海に居ながら重慶を思う」映画であり、『党人魂』は清に対抗する女性英雄秋瑾を描写するテクストであった。いずれも、暗に侵略者に抵抗する意志を表す作品であった。

その時、岳楓はすぐに「学習の気持ちで」参加すると開き

図2　好並晶「戦中合作映画の舞台裏――『狼火は上海に揚る』における日中映画人」（『野草』第76号、中国文芸研究会、2005年）より

直った。「しかし国体の尊厳を守るために、私は時々、我が国の民情に合ってないところを稲垣浩先生に教え、指摘せざるを得ない」と記している。

「国体の尊厳を守る」ためには、激しい争いも避けられない。稲垣の記録を見ると、次のような場面があった。

八日――

武官府の近藤閣下激励に御来所。折しも高杉は沈老人に日本刀を観せるカット撮影中にて、高杉が日本刀を抜いてみせるところで日華両国風習上意見の相違点あり。閣下の前で余と岳氏、通訳を中にして００（ワラワ）々々（もめごと）あり。（『日華合作映画撮影日記』）

「詩」から「刀」へと変更されたシーンを撮影した現場である。「もめごと」の詳細は記録されていないが、かなりの激しさと推測できよう。岳楓の回想によると、当時日本憲兵隊に四回逮捕され、そのたび、川喜多に保釈されたという（何美宝「楓骨凌霜映山紅――岳楓導演」『南来香港』香港電影資料館、二〇〇二年）。

映画の結末についてもやりとりがあった。稲垣はこう考えた。

劇の盛り上がりは、やはり、ラストの馬関戦争に置き、そこへ来るまでの高杉たちの親しく見聞した上海日記がその前提となる。即ち英米侵略の魔手、野望を画面々々で曝き乍ら、その中に、東洋人の血によって結ばれて行く日華の握手を、劇的に構成する。そこに、アジアは一ッなりの主題が大きく浮かび上がって来るのだ。

ところが、岳楓の提案により、映像は次のように変えられた。

『狼火は上海に揚る』は日本人が中国人に作らしめたぢゃ意義がない。お互ひが肩を並べて一しょに作ったところが意義がある。岳楓の意見を素直にきいて、例へば高杉が羽織を翼周にかけるところもやめたし、ラストの船上の日の丸の旗で絞るのも太平軍の進軍に変更した。そう云ふ点、双方納得づくて（原文ママ）気持ちよく手を取り合って進まないことには……

（「製作雑記」『新映画』一九四四年十二月号）

フィルムの最後を見ると次のような画面が現れている（**図2**）。

好並晶はこのシーンを次のように解読する。

ここで注目したいのは、高杉と翼周の目線の高低差である。翼周はここで馬から下りず、常に見下ろすかたちで高杉を見やる。これに対し、高杉は馬上の翼周を間近から見上げる姿勢になる。このショット構成に自らの沽券を守ろうとする中国側の思い、即ち、抗戦の意志は日本人に教え諭されたものではなく、中国民族の自発的なものであることを劇中に示す、という堅固なる意志が読み取れよう。日本側の意向を想像すれば、国力関係を明示するために翼周を馬から下させ、高杉に対して恭しく拝礼させるところである。しかし、恐らく岳楓はその意向に異議を唱え、現存する場面展開を固持したに違いない。

主、副なし

『春江遺恨』以前に、「合作」と宣伝する映画は二本あったものの、張善琨の言う通り、「一国の一二の俳優が参加したり（『万世流芳』を指す）、一国の俳優が挿入して補助する形で、付随したりする（『万紫千紅』）」にすぎなかった。しかし、『春江遺恨』は「中日真摯に合作した国際映画である。監督、俳優、技術スタッフ及びほかのすべての撮影道具に至るまで、すべて中日双方が全力を挙げて合作したばかりでなく、双方いずれも重要な位置にあり、主、副の差がなかった。」（『新影壇』第三巻第四期、一九四四年十一月二十日）

映画封切りの直前、『華北映画』（一九四四年十一月十日）に公表されたスタッフ陣は次の通りである。

製作責任者：永田雅一、張善琨
製作企画：服部静夫、徐欣夫、渾大坊五郎
脚本：八尋不二
監督：稲垣浩
副監督：岳楓、胡心霊
撮影監督：青島順一郎
撮影：黄少芬
音楽：西梧郎、梁楽音
華語セリフ：陶秦
華訳：陶滌亜

ところが、スクリーンの画面を見ると、製作スタッフは以下のように変わっている。

製作：大日本映画製作株式会社、中華電影聯合有限公司
プロデューサー：筈見恒夫、服部静史、徐欣夫
脚本：八尋不二、陶秦
監督：稲垣浩、岳楓、胡心霊
出演：板東妻三郎（高杉晋作）、梅熹（沈翼周）、厳俊（李秀成）、李麗華（玉瑛）、王丹鳳（小紅）、呂玉堃（文祥）
撮影：青島順一郎
音楽：西梧郎、梁楽音

おわりに

『春江遺恨』の結末は、三〇〇名ほどの太平軍戦士が馬に乗って勇ましく突進する画面になっている。それは「日本の騎兵が演出した」のである（高石「『春江遺恨』外景隊随征記」『上海影壇』第一巻第十期、一九四四年八月一日）。

この場面は『春江遺恨』および「この時期この場所」のすべてを象徴している。芝居の裏に芝居があり、虚像の後ろに真実が映され、「歴史」と「非歴史」が絡み合い、分かち難くなっている。

陶行知は「国土は失っても人民は居る」（夏衍「争地之戦与争民之戦」『救亡日報』（桂林版）一九三九年十二月二日）と述べた。七十年余りの歳月が流れた後に浮上した『春江遺恨』の検閲台本は、占領された上海において華影の中国人が中国人としての権益を奪返したことを証していると思われる。

日本占領下における華北映画について
――華北電影股份有限公司の文化映画・ニュース映画を中心に

張 新民

「華北電影」は設立当初は文化映画を中心に製作を行っていたが、太平洋戦争勃発以後、『華北電影新聞』などのニュース映画の製作へ重点を移した。中国人スタッフも華語版文化映画・ニュース映画の製作に携わったが、その製作は終始日本人を中心に行われていた。共通の内容ではなく、観客に応じてその内容を別々に編集するという差別化製作は日華両語版作品の特徴である。

ちょう・しんみん――大阪市立大学大学院文学研究科教授。専門は現代中国文化論・映画史。主な著書に『映画と「大東亜共栄圏」』（共著、森話社、二〇〇四年）、『中国映画のみかた』（共著、大修館書店、二〇一〇年）、『日本映画の海外進出――文化戦略の歴史』（共著、森話社、二〇一五年）などがある。

はじめに

華北電影股份有限公司（以下「華北電影」と称す）は、中華民国臨時政府（のちに華北政務委員会へ改組）、株式会社満洲映画協会、日本映画業界による三者の共同出資で、新民映画協会と日本北支那方面軍（以下「北支軍」と称す）宣撫班に属する「興亜影片製作所」を統合して、一九三九年十二月二十一日に北京で設立された国策映画会社である。

「華北電影」は華北・蒙疆（現在の内モンゴル）における映画事業の一元的経営体であり、映画製作、映画配給、巡回映写の実施を中心としながら事業展開していた。「華北電影」の映画製作は、国家政策の宣伝、国民の教化を目的とする記録映画、いわゆる「文化映画」から始まり、その後、ニュース映画、さらに京劇映画や劇映画へと展開していったが、もっとも多く製作されたのは、やはり国策推進の手段としての文化映画とニュース映画であった。

これまで、「華北電影」の京劇映画や劇映画について、十分とは言えないながらも、いくつか研究成果が発表されているが、(1)「華北電影」の文化映画やニュース映画については、まったく研究がなされていない。

本稿では、「華北電影」の文化映画とニュース映画の製作状況を考察し、その差別化製作ともいえるその特徴を明らかにしたい。

一、文化映画

一九三九年十二月二十二日に開催した「華北電影」第一回董事会で採択した「映画製作所新築」案では、その規模と用途について次のように述べている。

> 本映画製作所ハ完備シタル現像場及録音場ヲ有シ、現像場ハ、タンク並ニ自動現像機ヲ備付ケ、一ケ月六十万呎ノ現像力ヲ有ス、主トシテ国策的文化映画ヲ製作シ北支、中支、日本、満洲其他ニ配給又ハ販売輸出ス又政府其他ノ委嘱ニヨル映画ノ製作ヲナス外、日本、中、南支、満洲其他ノ北支内ニ於テ撮影ヲナシタルモノニ付現像録音ノ委嘱ニ応ズ。
>
> （『華北電影股份有限公司第一回董事会決議録』活版刷り）

映画製作所を設置し、文化映画の製作能力を増強することは「華北電影」設立の主な目的の一つであるとし、「華北電影」の初代専務董事古川信吾も、文化映画を中心とする映画製作方針を内外に大々的に表明した。

> 映画の北支における現地製作、これによつて北支の新しき胎動と逞しき建設の姿を記録する。このためには北支今日の実状よりして劇映画よりも文化映画によることの方が有効適切で、従つて劇映画は暫く上海、満洲の映画製作機関に任せ専ら文化映画を作る。現地において撮影され録音された文化映画が北支一億の民衆だけでなく中南支、満洲、日本及び海外諸地域に北支の生生しい現実の動きを伝へる、といふことは内外の事情よりみて最も緊急の必要事であらう。（古川信吾「北支における映画の重要性」『スタア』一九四〇年九月十日、八頁）

北京の新街口大街にある「華北電影」映画製作所は、敷地面積六五〇〇坪余りで、一九四〇年二月着工、同年十二月第一スタジオ、翌四一年八月第二スタジオがそれぞれ竣工した。(2)

表1のように、「華北電影」は設立から一九四三年までの四年間で、文化映画を一三〇作製作した。そのうち、華北・蒙疆における日本軍や政府機関および国策会社からの委託によって製作した委嘱作品は八十三作、「華北電影」が自ら企画・製作した自主作品は四十七作であった。

「華北電影」映画製作所第一スタジオに設立された現像場

表1　「華北電影」文化映画製作本数一覧

製作形態	企画			版別	1940年	1941年	1942年	1943年
委嘱作品	「北支軍」			華	3			
				日			1 (1)	2
				華蒙	3			
	政府機関	華北政務委員会	建設総署	華	2	1	2	
				日	1	7 (1)	(1)	(1)
				日華	8			
			情報局	華	2	5	3	1
		蒙疆連合自治政府		蒙			3	
				華蒙	1		1	
				日華蒙			1	1
		その他		華		3 (1)	2	
				日	1			
	新　民　会			華	3	5	4 (2)	1 (1)
	国策会社	華北交通（株）		日		1	2 (2)	3
		北支新港事務局		日	1	1	1	1
		その他		日	4	1	1 (1)	
自主作品	華　北　電　影			華	(1)	13	13	1
				日	2	4	3	1 (1)
				日華		1	3	(1)
				蒙		1		
				不明		4	1 (2)	(3)
合　計					31 (1)	47 (2)	41 (10)	11 (7)

(「華北電影製作映画一覧」(『映画旬報』1942年11月1日号)、「民国31 (1942) 年度作品一覧」(『華北電影股份有限公司社報』第43号、1943年1月1日)、「民国32 (1943) 年度作品一覧表」(『華北電影股份有限公司社報』第65号、1944年1月1日) より作成。(　) の数字は該当年度未完成の作品数である。)

と録音場の竣工によって製作能力が著しく向上し、一九四一年の映画製作本数が激増したが、太平洋戦争の開戦に伴い、映画用生フィルム不足問題が深刻化し、一九四二年には計画どおりに撮影が進まなくなって、次年度に持ち越し完成させる未完成作品が急増した。フィルムに制限があるため、「華北電影」は「厳選主義」という製作方針を採り、自主作品はもちろん、たとえ委嘱映画でも、内容が類似するもの、主題や目的が同一のものはその受託を拒否するようになった。(3)よって、一九四三年は委嘱作品も自主作品も、その製作本数が激減した。一九四四年は、前年度から持ち越した未完成作品を引き続き製作した以外には、新企画作品は二作しかなかった。一九四五年、「啓民映画」として五作の文化映画製作企画を公表したが、いずれも完成できず、「華北電影」は終焉を迎えた。(4)

「華北電影」は「北支軍」報道部や蒙疆連合自治政府の委嘱で、『蒙疆政府一周年紀念』(一九四〇)、『徳王府情形とその附近』(一九四〇)、『七三七年の蒙古』(一九四二)、『友邦日本』(一九四二)、『蒙古の回教徒』(一九四三)など、モンゴル族を対象とした蒙語版や華蒙両語版の文化映画も製作したが、もっとも多く製作したのはやはり中国人と日本人を対象とした華語版、日本語版、日華両語版であった。日本人の従業員が中心の華北交通株式会社、北支新港事務局など国策会社からの委嘱映画は、自社の従業員家族慰問をかねた宣撫を目的としたもので、『生まれ出る華北の門戸』(一九四〇)、『愛路厚生列車』(一九四一)、『華北交通の全貌』(一九四二)、『塘沽新港』(一九四三)など、日本語版作品のみ製作した。対中国民衆向け宣伝を担う華北政務委員会情報局や、新民会(全称中華民国新民会)の委嘱映画は華語版だけを製作した。

華北政務委員会情報局の委嘱作品は日華親善、社会治安を目的にしたものや国民生活を題材にしたものが多かった。例えば、華北政務委員会委員長王揖唐《おうゆうとう》が一九四〇年十月、日本訪問を記録した『扶桑紀行』(一九四〇)、当時華北政務委員会教育総署督弁周作人《しゅうさくじん》が一九四一年四月の訪日を記録した『櫻国紀遊』(一九四一)、『友邦日本華僑生活篇』(一九四二)、第二次治強運動宣伝映画『看啊!我們的堅壘(見よ!我等の堅固な堡塁)』(一九四一)、国民健康運動宣伝映画『健身健国』(別名『躍進華北体育篇』、一九四三)などである。実写映画以外にも、北京の「徳順影戯社」の影絵芝居を撮った影絵映画『大過会』(一九四一)、『快楽的朋友』(一九四二)も製作し、縁日に出かける二人の友人の笑い話を描く『大過会』は影絵芝居の伝統演目であるが、二人の人力車夫が協力して女スパイを捕まえる『快楽的朋友』は新作の現代物で、「登場する二人の洋車挽き、彌次喜多コンビともいふべき滑稽的人物」であり、「この映画では、マレー沖の海空戦の挿入がある。プリンス・オブ・ウエールスの撃沈が、空軍の活躍などと共に展開されて、影絵芝居としては、空前の新しさを見せてゐるし、苦労もしてゐる」(5)。喜劇を利用しながら教育的要素を取り入れた作品である。

新民会の委嘱映画には、太平洋戦争の開戦に応じて製作した映画特集『大東亜戦争』(第一、二篇、一九四二)もあるが、もっとも多く製作したのは『新民会宣撫班統合結成』(一九四〇)、『王(克敏)会長推戴式典』(一九四〇)、『興亜新民』(一九四〇)、『新民青年』(一九四一)、『華北新光』(一九四一)、『郷村是我們的(村は我等のものだ)』(一九四二)、『国民前駆』(一九四三)など、新民会の重要行事、北京の中央青年訓練所の青年指導員養成訓練、各地の新民会分会による宣撫活動の状況を取り扱う新民会活動映画であった。

新民会の映画製作活動については、『新民会宣撫班統合結成』を始め、八作の新民会委嘱映画の「構成」(監督)を務めた、新民会中央総会宣伝局映画班長の米重忠一は、次のように述べている。

云ふまでもなく新民会は、北支に於ける唯一の中国民衆組織体であり、北支に於ける民衆の理念と行動の帰一を念願とする組織運動体である。従つて之が内容はあくまでも中国人であり、而も之に日本人が参加する所以は、之の組織体をしてつまり全華北を日華合作の模範的なものたらしめんがためなのである。原則として私達の観客も最初から最後まで中国人である。(中略)私達新民会の宣伝では売るために薬品や化粧品を宣伝すると云ふ意味の宣伝では絶対にない。それは華北に於ける新民会に負荷せられた政治的な経済的な文化的な要請と、それに結びついた組織運動と不可分の関係にあるものである。映画にしてもここから出発しなければならないのである。(中略)私達の製作の仕事は、今やつと緒に就いたばかりである。私達は華北の民衆に、あれも映画にして見せてやり度い、これも映画にして見せてやり度いと思ふ。而しそれは今後の問題である。(米重忠一「新民会の映画工作」『映画旬報』一九四二年十一月一日号、三四～三五頁)

このように、新民会の委嘱映画はあくまでその組織自身の活動宣伝を重んじていた。

日華両語版の作品は、一つのプリントにそれぞれ日本語または華語の録音をつけただけでなく、その内容の編集もそれぞれ行われていた。たとえば、一九四三年撮影に着手、翌年完成した「華北電影」の自主作品『回教徒』は日本語版が三巻で、華語版が二巻であった。

『回教徒』の日本語版と華語版の内容について、『華北電影股份有限公司社報』（第六〇号、一九四三年九月十五日）は、次のようにそれぞれ紹介している。

回教正しくはイスラム教は仏教キリスト教と共に世界三大宗教の一つである。

その分布は発生地アラビヤを中心としてアフリカ大陸アジア大陸の大部分、更に南に伸びて蘭印に及び、教徒総数約四億と言はれる。（中略）この映画は東亜共栄圏内回教徒の主要部を占め且つソヴィエートの関係に特種な地位にある支那大陸の回教徒を取り上げ、従来余りに顧りみられなかつたこの宗教教徒に対する一般の認識を深め、その政治的文化的意義、それが大東亜共栄圏の建設に対してもつ重要性を明らかにせんとするものである。

（日本語版）

回教は支那に於ては古く唐の時代より流布し現在支那大陸は印度と竝んで東亜最大の回教圏を形成している。しかも支那回教史は漢回両族の幾多の流血をもつてする闘争を記して今日に及んでゐる。（中略）この映画は一般中国人に対し、回教に対する正しい認識を与へると同時に新しき中国の建設に関して回教徒の持つ意義を明らかにし、且つ今こそ漢、回両族が真に東亜民族たるの立場に目覚め東亜共栄圏建設の大理想に向つて協力邁進すべきことを宣伝せんとするのである。

（華語版）

イスラム教との関連から観客に回教徒を理解させようとする日本語版に対して、華語版は中国の漢民族と回民族の対立歴史を強調しながら、東亜民族の立場に目覚め東亜共栄圏建設のために協力すべきことに重点を置いている。同じ作品とはいえ、その巻数も、そして作品の主眼や狙いも異なっている。よって、華語版の観客と日本語版の観客では回教徒に対する理解や認識に差が生じていたであろう。

『回教徒』のように製作当初の企画内容から別々に日華両語版で製作した作品以外に、完成作品を他の言語版に再編集・製作したものもある。石門（石家荘）棉花増産委員会委嘱映画『棉花』は一九四二年に製作された五巻の華語版作品である。一九四三年、「華北電影」は日本に輸出するために四巻の日本語版を再編集製作して、朝日映画社配給によって、同年二月二十五日から一週間、日本全国の白系映画館に一斉封切された。「華北電影」の映画はそれまでほとんど日本で紹介されず、日本主要都市映画館の本興行に一斉公開されたのはこの『棉花』をもって嚆矢とする。(6)「此の映画で何より良い事は、棉花が如何にして作られるかと言ふ事を、最初の歴史の説明に続いて、鈴木重吉らしい記録映画風な巧みさを以つて展開せられて居る事である。殊に大陸的な感情を棉花を通じて描き、日華協同を自然に観客に感ぜしめて居るのは良い。[7]」「素材の選択にも構成にも非凡な考慮が払はれてゐて、どの画面にも、こまかい神経がゆきわたつてゐる。大袈裟にいへば、芸術的な効果をさへ、ちやんと計量して、この映画の科学性、記録性を過不足なく伝達するのに役立てゝゐる。[8]」『棉花』の日本上映は大好評だった。

要するに、共通の内容ではなく、観客に応じてその内容を別々に編集する差別化製作ともいえる方法が、日華両語版で製作した文化映画の特徴といえる。

文化映画の構成と撮影は、新民会委嘱映画『国民前駆』の構成以外、すべて日本人が担当していた。華北政府機関および国策会社の委嘱映画では構成から撮影まで、そのすべてを「華北電影」のスタッフに任せたが、「北支軍」や新民会の委嘱映画の構成は各自の映画担当者が自ら担当した。

前線の宣撫活動を担う「北支軍」の委嘱映画は、あくまで日本軍による巡回映写活動で上映されていた。[9]中国人を相手にする巡回映写について、「北支軍」委嘱映画の構成を担当した北支軍報道部員の村尾薫は、次のように述べている。

> 軍の作戦に映写隊がついて行つて、占領直後の村で村民を集めて映写を行ふと、戦闘のために驚き恐れて避難してゐた部落民が映画を見せてくれるからと云ふので続々と帰つて来る。(中略)日本軍が来てからすぐに、自分達が殆ど見たこともない映画を何の心配もなく見せてくれたと云ふだけで、その部落の治安がよくなつた証拠であるとして、見せた映画の内容の影響は第二としても、映写を行つたと云ふことだけでも、十分に宣撫の役に立つ。(村尾薫「北支軍の巡回映写隊」『映画旬報』一九四二年十一月一日号、三二〜三三頁)

前線地域の中国民衆に安心して映画を見せるためであろうか、華語版で製作した「北支軍」委嘱映画『五台山』、『曲阜程泰山』、『燕鮮号献納式』三作のうち、『五台山』、『曲阜程泰山』二作は中国民衆に親しみやすい名所旧跡を撮ったものであった。一九四〇年七月七日に北京東単練兵場で催した「在留半島同胞」愛国機献納式を撮った『燕鮮号献納式』は祝賀ムード一色で、戦闘状態であることがほとんど感じられないもので、つまり、「北支軍」は前線地域の治安回復のため、出来るだけ戦争や政治的な色彩を薄めて、中国民衆に安心して楽しく見せる映画の製作を重んじていた。

新民会の人々は新民会工作を以てよく世界史的創造と呼

ぶが、新民会の映画製作も全くこの意味からすれば世界史的創造であるかも知れない。私達は私達の非力さを考へ乍ら、而も万全の努力をして来た。お手本がナチス・ドイツの文化映画の中にあるかも知れない、又ソ連の文化映画の中にあるかも知れない、そうした映画を見ることによつて如何に民衆を啓蒙すべきかの方法が豊富になるかも知れないと思ひ乍らもそれを見る機会は北京にあつて絶対にない。日本の文化映画ですら北京に上映されるものは微々たるものだ、而もそれが古いものばかりで、最近の情報局監修の啓発宣伝映画など何時見られるか判らない。何処にも手掛りとなるべきものもないし縋り附くものもない。而も相手が中国の民衆であり、まだ華北は共産党軍との戦ひのさ中にあるに於てをやである。私達は私達流にやるより仕方がなかつた。

（前掲「新民会の映画工作」、三五頁）

中国民衆の思想宣伝を担う新民会は如何に映画を利用して民衆の思想啓発を行うべきかと考えており、その委嘱映画の構成を「華北電影」に任せず、自ら行うことにしていた。言い換えれば、「華北電影」の映画スタッフを信用していなかった。新民会委嘱映画も「北支軍」委嘱映画と同じく新民会の巡回映写活動で上映されていた。新民会の宣伝スタッフがまず中国語で政治演説を行ってから、その後に映画を上映する手法がその巡回映写活動の特徴で、映画製作だけでなく映画上映においても民衆への思想宣伝に力を入れていた。

「華北電影」がもっとも多く製作した自主作品は華語版映画で、一九四〇年から一九四三年まで製作した四十六作のうち、華語版映画は二十七作である。その華語版映画のうち、もっとも多く製作されたのは、一九四一年三月から一九四二年十二日にかけて華北で五回にわたって中国共産党・八路軍の討伐と、それによる治安の維持を目的にして行った治安強化運動を宣伝する「治強映画」であり、『復旦中華（中国の夜明け）』（一九四一）、『協力同心』（一九四一）、『模範山西』（一九四一）、『新光山東』（一九四一）、『河南』（一九四一）、『我們的闘争（我等の闘争）』（一九四二）、『東亜解放』（一九四二）、『豊収的歓心（豊作の喜悦）』（一九四二）、『経済封鎖』（一九四二）、『剿共自衛（共産党討伐と自衛）』（一九四二）、『勤倹増産（節約増産）』（一九四二）など、約二十作あった。そして、日華両語版は前述の『回教徒』以外にも、『日華合作聯隣会（中日合作聯荘会）』（一九四一）、『治強漫画』（一九四二）、『治強影絵』（一九四二）、『治強行灯』（一九四二）の四作あり、この四作はすべて「治強映画」で、日本語版にも『鄭州攻略戦』（一九四二）、『治強小学生』（一九四二）などの「治強映画」があった。

華北電影が国策会社としての面目を発揮してゐる事業の一つは治安強化運動への協力である。（中略）この運動に関する宣伝指導映画、またこの運動の各地に於ける実況を記録した映画等を製作しまた先にあげた目標の標語を映画の先つぎリーダーに付けたり、映画館の内外に大きく掲示し、また映写の前に幻灯で標語を示し、また休憩時間には本運動に関する放送をラヂオで入場者に聞かせる。これらの趣旨徹底のために全北支の支那映画館経営者を北京に集めて指示を與へた。更にまた映画館のない小都会及び村へは巡回映写班を派遣するなどゝ映画及び映画館を利用して大に本運動を助成しこの運動の為に華北電影が負担した費用は相當多額に上がつてゐる。
（村尾薫「燕京影片片々」『映画旬報』一九四二年六月十一日号、四四頁）

また、第四回と第五回の運動期間中、一部の映画館では児童文化映画大会という学童のための「治強映画」上映会も実施した。[10] 治安強化運動への宣伝協力は、「華北電影」自主作品の特徴であったといえる。

二、ニュース映画

「華北電影」は「華北の一億民衆の文化向上と時局認識をねらって」、一九四〇年十二月に日本ニュース映画社と提携して華語版ニュース映画『世界電影新聞』を発行した。[11] これより毎月二回、一九四二年二月第三二号まで定期発行して、華北の中国映画館に無償提供した。日本ニュース映画社は日本各新聞社の映画部門を吸収合併して、一九四〇年四月に設立された国策映画会社で、同年六月よりニュース映画『日本ニュース』を出した。[12]『世界電影新聞』の編集製作は日本ニュース映画社で行われていた。[13]

『世界電影新聞』は発行当初、日本以外、アメリカ、イギリスなど欧米諸国の関連ニュースも多く扱っていた。**表2**のように、「新任駐華大使本多熊太郎到任（新任中国大使本多熊太郎着任）」、「美国総統羅斯福三次当選（アメリカ大統領ルーズベルト三回目当選）」など政治関連ニュース以外では、「羅馬葡萄祭（ローマ葡萄祭）」、「西班牙闘牛（スペイン闘牛）」、「巴爾幹宝庫――羅馬尼亜的油田（バルカンの宝庫――ルーマニアの油田）」、「野鳥群飛天空乱舞（空を舞う野鳥の群）」、「汽車冒険（自動車の冒険）」、「氷上的舞蹈会（氷上の舞踊会）」など、欧米諸国の文化・産業・スポーツ・自然現象に関わる話題のニュースもあった。しかし、一九四一年六月に発行された「第一四号」より、欧米諸国の関連ニュースが減少して、日本や中国国内の政治関連ニュースが中心となり、華北関連内

表2　華語版『世界電影新聞』一部

号数	内容
第4号	駐華大使決定本多熊太郎（東京） 美国総統羅斯福三次当選（美国） 羅馬葡萄祭（意大利） 西班牙闘牛（西班牙） 防空訓練初歩滑翔機部隊（漢口） 巴爾幹宝庫——羅馬尼亜的油田（羅馬尼亜）
第5号	新任駐華大使本多熊太郎到任（南京） 威海衛炮艇隊歴史的譲渡式（威海衛） 望眼鏡中所見的太陽異変（滿洲） 野鳥群飛天空乱舞（美国） 汽車冒険（美国） 冰上的舞蹈会（美国） 英意空海両軍在地中海激戦（地中海）
第14号	慶祝法泰協定成立泰国観兵典礼（泰国） 新中国建設下的華北農民生活（華北） 日蘇中立條約挙行歴史的調印式（莫斯科） 時事話題：黄河新堤防工事開始（華北）、釋迦仏聖誕祭（北京）、冀東道警備交換式（華北）、濠洲軍隊騎馬訓練 維護太平洋和平的日本海軍威容
第15号	新民会副会長就任典礼（北京） 観音仏像奉迎式（日本） 中国回教総会援助伊拉克聖戦大会（北京） 時事話題：我国小学生参観日本国民学校（南京）、華北駐屯軍挙行軍楽演奏会（天津）、華僑挙行第二屆全体大会（日本）、慶應早稲田両大学 水球比賽（日本）、倫敦被德機轟炸燃起的大火災（倫敦） 京津美軍駐屯兵分批撤退（華北）

（『三六九画報』（1941年3月3日号）、『電影報』（1941年6月6日、7月7日）より作成。）

容の分量が増えた。

一九四一年二月、「華北電影」は組織改組を行い、文化映画やニュース映画の製作を担当するニュース課を新設した。[14] しかし、『世界電影新聞』の編集製作を日本で行うという製作体制は変わらなかった。一方、日本ニュース映画社は一九四一年五月に日本映画社に改組され、「日本映画社の誕生によつてニュース映画及び文化映画は何れも国家的管理の下に置かれる事」[15] となり、映画の思想統制がさらに強化された。『世界電影新聞』第一四号からの内容の変化は、日本映画社の設立時期とほぼ一致している。

『世界電影新聞』のニュースは、『日本ニュース』[16] からなるものが多かった。たとえば、その第一四号の「慶祝法泰協定成立泰国観兵典礼（泰国）」は、『日本ニュース』第四九号（一九四一年五月十三日公開）の「週間話題」には「祝賀沸き立つ泰国観兵式」から、「日蘇中立條約挙行歴史的調印式（莫斯科）」は『日本ニュース』第五一号（一九四一年五月二十七日公開）の「日ソ中立条約歴史的調印成る（モスクワ）」から題材を得たものである。さらに、「華北電影」の現地取材ニュースには『日本ニュース』を元にしたものもある。たとえば、『世界電影新聞』第一八号の「巡回電影隊之活動慰問華北民衆」は、『日本ニュース』第六〇号（一九四一年七月二九日公開）の「週間話題」に「北支五省華北電影巡回映写」として収録されている。

ある華北地域の農村で行われた「華北電影」巡回映写を撮った「北支五省華北電影巡回映写」は巡回映写班のトラックの到着から始まり、映写機材を下ろし、スクリーンや映写機の設置、そして映画上映を嬉しそうな表情をして眺めている村人たちのシーンが挿入されている。三五ミリ映写機を二台使いながら、日本兵士が周囲で映画上映を見張っている状況が写し出されており、当時の「華北電影」巡回映写の様子を知る貴重な映像資料である。

一九四一年十二月八日、日本の真珠湾攻撃により太平洋戦争が勃発した。「華北電影」では対米英開戦宣伝のため、十二月八日開戦と同時に逸早くカメラ班を動員し、北京を始め華北各地でのニュース取材撮影を敢行、現地製作編集のニュース映画『大東亜戦争華北特報』を製作した。[17] 開戦翌日十二月九日の第一報を皮切りに、一九四二年二月二日まで計五報まで発行し、全華北映画館や巡回映写によって上映された。第一報から第三報までの『大東亜戦争華北特報』は日華両語版で、「開戦当日の北京市内状況」、「北京米英諸権益接收状況」、「北京駐屯米兵の処置状況」、「天津英租界進駐」、「燕京大学接收情況」、「北京居留民大会の盛況」など、開戦直後の北京や天津の様子を速報した。[18] 第四報と第五報は華語版のみで、「皇軍泰国へ平和進駐」、「皇軍猛攻により香港陥落」、「中国側祝賀状況」、「米国捕虜の生活状況」、「米英系小学校の再開校状況」など、戦争の進展状況や中国各地の動向を報道した。[19] しかし、初めて太平洋戦争開戦を報道した『世界電影新聞』第二八号は、一九四二年一月二十日に、ようやく完成。[20] 一九四二年一月十七日時点で、すでに第四報まで上映した『大東亜戦争華北特報』に比べると、あまりにも遅い対応であった。ニュース映画の日本での編集・製作は、太平洋戦争開始後、緊迫度合いが増大する社会情勢に素早く対応できないという問題が露呈した。

一九四二年三月一日、「華北電影」はニュース映画発行を強化し迅速化させるため、日本編集の『世界電影新聞』を廃止して、編集、発行共に自社に改め、『華北電影新聞』の製作を開始した。

大東亜戦争の進展に中国民衆の認識も又著しく向上、之

> に伴ひ新らしき時代建設に指導啓蒙工作使命の益々重大化に鑑み、愈々三月一日を期し現地製作編集の「華北電影新聞」を発行し、現地ニュースに重点を置き製作を開始、対民衆報道に革新的飛躍を試みること丶なつた。
>
> (『華北電影股份有限公司社報』第二三号、一九四二年三月一日、三頁)

『華北電影新聞』は、発行当初は華語版で製作したが、同年六月の第一〇号から新たに日本語版を作り、華語版と並行して毎月三回発行した。[21] 一九四五年八月まで、『華北電影新聞』は計一一五号発行された。

ニュース映画について、当時「華北電影」の二代目専務董事の北村三郎は、次のように述べている。

> 先づ、目下はニュースに最大の力点を注いでゐます。日本から来る〈日本ニュース〉勿論これはそのまゝ日系映画館に上映します。その他に、日語版の現地ニュースを華北電影で製作して、併映してゐます。(中略)中国系の映画館には、この現地ニュースの華語版の他に、華北電影新聞といふのを特輯して、一ケ月に三回提供してゐますが、これも予想外の効果を収めて、関係筋から非常に賞讃されてゐる次第です。(中略)私は、先づ、ニュース映画によつて、華北一億の民心を掴まんといふ意気込みです。
>
> (北村三郎「華北一億の民心を掴まん!」『映画旬報』一九四二年十一月一日号、一一頁)

さらに、「華北電影」は「三十二年度(一九四三年度)事業方針」では「現在『華北電影新聞』ハ日華両語版ヲ月三回宛発行セルモ時局下ニュース映画ノ報道啓民ノ使命益々重大ナル鑑ミ可及的速力ニコレヲ月四回毎週発行ニ改メ以テ報道ノ敏速正確ヲ期セントス」[22] と発表し、本社製作部は重点をニュース映画に置くという製作体制をとった。[23] しかし、太平洋戦争の進展とともに生フィルム不足の問題が更に深刻化したため、『華北電影新聞』月四回の毎週発行という計画は行き詰まり、実現されなかった。

前述の日華両語版文化映画の差別化製作という問題は、『華北電影新聞』にも存在している。**表3**の「第二七号」や「第五三号」のように一部プログラムを変更したり、「第五六号」や「第五九号」のように全く異なった内容にしているのが散見される。「華北秋季作戦」のような軍事作戦に関わるニュースを華語版に入れなかったのは、中国民衆の反感を意識したためであろう。一九四三年十月二十一日、秋雨煙る明治神宮外苑競技場で行われた出陣学徒壮行式典を記録した「学生出陣」を華語版には取り入れておらず、学生まで戦場へ動員していた状況を一般の中国民衆に知らせたくなかった

表3 『華北電影新聞』（一部）の日本語版と華語版の対照表

号数	華語版	日本語版
第27号	殷督弁千古 宣戦特輯：汪主席之激昂講演 　　　　　中日宣言簽字式 　　　　　華北之各地参戦熱	現地陸軍始め 中国参戦国民大会
第53号	上下一体確立決戦生活 華北産業科学研究所開幕 秋高気爽健兒顕雄姿 中国射学会第一次大会 関東軍大演習	決戦生活：鉄壁の陣 冀西の掃蕩戦赤色牙城覆滅：華北秋季作戦 中国若人錬成
第56号	慶祝大東亜宣言 菲律賓独立 敵人的自白不沉空母沉没	学生出陣 華北新建設 芸人部落
第59号	迎決戦下之民国三十三年：管情報局長講演 興亜使節高橋大将来燕 時事鱗爪：献銅報国熔鉱炉入火式 　　　　　蒙古留日学生派遣 鉄壁全城防空大演習	海上日出 水上機隊訓練

（『華北電影股份有限公司社報』（第45・46号合部、第64号、第65号）より作成。）

からではないか。このように、日本軍占領支配にとって不都合なニュースは選別して、中国民衆に周知させないようにしていた。日本語版は一九四二年十二月三十日、華北政務委員会常務委員兼建設総署督弁の殷同の病死を報道する「殷督弁千古」や華北政務委員会情報局長の管翼賢の一九四四年年頭講演を収録した「管情報局長講演」など、日本居留民にとって関心の薄いニュースも敢えて取り入れていない。

華北電影のニュース映画を見て、いつも考えることは、日本ニュース映画と対照して、本来の使命たるニュースの視覚的伝達といふ点に於ては同じでも、現地製のニュース映画は更に報道以外に宣撫の意味をもち指導の意図をそなへてゐなければならない。（中略）大衆に聖戦の意義を伝へることの必要はいづれも同じではあれ、対照（象）が日本人と華人との差は当然にも題材の相違を計算せねばならない。（中略）われわれから見てなんでもないワン・カツトが中国人に大きな感銘を与へることも常に考慮されなければならぬ問題である。宏大な領土に深く根をおろした何千年来の伝統に執着しきつてゐるだけに、すべてに応（鷹）揚である一方では多年敵性国家の侵略主義に萎縮した結果は極めて猜忌心が強いといつた矛盾した性格をもつ国民であることを充分に認識して、ニュースの構成には特に細心でなければならない。

（瀬木洋「華北電影新聞に寄す」『映画旬報』一九四二年九月二十一日号、四〇頁）

一九四三年一月に発行された『華北電影新聞』第二七号から、初めて沈兆徴《しんちょうちょう》が「殷督弁千古」の進行を担当し、その後に楊新民《ようしんみん》、劉文亮《りゅうぶんりょう》など数名の中国人スタッフも部分的ながら企画・進行として、中国人向け関連ニュースの製作に携わるようになった。「第五九号」（華語版）の「管情報局長講演」と「鉄壁全城防空大演習」の企画は沈兆徴、「献銅報国熔鉱炉入火式」の企画は沈兆徴と楊新民、「迎決戦下之民国三十三年」冒頭用「祝賀新禧中国国旗」の企画は劉文亮であった。[24]一つのニュース映画の製作に複数の中国人スタッフが加わることになった。しかし、それらのニュース素材はあくまで華語版用で、日本語版に採用されることはなかった。つまり、『華北電影新聞』日本語版の製作は、日本人の「聖域」であり、中国人スタッフを排除して行っていた。『華北電影新聞』日華両語版の製作は内容だけでなく、製作スタッフの起用も差別化製作体制を採っており、うまく本音と建前を使い分けて、中国人を活用したということであろう。

「華北電影」が製作した文化映画は、華北各地において巡回映写で使用されていた。中国人を対象とした映画上映には華語版映画を、日本人を対象とした映画上映は日本語版映画を使用していた。「華北電影」が製作した『世界電影新聞』や『華北電影新聞』などのニュース映画は、巡回映写だけでなく、映画館でも上映されていた。中国人観客が中心の中国映画館では華語版、日本人居留民が中心の日本映画館では日本語版を使用しており、日本映画館に映画を見に行く中国人は少なく、中国映画館に行く日本人も稀であった。[25]日華両語版映画は、元々一線が引かれていた映画上映という物理的な空間を乗り越えて、中国人観客と日本人観客が共有できる文化的空間を生み出し、相互理解向上の役割を果たすべきであったが、「華北電影」の文化映画とニュース映画は、作品を共有せず、異なる内容をそれぞれ編集するという差別化製作によって、両者の距離は縮まらず、むしろさらにその距離を広げていくこととなっていった。

注

（1）晏妮『戦時日中映画交渉史』（岩波書店、二〇一〇年）、張新民「『淪陥』時期における華北の京劇映画について――『燕影』の作品を中心に」（王徳威他編『帝国主義と文学』研文出版、二〇一〇年）などがある。

（2）張新民「戦争期における華北映画――華北電影股份有限公司について」（『中国映画のみかた』大修館書店、二〇一〇年）二七二頁。

（3） 鈴木重三郎「燕京十夜」（『映画旬報』一九四二年十一月一日号）四三頁。
（4）「華影加強拍片工作」（『華北映画』第九〇号、一九四五年六月二十日）。
（5） 前掲注3。
（6）『華北電影股份有限公司社報』第五一号、一九四三年五月一日、四頁。
（7） 村上忠久「棉花」（『映画旬報』一九四三年三月二十一日号）二四頁。
（8） 大木直太郎「棉花」（『日本映画』一九四三年五月号）一七頁。
（9） 張新民「中国華北地域における『北支軍』映画工作と新民映画協会」（馬場毅編『多角的視点から見た日中戦争』集広社、二〇一五年）を参照。
（10）『華北電影股份有限公司社報』第三八号、一九四二年十月十五日、一頁。
（11） 一九四〇年十二月十四日、北京の新新映画館を始め、『世界電影新聞』第一号を上映した（『電影報』一九四〇年十二月十九日）。
（12） 瓜生忠夫「国策映画・日本ニュース小史」（『別冊一億人の昭和史日本ニュース映画史開戦前夜から終戦直後まで』毎日新聞社）五二〇頁。
（13）「華北電影」以外、上海の中華電影股份有限公司も日本ニュース映画社との提携による同名華語ニュース映画『世界電影新聞』を定期発行していた（中華電影股份有限公司「第二周年に際して」『映画旬報』一九四一年七月一日号）。
（14） 奥田久司「華北の映画史」（『映画旬報』一九四二年十一月一日号）九頁。『華北電影股份有限公司社報』の「製作進行表」には、ニュース課設立後、「華北電影」の文化映画「自主作品」委嘱先はニュース課と記載。
（15）「日映改組成る　新名称『日本映画社』五月一日より再発足」（『映画旬報』一九四一年五月十一日号）四頁。
（16）『日本ニュース』は、「第一号」（一九四〇年六月十一日公開）から「第五三号」まで日本ニュース映画社製作で、「第五四号」（一九四一年六月十七日公開）から日本映画社製作となった（『NHK特集激動の記録第一部戦時日本　日本ニュース昭和一五～二〇年（DVD）』を参照）。
（17）『華北電影股份有限公司社報』第一八号、一九四一年十二月十五日、一頁。
（18）『華北電影股份有限公司社報』第一八号（一九四一年十二月十五日）、同第二〇号（一九四二年一月十五日）参照。
（19）『華北電影股份有限公司社報』第二〇号（一九四二年一月十五日）、同第二二号（一九四二年二月十五日）参照。
（20）「三十一年度（一九四二年度）業務日記」（『華北電影股份有限公司社報』第四三号、一九四三年一月一日）二頁。
（21）「民国三十一（一九四二）年度作品一覧」（『華北電影股份有限公司社報』第四三号、一九四三年一月一日）三頁。
（22）「三十二年度（一九四三年度）事業方針」（『華北電影股份有限公司社報』第四四号、一九四三年一月十五日）一頁。
（23）「製作日割を確定」（『華北電影股份有限公司社報』第五〇号、一九四三年四月十五日）二頁。
（24）『華北電影股份有限公司社報』第六五号、一九四四年一月一日、一〇頁。
（25） 張新民「占領下の華北における日本映画と映画館」（岩本憲児編『日本映画の海外進出――文化戦略の歴史』森話社、二〇一五年）を参照。

［Ⅰ　映画製作――投影された隠し画］

小型映写機という戦争プロパガンダ装置

楊　韜

よう・とう――佛教大学文学部准教授。専門は中国近現代史。主な著書に『近代中国における知識人・メディア・ナショナリズム――鄒韜奮と生活書店をめぐって』（汲古書院、二〇一五年）、『モダン・空間・異文化――東アジアの広告文化論』（朋友書店、二〇一六年）、『メディアというプリズム――映し出す中国・日本・台湾の歴史と社会』（晃洋書房、二〇一八年）などがある。

日中戦争期において、日本国内および当時日本の植民地だった満洲・朝鮮・台湾などの各地域で国策映画が宣撫・動員の道具として広く使われた。満洲における大規模な巡回映写が展開される中、日本光音工業製一六ミリトーキー映写機は「文化の武器、宣撫の武器」として、大いにその威力を発揮するようになった。小型映写機は名実とも戦争プロパガンダ装置の一種となったのである。

はじめに

日中戦争期において、日本国内はいうまでもなく、当時日本の植民地だった満洲・朝鮮・台湾などの各地域でも国策映画が宣撫・動員の道具として広く使われた。また、一九三〇年代後半に入ると、映画上映にかかわる機材や設備の改良に加え、小型映画作品の増加に伴い、映画の巡回映写もより多くの地域においてより本格的に実施されるようになった。戦時期における映画の巡回映写、とりわけ満洲の情況について、赤上裕幸(1)や王楽(2)などが詳しく論じているため、本稿では巡映について繰り返さない。そのかわりに、巡映に深くかかわり／利用された小型映写機そのものを「戦争プロパガンダ装置」の一つとして、その情況を考察してみたい。具体的には、戦時下の移動式メディア・プロパガンダにおける技術的要素という視点を提示した上、当時の小型映写機の製造・利用情況を整理し、さらに小型映写機に関する宣伝広告に見られる国策動員の表象をも考察する。そのうち、事例として取り上げる日本光音工業製一六ミリトーキー映写機については、赤上裕幸[3]が数少ない先行研究の一つであり、本稿が負うところも大きい。しかし、赤上論文は、主に赤川孝一という人物に焦点を当て、彼の満洲における巡回映写運動の実践活動について論じられているのに対し、本稿では当時の巡回映写に使われた小型映写機そのものを対象にしており、趣旨が異なっていることをあらかじめ断っておく。

一、戦時下移動式メディア・プロパガンダにおける技術的要素という視点

戦時下移動式メディア・プロパガンダにおける外部的諸要素は、非常に広く考えられるが、やはりまず環境・空間・建築・技術・設備・地理・交通機関・天候・気候・空襲などは視野に入れるべきだろう。また、メディア・プロパガンダの全体構成要素については、内部的／外部的とは別に、主たる要素と副次的要素も考えられるのではないかと思う。たとえば映画の巡回映写に限って具体的に考えると、主たる要素として、脚本・歌詞・俳優・監督などが挙げられる。一方、副次的要素として、携帯式映写機・映写幕・携帯式発電機およびガソリン・変圧器・増幅器・拡声器・フィルムなどが挙げられる。

小山栄三によるプロパガンダ論[4]において、次の七つのことが挙げられている。①人間関係の空間的分布の拡大、②封建的・閉鎖的社会の解消と社会分業の複雑深化、③文化的欲望の増大と教育の進歩、④印刷術（写真、着色、活字等）、ラジオ、映画等の発達、⑤交通及び金融機関の進歩と国際関係の緊密性、その利害関係の錯綜化、⑥デモクラシーの発達と自由主義的営利経済の発展、⑦宣伝広告の専門家と代理業の出現及び国家的機関の設立。[5] 上記の七つの中で、筆者がもっとも注目するのは第四点目の「印刷術、ラジオ、映画等の発達」である。なぜなら、メディア・プロパガンダの「作品（テキスト）」が構想から実在のものとして現れるには、技術的発展が不可欠だから。いくら素晴らしい発案があっても、物理的・技術的な制限によって作品として製作・完成されなければ意味はない。そして、戦争プロパガンダの場合、第七点目の「国家的機関」の役割も無視できない。本稿で対象としている国策映画上映の必需品の小型映写機の発達と利用も、国家レベルの戦争動員という大きな背景にある。むろん、プロパガンダとして印刷術・ラジオ・映画の発達も、地域によって格差が生じ、不均衡性が見られるだろう。藤木秀郎が指摘するように、人（企業関係者、製作者、批評家、官僚など）、映画作品、機材、材料（カメラや生フィルムなど）、情

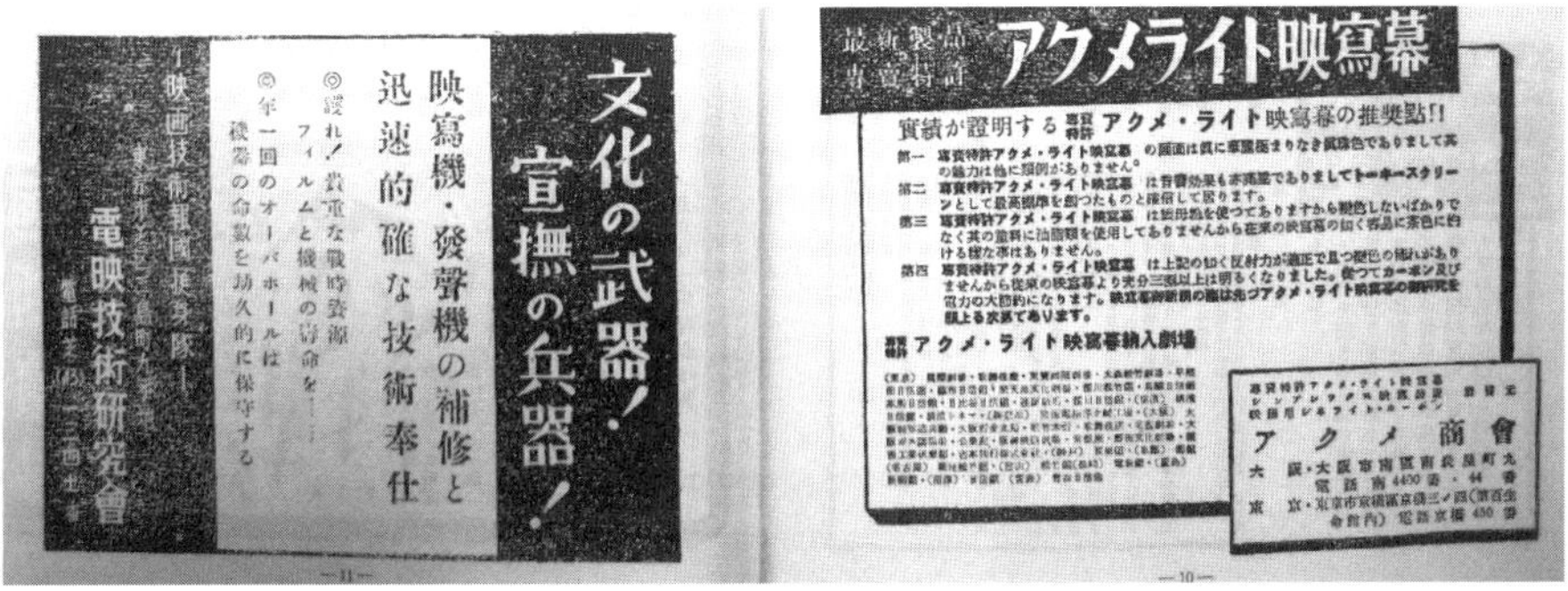

図1　映画技術と宣撫動員を謳う広告（出典：『映画旬報』第55号）

報（新聞・雑誌・広告などの印刷物を含む）、金融の面では所謂「大日本帝国」内部の境界をまたぐ移動が活発化していたが、いずれの場合も明らかに日本本土とそれ以外の間には不均衡性が見られる。また、こうした多様な地域間の差異は、植民地化と支配の歴史的文脈、それ以外の歴史的・文化的・教育的背景、経済的・政治的状況、地理的条件などさまざまな要素が複雑に絡まり合って生まれてきたものである。(6)

　戦時下のプロパガンダは、常に技術的側面と絡み合い、一体化して戦争を謳歌した。『映画旬報』第五十五号に掲載された広告（**図1**）を見てみると、「文化の武器！宣撫の兵器！」と大きく書き出し、「映写機・発声機の補修と迅速的確な技術奉仕」、「護れ！貴重な戦時資源フィルムと機械の寿命を……」、「年一回のオーバーホールは機器の命数を劫久的に保守する」と技術的側面の重要性が訴えられている。これは当時東京市芝区三島町にあった「電映技術研究会」による広告であり、「映画技術報国挺身隊」としての具体的役割を周知しようとしているものだと推測する。同時にこの広告から、当時の「映画報国」の意図と手法も浮き彫りになっていることがわかる。

二、小型映写機登場の背景

もともと日本国内では、小型映写機はアマチュアや小学校の映画上映を中心に使われてきたが、一九三〇年代後期から、国策映画の巡回映写にも利用されるようになった。そこには、国民総動員という当時の大きな流れに組み込まれて広がった背景がある。かつて同盟通信社参事を務めた樺山丑二は、小型映画について、次のように述べている。

　電力、電気設備の関係から、運搬、携帯、取扱い上何よりもフィルムの不燃性の点もこの農、山、漁村への映画

> 利用では重大な使用上の理由となる。映画による国民精神総動員の効果、国内思想の統一強化は、あるいはこの小型映画利用によってはじめて最大効果をあげうるのではないかとさえおもわれる。同じ理由で小型映画の使命を新大陸における宣撫工作として重要視すべきですでに小型映画の新支那における活躍は相当の幅と深さとをもっていると聞いている。今後とも、ますます大陸の奥地でも充分利用されねばならない。（樺山丑二「映画国策小型映画」『文化映画』二巻七号、一九三九年、三二〜三三頁）

樺山丑二がここでいう「新大陸」・「新支那」・「大陸の奥地」とはおそらく満洲のことだと推測するが、具体的にはすなわち満映の巡映班のことを指しているように思う。当時、満映は満鉄鉄道網利用による利便性を生かして、中国東北地域の奥地まで映画巡回上映に力を入れていた。康徳七年（昭和十五年）版『満洲年鑑』で確認すると、「全満県旗公署映画班設置に関する件」として一六ミリトーキー映画による全満映画対策の総合的一元化案がまず弘報処に提出され、この原案に基づき協和会・民生部・治安部・満映など各部署にまたがる審議が進められた。その後、「十六粍映画利用と規格統一」として弘報処より発表され、各省や県・旗公署に通達され、実行に移された。いわゆる、満映の一六ミリ映画国策である。(7)

満映による一六ミリ映写機への一元化は、国策映画宣伝の効率向上を目指したものだと考えられるのだが、「映画法」による一連の動きの一環として実行されたものでもあろう。三澤真美恵が指摘するように、「映画法」の特徴は、映画産業を国家が一元的に統制し、検閲で国策にとってマイナスの側面を映画から取り除くのみならず、商業映画の上映時に文化映画（教育的な内容をもった短篇）を強制的に見せることで国策にとってプラスの側面を伝播することにあった。(8)「映画法」は映画そのものに関する制度の一つとして考えるなら、その実行ぶりはまさに映画産業に国家権力が「認可」や「登録」といった名目で介入していく暴力行為であった。「映画法」が公布された一九三九年以降、映画会社や映画専門雑誌の統合や映画フィルムの割当制など、次々と戦時下の新しい映画業界体制が強化されるようになった。このような動きは、次第に日本国内から植民地だった台湾や満洲へと広げられていた。日本国内の映画統制のために作られ、施行された「映画法」だが、植民地である満洲でも忠実に実践されたと言えよう。

三、日本光音工業株式会社という事例

当時、日本国内において映写機を製造するメーカーが数多

く存在していた。ここでは、その中の一つである日本光音工業株式会社を事例として取り上げ、その実態を探り、整理してみたい。

『文化映画』の連載「小型映画関係会社紹介」によると、昭和十一年（一九三六年）四月に設立された日本光音工業株式会社は、映画をもって文化の高揚を期することに目標を置き、専ら一六ミリトーキーの完成と普及に全力を注ぎ、三五ミリと比べても遜色のない一六ミリ映画を提供するようになって大成功したようだ[9]（**図2**）。その設立経緯と業界内における地位について、とちぎあきらは、「一九三六年に写真化学研究所（PCL）の植村泰二によって設立され、その後東宝傘下として戦後直後まで一六ミリフィルムの携帯型映写機メーカーとして業界をリードした」と述べている[10]。

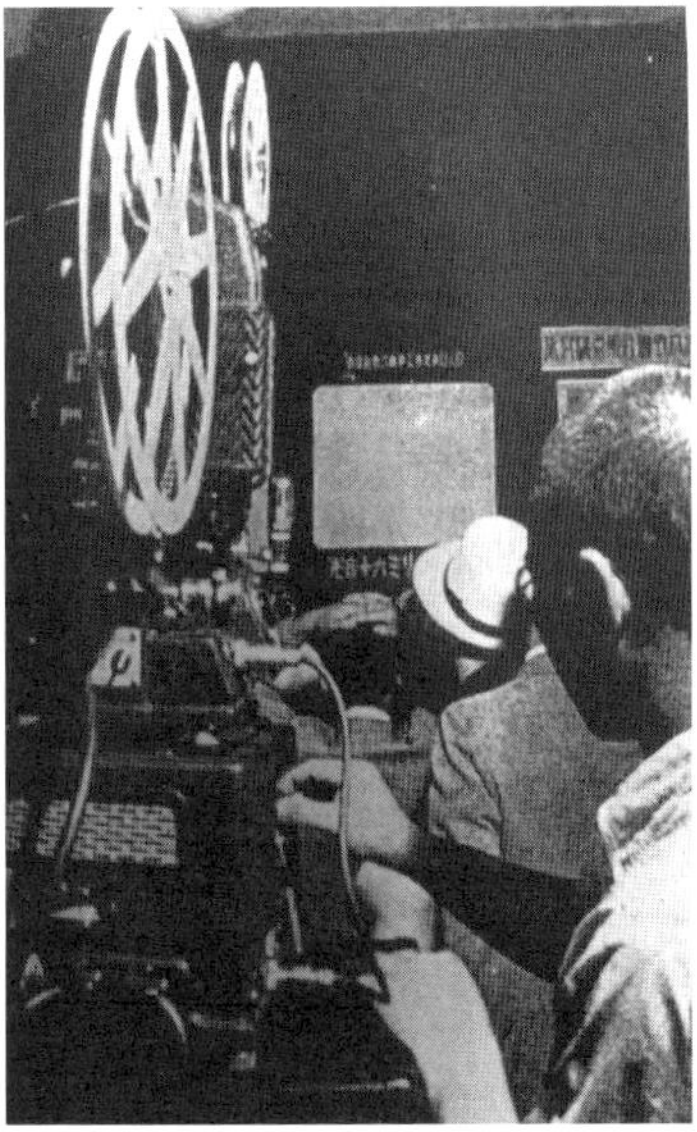
図2　日本光音工業株式会社製16ミリトーキー映写機（出典：山田英吉『映画国策の前進』（厚生閣、1940年）、247頁）

日本光音工業株式会社は、最初から日本軍との関係は深かったようだ。戦後ソニーの社長として知られる井深大は、前出のPCLから日本光音工業株式会社へ移籍した後、無線部に所属し、真空管やブラウン管の研究開発を行っていた[11]。彼は、インタビューで次のように証言している。

　日本光音工業といって、それもやっぱり一六ミリのトーキーの機械をこしらえていた会社です。で、そこでもいろんな真空管をこしらえたり、軍の音響機器をこしらえたりしていたんですが、それらもどんどん発達してきたものだから、また別の会社を植村さんにこしらえてもらったわけです。

（井深大「伝説の名経営者Interview　ソニー社長（当時）井深大」『週刊東洋経済』六三八四号、二〇一二年、六九頁）

井深大の発言には「軍の音響機器をこしらえる」という言及があったが、実際に昭和十二年（一九三七年）の盧溝橋事件に端を発した日中戦争が勃発以降、日本光音工業株式会社は、測定器を作る軍事工場へと変容していった[12]。

日本光音工業株式会社が製造した光音一六ミリトーキー映写機D型七〇台は、満映に納入されのち各省・特種会社・蒙疆政府に対して供給され、前述した満映の一六ミリ映画国策

表1　日本光音工業株式会社の組織図

代表者	取締役社長：植村泰二
総務	常務取締役：**山田英吉**
主任技術者	取締役技師長：**神野政勝**
営業	営業部長：**羽田新三** 東京営業所長：河本正男 大阪営業所長：中島正嗣 名古屋出張所主任：森省
営業所とサービス・ステーション	東京営業所（京橋区銀座五ノ三） 大阪営業所（大阪市南区心斎橋北詰） 名古屋出張所（名古屋市東区東桜町） 満洲サービス・ステーション（新京市大同大街、**満洲映画協会内**） 台湾サービス・ステーション（台北市栄町一丁目） 朝鮮サービス・ステーション（京城府明治町二の六九） 北海道サービス・ステーション（札幌市南一条西六丁目）

（出典：著者不明（1939）、41頁に基づき、筆者作成。太字は筆者によるもの）

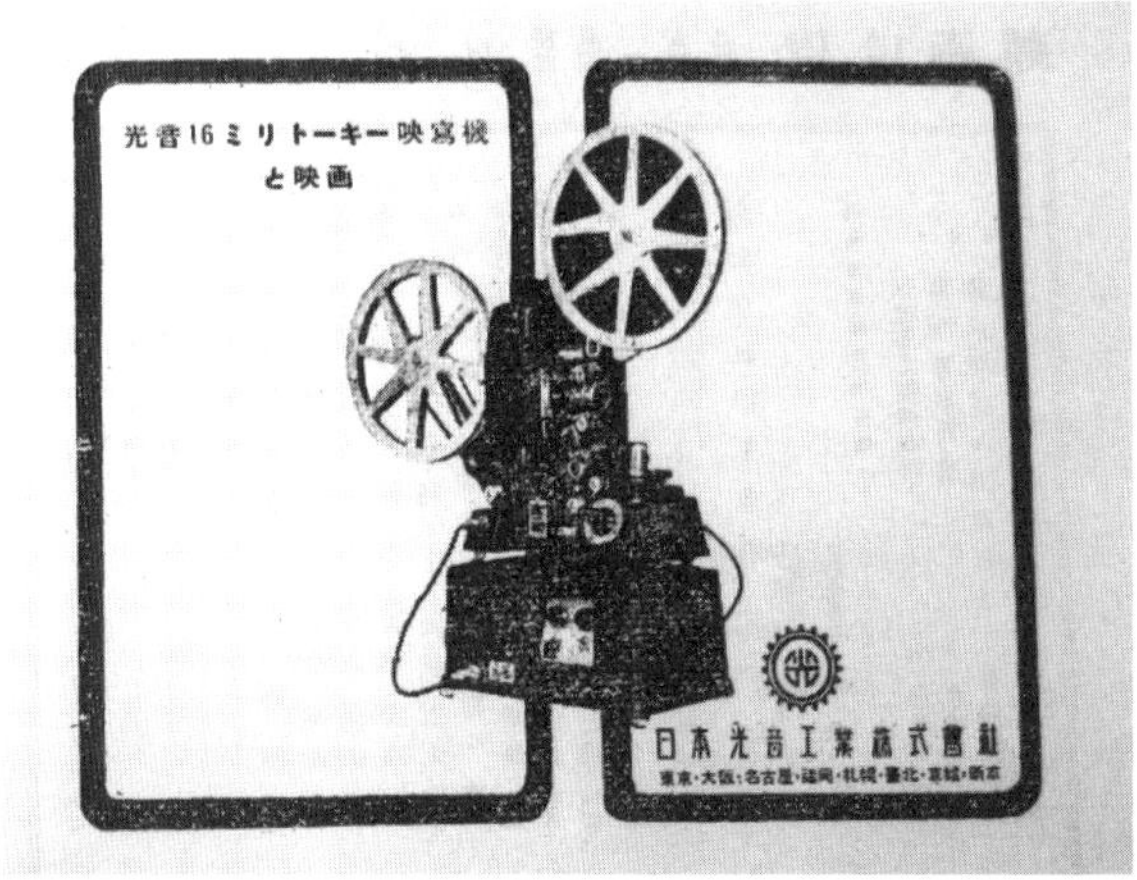

図3　光音16ミリトーキー映写機の広告（出典：『映画旬報』第55号）

のもと、満映巡映隊に配置され、満洲各地の巡回映写に使われた（**図3**）。「五族協和、王道楽土の大理想実現に向かって、その真価を発揮している」との評価を受けた。(13)

その後、日本光音工業株式会社の製作部が拡充され、本格的に自主製作をも行うことになって、新たに日本小型映画株式会社が設立された。そこでは、最初に光音の製作部のような仕事をして、行々は完全に一本立ちをして、製作だけでなく、配給、販売、貸付等をも積極的に行う計画だった。実際には、小型映画の撮影、現像、録音は光音関係以外の注文も引き受けて、着々と実績を上げたようだ。光音の仕事として、毎週の朝日ニュース、朝日ホームグラフ、および朝日映画製作にかかる短篇映画の縮写が定期的に行われ、その他に一六ミリオリジナル録音による小型トーキーの自主製作を続々と行っていたようだ。[14] **表1**と**表2**の両方に「山田英吉、神野政勝、羽田新三」の名前があることから、日本光音工業株式会社と日本小型映画株式会社という二社の関係が窺われる。

先の記述から、日本光音工業株式会社の製作業務の中に、朝日新聞社関連のものが多いことがわかる。これは、もともと日本光音工業株式会社は朝日新聞社の資本が入っているからだ。このような資本関係から、朝日新聞社の映画製作など多岐にわたり、朝日新聞社関連の業務を展開していた。一方、朝日新聞社も光音製映写機を使用することで、双方の緊密な連携を実現していた。朝日軽映写隊の活動はその一例である。朝日軽映写隊は、朝日新聞社販売所の映画宣伝機関であるが、その大部分を光音一六ミリトーキー映写機とフィルムをもって従来の三五ミリに代え、その名も「朝日軽映写隊」として完全に近代化・機械化を実現し、画期的な活動に入ったようだ[15](**図4**)。朝日軽映写隊の活動実態について、山田英吉は次のように述べている。

> この軽映写隊は、朝日世界ニュースを中心に、数本の文化映画を以って、一回のプログラムを編成し、隊員一名によって「光音」一六ミリ・トーキー映写機一組を携行して各地に出張映写をするのであるが、映写申込は日々激増し、映写隊も現在では十数隊に達しているのである。[16]

また、その後も「新設の日本小型映画株式会社、朝日軽映写隊従って朝日映画等と緊密な連携を保ってますます積極的に発展の一途を邁進すること」

表2　日本小型映画株式会社の組織図

専務	眞名子兵太
常務	**羽田新三**
監査役	中島信次郎、**山田英吉**
取締役	**神野政勝**、山本覚逸
総務課	北村正明
営業課	佐々木富美男
製作課	小竹昌夫（嘱託）、菊池清・荻原孝一（撮影係）

（出典：著者不明（1939）、41頁に基づき、筆者作成。太字は筆者によるもの）

図4　朝日軽映写隊員が映写へ出発する直前の様子（出典：山田英吉『映画国策の前進』（厚生閣、1940年）、246頁）

表3　日本光音工業株式会社製映写機の規格

光源		レンズの状態	シャッター	投映の照度（ルクス）映写機回転フィルムなし		投映全光束（ルーメン）概数
				中央	左右限	
光音D型	750W	フィルターあり	2枚翅	65	45	140
	750W	普通	2枚翅	85	58	180
	1000W	フィルターあり	2枚翅	98	75	220
	1000W	普通	2枚翅	125	85	260
光音B型	750W	普通	2枚翅	48	35	120
	750W	普通	1枚翅	69	52	150
	1000W	普通	2枚翅	54	43	130
	1000W	普通	1枚翅	82	62	180
光音C型	750W	普通	2枚翅	40	35	100

（出典：著者不明（1939）、40頁）

を計画されていた。(17)

日本光音工業株式会社はのちに、日本国内のみならず、満洲や台湾にも事業拡大を果たした。満洲方面においては、昭和十七年（康徳九年、一九四二年）二月十八日、映写機の製造、販売、修理を業務とする満映光音工業株式会社が新京に設立され、社長は甘粕正彦が務めた。(18)そもそも、日本光音工業株式会社と満映は最初から深い関係があり、日本光音工業株式会社の満洲サービス・ステーションが新京市（現長春市）の大同大街にあった満映内に置かれたこと（**表1**参照）はその証である。台湾方面では、昭和十三年（一九三八年）、日本光音工業株式会社が中国・青島国際劇場の経営に乗り出すとともに、昭和十七年（一九四二年）には台湾にあった出張所を、台湾光音工業として独立させるまでに至っている。(19)

四、小型映写機広告に見られる国策動員の表象

日本光音工業株式会社の映写機製品（**表3**）の中で、光音一六ミリトーキー映写機D型は主力商品である。当時、三五ミリ映写機に比べ、一六ミリ映写機のもっとも評価されるべきは、その運搬における利便性であろう。**図5**は光音一六ミリトーキー映写機による宣撫の広告だが、二人で映写設備を

図6　35ミリトーキー映写機などの巡映設備を運ぶシーン（出典：辻久一著、清水晶校註『【愛蔵版】中華電影史話――一兵卒の日中映画回想記　1939-1945』（凱風社、2016年）、111頁）

図5　光音16ミリトーキー映写機による宣撫の広告（出典：『文化映画』第1巻第7号）

運ぶ様子が描かれている。一人は前で台車を引き、もう一人は後ろで台車を押している。そこからわかるように、二人で一台の台車を使って簡単に運ぶことが可能である。満映の巡映班では、一般的には、一班に二名から三名の巡映技師によって組織されている。[20] これが何を意味しているかを明らかにするため、**図6**の三五ミリトーキー映写機などの巡映設備を運ぶシーンと比較してみよう。辻によると、このシーンは、「巡回映写」に必要な三五ミリの映写機とともに自家発電機まで運んでいくシーンである。辻は、「これらの設備を運ぶ途中、田舎の小さな駅の短い停車時間では、上げ下ろしが間に合わないほどであった」[21]と証言している。実は、清水晶も氏の回顧録の中で同じ写真を掲載しているが、キャプションが異なっている。大同小異に「三五ミリのフィルムを二十巻以上に、映写機やスピーカー、スクリーンはもちろん、電気のない土地に備えて、自家発電機まで持っていくので、たいへんな荷物である」[22]と述べている。このように比較してみると、いかに一六ミリ映写機がその小型サイズから運搬の利便性をもたらしていたかがわかる。それによって、少人数でも、鉄道の通っていない奥地までも運ぶことができるようになった。

　すでに前節において、満映による一六ミリ映写機への一元化と国策映画宣伝の関係について述べたが、光音一六ミリトーキー映写機の広告（**図5**・**図7**）からも、その状況を伺うことができる。たとえば、**図7**の広告は、一九三九年九月『朝日新聞』東京本社朝刊に掲載されたものだが、そこでごく簡潔に「映画国策！　その技術的解決」とのスローガンを大きく書き出し、光音一六ミリトーキー映写機D型の優れた点「安全、経済、完全、容易」を宣伝している。それに対して**図5**の広告は、農村・山・漁村など辺鄙な地域に特化して、これらの地域での教化・慰安・啓蒙・開発・宣伝に小型映画を利用することをより具体的に謳歌している。このような表象は、『文化映画』などの映画専門誌から『朝日新聞』のような全国紙まで、当時多くの活字メディアに掲載され、民衆の眼前に登場していた。

図7　映画国策における光音16ミリトーキー映写機D型の広告
（出典：『朝日新聞』（東京・朝刊）、1939年9月29日）

おわりに

本稿では、戦時下の映画巡映に深くかかわり／利用された小型映写機そのものを対象とし、「戦争プロパガンダ装置」の一つとして位置付けしている。具体的には、戦時下の移動式メディア・プロパガンダにおける技術的要素という視点を提示したうえ、当時の小型映写機の製造・利用情況を整理し、さらに小型映写機に関する宣伝広告に見られる国策動員の表象を考察した。

以上述べてきたように、戦時下のプロパガンダは、常に技術的側面と一体化して戦争を謳歌したが、一九三〇年代後期から始まった巡回映写の需要とともに、国民総動員の舞台に小型映写機は最先端の新武器として登場した。また、日本国内よりも、植民地だった満洲において、満映による一六ミリ映写機への一元化という目標のもと、数多くの小型映写機が導入され、使用された。山田英吉は、赤川孝一の論説を引用して「満映の全国的上映運動は、日本国産十六粍トーキー（光音製作）映写機を以って一斉に開始されたものである。かなり猛烈な険悪な現地の地理的環境や不可抗力によって阻害されつつも今日までのところほとんど一〇〇パーセントに近い効果を挙げている」[23]と記述したように、満洲における大規模な巡回映写が展開される中、日本光音工業製一六ミリトーキー映写機は「文化の武器、宣撫の武器」として、大いにその威力を発揮するようになった。小型映写機は、国策映画を上映するに欠かせない機材として使われただけでなく、その商品としてのセールス広告そのものにも戦争的表象が満ち溢れていた。すなわち、実用性と表象性の双方から、名実とも戦争プロパガンダ装置の一種となったのである。

注

（1）赤上裕幸（二〇一二）を参照されたい。
（2）王楽（二〇一二）を参照されたい。
（3）前掲注1。
（4）小山栄三の戦時下宣伝理論について、佐藤正晴（一九九六）を参照されたい。
（5）小山栄三（一九三七）、二六〜二七頁。
（6）藤木秀郎（二〇一六）、六四〜六五頁。
（7）田中総一郎（一九三九）、四二一頁、市川彩（一九四一）、二一〇頁。
（8）三澤真美恵（二〇一七）、一三三頁。
（9）著者不明（一九三九）、三九頁。
（10）とちぎあきら（二〇一七）、八三頁。
（11）神奈川県立図書館・神奈川県立川崎図書館編（二〇一二）、一三六頁。
（12）同上。
（13）前掲注9。
（14）著者不明（一九三九）、四一頁。
（15）同上。
（16）山田英吉（一九四〇）、二五八頁。
（17）前掲注14。
（18）山口猛（二〇〇六）、四一七頁、古市雅子（二〇一〇）、一五五頁。
（19）とちぎあきら（二〇一七）、八三頁。
（20）大塚有章（一九六一）、五六頁。
（21）辻久一（二〇一六）、一一一頁。
（22）清水晶（一九九五）、一一一頁。
（23）山田英吉（一九四〇）、一五一頁。

参考文献

〈日本語（五十音順）〉
著者不明「小型映画関係会社紹介　日本光音工業株式会社の巻」（『文化映画』二巻七号、一九三九年）、三九〜四一頁
赤上裕幸「映画がつくった実験国家「満洲」――赤川孝一の巡回映写運動を中心に」（『メディア史研究』三一号、二〇一二年）、九〇〜一〇七頁
赤川幸一「十六粍トーキー巡映史略」（『満洲映画』三巻七号、一九三九年）、三九〜四二頁
――「満洲映画文化の尖兵　豆常設館の出現」（『満洲映画』

三巻八号、一九三九年）、六八頁
晏妮『戦時日中映画交渉史』（岩波書店、二〇一〇年）
石井照夫「巡回映写委員会の組織と運営について」（『宣撫月報』六二号、一九四二年）、四三〜四八頁
――「満洲国に於ける巡回映写」（『映画旬報』五五号、一九四二年）、五二〜五四頁
板倉史明「戦時下におけるアマチュア映画文化」（大塚英志編『動員のメディアミックス――〈創作する大衆〉の戦時下・戦後』思文閣、二〇一七年）、一九五〜二一〇頁
市川彩『アジア映画の創造及建設』（国際映画通信社出版部、一九四一年）
井深大「伝説の名経営者Interview　ソニー社長（当時）井深大」（『週刊東洋経済』六三八四号、二〇一二年）、六八〜七一頁
大塚有章『未完の旅路　第五巻』（三一書房、一九六一年）
王楽「満洲映画の上映に関する考察――満洲国農村部の巡回映写活動を中心に（『情報学研究』九二、二〇一七年）、八七〜一〇一頁
神奈川県立図書館・神奈川県立川崎図書館編『社史と伝記にみる日本の実業家――人物データと文献案内』（神奈川県立図書館、二〇一二年）
河本正男「小型映画の現状並びに将来――小型映画の社会的役割」（『文化映画』二巻七号、一九三九年）、三四〜三六頁
樺山丑二「映画国策小型映画」（『文化映画』二巻七号、一九三九年）、三二〜三三頁
黒田清「国際親善と小型映画」（『文化映画』二巻七号、一九三九年）、三三頁
小松孝彰『近代戦とプロパガンダ』（春秋社、一九三七年）
小山栄三『宣伝技術論』（高陽書院、一九三七年）
佐藤忠男『日本映画史　第二巻』（岩波書店、一九九五年）
――『キネマと砲聲』（岩波書店、二〇〇四年）
佐藤正晴「戦時下日本の宣伝研究――小山栄三の宣伝論をめぐって」（『メディア史研究』五、一九九六年）、九八〜一一四頁
清水晶『上海租界映画私史』（新潮社、一九九五年）
時實象平「聖水寺工場巡回映写をみる――満映巡映班に随行して」（『映画旬報』五五号、一九四二年）、四四〜四五頁
田中総一郎『昭和十五年　康徳七年　満洲年鑑』（満洲日日新聞社支店、一九三九年）
調査部「小型映画研究・普及団体紹介」（『文化映画』二巻七号、一九三九年）、四八〜五一頁
辻久一著、清水晶校註『【愛蔵版】中華電影史話――一兵卒の日中映画回想記　1939-1945』（凱風社、二〇一六年）
とちぎあきら「台湾で見つかった戦前日本アニメーション映画――フィルム・アーキビストはどう見たか」（三澤真美恵編『植民地期台湾の映画――発見されたプロパガンダ・フィルムの研究』東京大学出版会、二〇一七年）、六一〜九四頁
那田尚史「小型映画の技術と美的規範について（1929-1932年）」（『映像学』五五号、一九九五年）、三〇〜四三頁
平塚敏「十六粍による国民映画網の建設」（『満洲映画』三巻三号、一九三九年）、二〇〜二三頁
藤木秀朗「映画観客と「東亜民族」（上）――帝国日本のファンタジー」（『メディア史研究』四〇号、二〇一六年）、五八〜七九頁
藤島昶「秘境熱河への巡映記録」（『満洲映画』三巻八号、一九三九年）、七一〜七二頁
満映巡映課「巡回映写の実際」（『宣撫月報』五一号、一九四一年）、五〇〜五八頁

三澤真美恵「植民地台湾の戦時動員と映画――『台南州　国民道場』を中心に」（三澤真美恵編『植民地期台湾の映画――発見されたプロパガンダ・フィルムの研究』東京大学出版会、二〇一七年）、一二三～一四六頁
南龍瑞「「満州国」における満映の宣撫教化工作」（『アジア経済』五一巻八号、二〇一〇年）、三〇～五二頁
劉文兵「満洲映画史研究に新しい光を――「満州国」における日本映画の上映と受容の実態」（『専修大学社会科学研究所月報』六二七、二〇一五年）、一～一六頁
山口勲『前線映写隊』（松影書林、一九四三年）
山口周一「十六粍トーキーの話（一）」（『満洲映画』三巻三号、一九三九年）、六三頁
――「十六ミリ・トーキーの話（三）」（『満洲映画』三巻五号、一九三九年）、六一～六二頁
山口猛『幻のキネマ満映　甘粕正彦と活動屋群像』（平凡社、二〇〇六年）
山田英吉『映画国策の前進』（厚生閣、一九四〇年）
楊韜「動員の場としての百貨店――1930年代東京の百貨店広告」（『モダン・空間・異文化　東アジアの広告文化論』朋友書店、二〇一六年）、四八～六〇頁
――「台所における国民総動員――調味料広告に映った戦争記憶」（『モダン・空間・異文化――東アジアの広告文化論』朋友書店、二〇一六年）、六一～六六頁

〈英語（アルファベット順）〉
Kushner, Barak *The Thought War: Japanese Imperial Propaganda.* (University Hawaii Press, 2007)
Schafer, Fabian *Public Opinion, Propaganda, Ideology: Theories on the Press and Its Social Function in Interwar Japan, 1918-1937.* (Brill Academic Publish, 2012)

〈中国語（ピンインローマ字順）〉
逢増玉『満映：殖民主義電影政治与美学的魅影』（人民出版社、二〇一五年）
古市雅子『「満映」電影研究』（九州出版社、二〇一〇年）

プロパガンダと装飾芸術——張光宇『西遊漫記』をめぐって

城山拓也

しろやま・たくや——立命館大学外国語嘱託講師。専門は中国近現代文学、モダニズム、漫画研究。主な著書に『中国モダニズム文学の世界——一九二〇、三〇年代上海のリアリティ』（勉誠出版、二〇一四年）、訳書に『中国現代文学傑作セレクション——一九一〇—四〇年代のモダン・通俗・戦争』（勉誠出版、二〇一八年、共訳）、論文に「キャラクター論から見る王先生——葉浅予『王先生別伝』をめぐって」（『中華文藝の饗宴——『野草』第百号』研文出版、二〇一八年）などがある。

中国では日中戦争が勃発すると、抗日や反ファシズムを訴えるプロパガンダが数多く登場する。その一方で、プロパガンダの中には、政治宣伝と相容れないような、審美性の高い装飾芸術の要素が存在していることもある。本稿では、中国における装飾芸術の第一人者、張光宇《ちょうこうう》の創作活動を整理するとともに、一九四〇年代における代表作『西遊漫記』について考察を加える。

はじめに

『西遊漫記』は私が一九四五年の秋に描いた、彩色の神話連続漫画である。内容は主に当時の重慶における反動的国民党政府の暗黒統治への風刺で、全部で六〇編、一編ごとに文章を附した。その年の冬に重慶にて展覧会を開催し、翌年の春には成都でも公開した。人々にお披露目すると、たいへんな歓迎を受けたものである。（張光宇「『西遊漫記』自序」『西遊漫記』人民美術出版社、一九五八年）

以上は画家、張光宇（一九〇〇—六五）が出版した画集『西遊漫記』（人民美術出版社、一九五八年）の「自序」からの引用である。

『西遊漫記』は今日において、張光宇の一九四〇年代における代表作のみならず、中国におけるプロパガンダの傑作として、その地位を確立している。(1) その内容は彼自身が述べているように、「当時の重慶における反動的国民党政府の暗黒統治への風刺」と言うことができるだろう。しかしながら、何よりも特徴的なのは、白話小説『西遊記』を下敷きとした、豊かな色彩によって装飾された世界ではないか（図1）。三蔵一行の魅力的なキャラクターデザイン、色とりどりの背景、それに活き活きとした心理描写は、当時の中国において「たいへんな歓迎を受けた」のであった。

こうした張光宇の作風について、中国の画家、研究者は今日まで、「装飾芸術」という言葉で説明することが多かった（以下、「装飾芸術」からカッコを取る）。

図1　『西遊漫記』第4回　色とりどりの世界と、特徴的なキャラクターデザイン（出典：『張光宇集』「漫画」巻、人民美術出版社、2015年、99頁）

装飾芸術という形容方法は、おそらく画家の張仃《ちょうてい》（一九一七―二〇一〇）が一九六二年に書いた、「張光宇的装飾芸術」という文章を嚆矢としている。[2] ここでの装飾芸術とは、美的に装飾した絵はもちろん、挿図、書籍の装丁、それに家具から舞台設計にわたる工芸美術を指す。画家、研究者は張光宇を、絵画だけではなく、現実のさまざまなモノを装飾する画家と見なしてきた。代表作『西遊漫記』は今日まで、プロパガンダであると同時に装飾芸術でもあるという、二重の身分を備えてきたわけである。

近年、張光宇については、唐薇《とうび》と黄大剛《こうたいごう》が実証的かつ網羅的な資料整理、および作品分析を進めており、研究の進展が著しい。彼らの研究により、『西遊漫記』に見える色とりどりの装飾が、プロパガンダを効果的に行うための手法にとどまらず、作品の成立にとって必要不可欠な要素であることがわかってきた。こうした中で、張光宇の装飾芸術に注目することは、中国におけるプロパガンダの特質を問うことにもつながるように思える。

本稿で行いたいのは、一九四〇年代中国のプロパガンダの中で、張光宇の装飾芸術がいかなる役割を果たしていたのか、基礎的な考察を加えることである。先行研究はこれまで、絵画における装飾を、作品の副次的要素として捉える傾向が強かった。本稿では、特に『西遊漫記』を対象に、プロパガンダと装飾芸術がいかなる関係を取り結んでいたのかを明らかにしたい。

一、「漫画」、「挿図」、「絵画」

まずは、張光宇が一九二〇年代から四〇年代にかけて、いかなる創作活動を行っていたのか整理しておきたい。

先ほども述べたように、張光宇については、唐薇と黄大剛が二〇一〇年代になって、張光宇の文章を収めた『張光宇文集』(唐薇編、山東美術出版社、二〇一一年)、回想録や論考等を収めた『瞻望張光宇――回憶与研究』(人民美術出版社、二〇一二年)、作品を収集、整理した『張光宇集』(人民美術出版社、二〇一五年)、それに伝記と年譜に当たる『追尋張光宇』と『張光宇年譜』(いずれも生活・読書・新知三聯書店、二〇一五年)など、幅広く再評価を進めている。本稿では基本的に、こうした先行研究を活用して論述を進めたい。

さて、唐薇と黄大剛は画集『張光宇集』において、張光宇の創作活動を、「漫画」、「挿図」、「絵画」、「設計」と四巻に分けて整理している。「漫画」巻には、主に新聞、雑誌に掲載したカートゥーンやコミックに当たる絵、「挿図」巻には、新聞、雑誌、および単行本に附した挿絵などを収めている。「絵画」巻は油彩画、水彩画、それに鉛筆画やペン画、「設計」巻は、書籍装丁、タイポグラフィ、家具設計、そして壁画などを見ることができる。本稿では、特に断りのない限り、それぞれの巻に収められた作品を「漫画」、「挿図」、「絵画」、「設計」と記すことにする。

表1に、それぞれの巻に収められた作品について、年代別に絵の総数をカウントして整理した。(3) なお、「設計」巻については、その他の巻と性格を異にしているため、本稿では考察の対象から外す。また、油彩画とペン画など制作方法によって制作時間も異なるだろうが、おおよその傾向はつかめるはずである。

一つ指摘できるのは、張光宇が一九二〇年代から四〇年代にかけて、断続的に創作活動を続けていることである。特に、「漫画」については安定して発表を続けており、時局の変化に左右されつつも、基本的に制作をやめることはなかった。なお、一九四五年と四七年に数字が大きくなっているのは、それぞれ『西遊漫記』、『朱八戒漫游香港記』という絵物語を制作しているためである。

もう一つ指摘できるのは、「挿図」と「絵画」が日中戦争

表1　『張光宇集』各巻に見える作品数（1928～49）

年代	1928	1929	1930	1931	1932	1933	1934	1935	1936	1937	1938
漫画	41	25	24	1	3	22	6	18	25	1	1
挿図	0	0	0	13	0	0	36	26	24	102	0
絵画	1	13	0	0	0	0	0	0	0	0	29
年代	1939	1940	1941	1942	1943	1944	1945	1946	1947	1948	1949
漫画	7	19	15	0	23	17	68	3	122	30	0
挿図	0	6	0	0	0	0	16	6	0	108	0
絵画	0	69	29	0	0	189	30	0	0	0	0

勃発前後、連動するかたちで変化していることである。

具体的には、「挿図」は一九二八年から三七年にかけて数多く制作しているものの、日中戦争時期の一九三七年から四五年までは落ち込んでいる。その一方で、「絵画」については、「挿図」に変わって一九三七年から四五年にかけて、もっとも多くの作品を残している。一九四五年以降になると、再び「絵画」に代わり、「挿図」が多くなっている。おそらく、「挿図」が落ち込んでいるのは、戦争の影響により出版業が打撃を受け、発表の場を失ってしまったからであろう。

ここで強調しておきたいのは、一九三八年代以降の「絵画」の作品については、基本的に発表を意図するものではなかった点である。(4)

たとえば、**表1**を見ると、張光宇は一九四四年に、一八九作ものスケッチを残していることがわかる。この時期、彼は貴州において、中国各地から避難してきた人々や遺跡などを鉛筆で描き出していた。しかしながら、こうしたスケッチについては、作品的、資料的価値の高さが指摘できるものの、習作にとどまっていた点は無視できない。試みに『張光宇集』を確認すると、スケッチを元として制作し直した、二〇点もの「創作画稿」という作品群を見ることもできる。つまり、当時の彼が目指していたのは、あくまでも「漫画」や「挿図」に所収されているような作品であったことが想像できるのである。

それでは、張光宇の「漫画」や「挿図」とは、具体的にいかなるものだったのか。次節では、一九三〇年代から四〇年代の足跡を追いつつ、彼が何を求めていたのか検討を進めてみたい。

二、新しい芸術を求めて

作風の一貫性

まずは、張光宇の作品の全体像を押さえるため、「漫画」

表2　『張光宇集』「漫画」巻所収作品の掲載媒体

1927年以前	『申報』、『新声』、『解放画報』、『三日画報』(以上、新聞、雑誌)
1928～37年	『上海漫画』、『時代』、『万象』、『十日談』、『十日雑誌』、『時代漫画』、『明星』、『上海漫画』(独立出版社版)、『漫画界』、『人言周刊』、『人言』、『快楽家庭』、『潑克』(以上、新聞、雑誌)『光宇諷刺集』(以上、単行本)
1938～44年	『耕耘』、『星島日報』、『星島晩報』、『抗戦漫画』、『星期文摘』、『今日中国』、『天下』、『大地』、『広西日報』、『救亡日報』(以上、新聞、雑誌)『如此汪精衛』(以上、単行本)
1945～49年	『星島画報』、『新生』、『華僑日報』、『新聞天地』、『商務日報』、『華商報』、『這是一個漫画時代』、『電影論壇』、『文匯報』(以上、新聞、雑誌)「八人漫画聯展」、「西遊漫記展」(以上、展覧会)
1950年以降	『人民日報』、『人民画報』、『漫画』(以上、新聞、雑誌)『東風圧倒西風』、『西遊漫記』(以上、単行本)「新西遊漫記」(以上、未発表作品)

巻の作品についてざっと見ておきたい。**表2**に、掲載媒体をおおよその時代区分ごとにまとめておいた。

表2からわかるように、張光宇は一九二〇年代から、新聞、雑誌で「漫画」を描き続けていた。ただし、この時期の「漫画」は主に上海の都市文化を写し取るだけで、独自性があるとは言い難い。

張光宇は一九〇〇年、江蘇省無錫に生まれた。(5)一九一八年、上海にやってきて出版社に入社し、新聞、雑誌において「漫画」や「挿図」を手がける。その後、外資系の煙草会社、南洋兄弟煙草公司に移り広告制作で生計を立てつつ、美術修行に励むこととなる。一九二六年、タブロイド紙『三日画報』(一九二六～二七)を創刊し、同年末には数名の画家とともに同人「漫画会」を設立する。一九二八年以降は上海において、『上海漫画』(一九二八～三〇)や『独立漫画』(一九三五～三六)といった雑誌を創刊し、作品制作を行った。(6)

彼の作風が固まるのは一九三三年頃である。すでに先行研究が指摘しているように、張光宇はこの頃から、米国の雑誌『*Vanity Fair*』などで活躍していたメキシコ人画家、ミゲル・コバルビアス(Miguel Covarrubias, 一九〇四―五七)に影響を受け、カリカチュアの方法を独自に模索している。(7)また、内容面としては、内政問題や外交問題など、主に時局に関係する話題をテーマとするようになった。たとえば、『時代』では「新舞台」と題して、蒋介石、呉敬恒《ごけいこう》、馮玉祥《ふうぎょくしょう》らを誇張、変形させて登場させた連作を発表している。また、『十日談』と『十日雑誌』では、政治家を主とする著名人の他、中国人、日本人、アメリカ人などのステレオタイプを登場させて時局を表現している。

本節で注目したいのは、たとえ時局が変化したとしても、張光宇がカリカチュア重視の方向性を基本的に変えることが

図2 『如此汪精衛』より　汪精衛の姿形を批判的に、面白可笑しく描いている（出典：『張光宇集』「漫画」巻、人民美術出版社、2015年、346頁）

なかった点である。

こちらも多くの先行研究が示しているように、当時の画家の多くは、時局の変化に応じて作風を柔軟に変えることが多かった。[8] たとえば、『時代漫画』の編集長、魯少飛《ろしょうひ》（一九〇三―九五）は日中戦争が始まると『救亡漫画』や『国家総動員画報』の編集長となり、メッセージ性の強い作品に関心を示している。[9] また、同じく画家の葉浅予《ようせんよ》（一九〇七―九五）は長編連載漫画「王先生」シリーズ（一九二八～三八）の連載をやめてしまい、雑誌『抗戦漫画』の編集長となり、「戦時下的重慶」（一九四一）や「逃出香港」（一九四二）など、本格的に漫画にスケッチの要素を取り入れることとなる。[10]

その一方で、張光宇は日中戦争に際しても、大きく作風を転換させることはなかった。たとえば、一九四一年には、『星島日報』や『星島晩報』において、汪精衛《おうせいえい》を風刺する作品を制作し、のちに『如此汪精衛』（一九四一）という画集に作品を寄せている。この『如此汪精衛』所収の作品群で主眼としているのは、汪精衛を批判することはもちろん、彼の顔形を面白可笑しく示していることではないだろうか（図2）。また、一九四三、四四年にも、『広西日報』や『救亡日報』、一九四七年には香港の『華僑日報』において、やはり時局をテーマにカリカチュアを用いた作品を発表し続けていた。[11]

表3　『張光宇集』所収の「挿図」作品

1927年以前	『世界画報』(25)
1928～37年	「民間情歌」(75)、「林冲」(71)、『少女須知』(13)、「詩人邵洵美像」(1)、「中国神話」(4)、「新詩庫」(11)、「水滸英雄故事画伝・武松」(6)、「費宮人」(25)
1938～44年	「先知者」(6)、「大江」(16)
1945～49年	「燕丹子」(16)、「絶叫」(6)、「金瓶梅人物」(51)、「水泊梁山英雄譜」(57)
1950年以降	「神筆馬良」(12)、「杜甫伝」(17)、「『儒林外史』中的『儒林臉譜』」(7)、「孔雀姑娘」(7)、「牛仔王」(5)、「葫蘆信」(5)、「雲姑」(4)、「望夫云」(4)、「中国民間故事」(17)、「青蛙騎手」(2)、「虎口屋」(4)、「画上的媳婦」(3)、「新民歌」(22)、「諺語与笑話」(7)、「戯劇舞蹈」(17)、「新中国民間芸術」(15)、「軽歌曼舞図」(8)

張光宇は一九三〇、四〇年代を通じて、戦争の影響を受けつつも、自己の作風を保持し続けていたわけである。

民間芸術への関心

それでは、張光宇はなぜ、一貫して作風を保持し続けたのだろうか。次に、彼の作風が最も出ている、「挿図」の検討に移りたい。

表3において、「挿図」巻に収められている作品を年代ごとにまとめた（かっこ内は作品数を表す）。

表3からわかるように、張光宇は一九二〇年代から、グラフ雑誌『世界画報』において、多数の「挿図」を描き出していた。ただし、やはり「漫画」と同じく、この時期に独自性を見ることは難しい。

一九三〇年代以降の特徴は、神話、民話などの口承文芸や、『水滸伝』や『金瓶梅』など大衆の好む白話小説に関心を払っていることである。表3に見えるように、中国神話を取り上げた「中国神話」、山歌を題材に一枚絵を附した『民間情歌』、それに『水滸伝』の物語を描く「林冲」などが代表的であろう。日中戦争中は制作数が減るものの、一九四五年以降再び『金瓶梅人物』、『水泊梁山英雄譜』のような作品に「挿図」を附している。

本稿では、このように彼が関心を寄せる口承文芸、白話小説を、総じて民間芸術と呼称しておきたい。

特に、『民間情歌』は民間芸術を取り上げた作品の中でも、代表作ともいえる作品群である。この作品は山歌に一枚絵を付した連作であり、雑誌『時代漫画』にて四八作の連載を発表した後、単行本『民間情歌』（独立出版社、一九三五年）にて結実している。その後も『独立漫画』、『上海漫画』（独立出版社版）、『人生画報』、『天地人』といった雑誌に、二七もの作品を掲載している（重複を含めない）。さらに、日中戦争、国共内戦を挟んで、中華人民共和国成立以降も、「中国民間故事」、「新民歌」、「新中国民間芸術」といった作品群を発表している。

それでは、張光宇はなぜ一九三〇年代、民間芸術に接近しようとしていたのだろうか。その理由を探るため、『民間情歌』の「自序」の冒頭箇所を見てみよう。

ここ数年、忙しい生活の中から、ちょっとした楽しみを見つけている。自分の性格がすこし変わっていて、ほかに趣味がないからなのだが、絵を描く他に「民間芸術」に関する書籍、泥人形や木彫りのがらくたを収集するのが好きなのだ。他人からすれば、民間芸術など集めて何になろうと考えるだろう。みすぼらしいし、「収集」するに値するのだろうか、と。けれども、私にとっては興味深く、夢中になってしまうものに他ならない。ここから私は、芸術の真実が真に備わっていることと、装飾できないまで装飾する拙さを見出している。民間芸術に備わるこの二つの特徴は、士大夫芸術のわざとらしさとは似ても似つかないし、綺麗なだけの代物については、言わずもがなであろう。

（張光宇「自序」『民間情歌』独立出版社、一九三五年）

ここでわかるのは、張光宇が個人の趣味として、民間芸術に関心があったと述べていることである。いくぶん謙遜してはいるものの、「泥人形や木彫りのがらくた」を「収集」するのは、彼自身の心のよりどころでもあった。

民間芸術への関心が、同時代の思想潮流と通底していた点についても注意を払っておきたい。中国では一九二〇、三〇年代、主に北京大学の知識人が、山歌や通俗文学などの民間芸術を再評価しようとしている。[12] 彼らは旧詩文などのエリート知識人などの文学ではなく、これまで文化的地位の低かった民間芸術を収集、整理することで、中国における民俗学の勃興を目指していた。[13] 同じように、張光宇が「士大夫芸術」ではなく、「民間芸術」に価値を見出している点は見逃すことができない。というのも、意識的であれ無意識的であれ、彼が知識人たちの推進する同時代の思想潮流に同調しているように思われるからである。

ただし、看過できないのは、張光宇が時局の変化に合わせるのではなく、あくまでも自己の芸術の根拠として民間芸術に接近していた点である。

中国では一九三〇年代、芸術作品に政治的主張を担わせる、プロパガンダが勃興しつつあった。[14] たとえば、一九三〇年には、共産党系の画家たちが「左翼美術家聯盟」を結成し、マルクス主義に基づく芸術創作を訴えている。その一方で、国民党系も同時期において「民族主義文芸」を鼓吹し、ナショナリズムに基づく文学、芸術創作を推進し始めていた。こうした中で、張光宇が民間芸術に「芸術の真実が真に備わっていること」や「装飾できないまで装飾する拙さ」などの価値を見出している点は重要であろう。つまり、彼は自己の芸術の根拠を、同時代に流行していた主義や思想ではなく、あくまでも自らの趣味の中から見出そうとしているわけである。

彼は一九三〇年代以降、民間芸術への接近を通じて、自己の作風を確立させようとしていたように思われるのである。

新しい芸術を求めて

それでは、張光宇の立場は、当時においていかなる特徴があったのだろうか。当然のことながら、中国の一九三〇年代は、彼一人だけではなく、多くの画家たちが民間芸術に関心を寄せる時期でもあった。

一つ目に指摘したいのは、プロパガンダの道具として、民間芸術の方法論を用いた人々である。たとえば、「三毛」の作者として知られている張楽平《ちょうらくへい》（一九一〇―九二）は一九三〇年代、切り絵の方法を用いて、反体制や、抗日をテーマとする作品を表現しようとしていた。さらにこの時期は、木刻（新興版画）のように、民間芸術の方法論を本格的にプロパガンダに応用する例も登場しつつあった。(15) 彼らは、特定の政治的主張を効果的に表現するために民間芸術に着目しようとしたわけである。

もう一つ指摘しておきたいのは、自己の審美意識から、民間芸術に眼を向けた画家の存在である。顕著な例として、張光宇の弟、曹涵美《そうかんび》（一九〇二―七五）が雑誌『時代漫画』において、白話小説『金瓶梅』の挿絵を制作していた点を挙げることができる。『金瓶梅』の挿絵の特徴は、白描などの伝統的方法を用いて、登場人物はもちろん、背景や小物に至るまで精緻に描き込んだ点にあるだろう。曹涵美は、いわば職人芸として、民間芸術の方法を捉えようとしているように思える。(16)

このように、多くの画家たちは、政治的主張や審美意識を表現するために民間芸術に接近する傾向があった。その一方で、張光宇が特徴的なのは、自らの芸術の根拠である民間芸術を、多角的に捉え直そうとしていることである。

たとえば、**図3**の「豆花開遍竹籬笆，蝴蝶翩翩到我家；妹似豆花哥是蝶，花顔戀蝶蝶戀花。」は、男女の恋愛を蝶の受粉に見立てた少しエロチックな詩に、一枚絵を附したものである。張光宇はこの詩の世界を表現するにあたって、ミゲル・コバルビアスに学んだ、最新の方法を活用している。(17) アール・デコ調の背景、それにカリカチュアライズされた男女を見てみれば、山歌を新しい視点から図像化していることがわかるだろう。張光宇は『民間情歌』において、西洋のモダニズム絵画の方法を用いて、山歌の世界を再構築しようとしているわけである。

先にも述べたように、張光宇は「漫画」において、著名人、および各国人のステレオタイプを誇張、変形して示そうとしていた。「挿図」で行っているのもまた、作品世界の内容を、カリカチュアを含むさまざまな方法で表現することにあるように思える。他にも、「林冲」は『水滸伝』の物語を表現するにあたって、京劇の舞台構成を写し取ったり、モンタージュなどの映画の方法を取り入れたりしている。こうした試みからうかがえるのは、社会的地位の低かった民間芸術の世界を、さまざまな方法でもって再評価しようとする意識ではないだろうか。

図3　『民間情歌』　アール・デコ調の背景と、カリカチュアライズされた人物（出典：『張光宇集』「挿図」巻、人民美術出版社、2015年、13頁）

重要なのは、こうした張光宇の試みが、一九三〇年代以降、一貫していたことである。当然のことながら、『如此汪精衛』のような作品をプロパガンダと見なしたり、『民間情歌』の絵を山歌を彩る装飾と見なすことも可能であろう。しかしながら、張光宇が同時に、時局だけでなく、神話から民話、それに白話小説までの民間芸術を再評価し続けているのもまた事実ではないか。彼は「漫画」や「挿図」の制作にあたって、ある特定の政治的主張や、画家個人の審美意識を直接的に表出することは少なかった。むしろ、中国文化がいかなる状況にあるのか、またいかに成り立ってきたのか、さまざまな方法を通じて考察しようとしているように思えるのである。

以上、『張光宇集』所収の作品群から看取できるのは、張光宇が一人の画家として、中国文化を認識する独自の方法を求めていたことである。彼は、プロパガンダでも、また単に作品を彩る装飾でもない、新しい芸術を構築しようとしていた。

三、プロパガンダと装飾芸術

一九四五年の漫画展覧会

それでは、『西遊漫記』をめぐって、一九四〇年代中国において、張光宇がいかなる芸術を立ち上げようとしていたのか考察してみたい。本節の考察にあたっては、同じように『張光宇集』「漫画」巻所収のものを参考にする。

さて、『西遊漫記』について考える際に看過できないのが、雑誌ではなく展覧会の形式で発表していたことである。当時の中国では、一九三六年十一月四日に開催された「第一届全国漫画展覧」を嚆矢として、数多くの漫画展覧会が開催されていた。

日中戦争時期の漫画展覧会が重要となるのは、多くの画家たちが、抗日や反ファシズムを訴える、プロパガンダを発表する場となっていた点である。(18) たとえば、一九三九年五月七日、香港において、上海や香港の画家たちが「現代中国漫画展」という大型の展覧会を開催している。張光宇はこの展覧会において、「另一種人」と「把憤怒寄託在槍桿上」という作品を発表していた。特に、「把憤怒寄託在槍桿上」は兵士と老人を描いたもので、明確な抗日のテーマを見ることができる。

一九四五年になると、重慶に多くの画家たちが集まり、頻繁に漫画展覧会を開催することとなる。中でも代表的なのが、「八人漫画聯展」であろう。この展覧会は一九四五年三月十五日から二十日にかけて重慶の中蘇文化協会にて開催されたもので、張光宇も「窈窕淑兵」、「黄魚熟、白骨香」、それに「関山四騎図」といった作品を展示したという。たとえば、「窈窕淑兵」は、天秤にかかる銃と餓えた兵士を絵にした作品で、戦争の長期化によって疲弊する中国の状況を風刺していると言える(図4)。

こうした中で、『西遊漫記』を考える上で重要なのは、張光宇が自己の創作活動を見つめ直す機会として、展覧会を捉えていた点である。

張光宇は一九三七年、日中戦争が勃発すると上海から香港へ逃れた。一九四〇年以降、戦局が悪化すると、広州湾、桂林、貴州など各地を転々として重慶にたどり着くこととなる。先にも述べたように、この間は戦争の影響により、「漫画」や「挿図」の制作点数が減り、「絵画」巻に見えるような習作だけを描き続けていた。しかしながら、一九四五年の重慶では、まとまった時間をとって作品を制作することができたという。

『西遊漫記』を制作した後、彼は以下のような言葉を残している。

ここで私は時間老人に感謝しなくてはならない。長い時間を用意してくれて、のんびりと『西遊漫記』第一集の数一〇幅を制作させてもらったのだから。まさに浅予兄の言うように、「昔は、出版にこぎつけるために、創作する機会が少なすぎた。幸い、この戦争で簡単でない事業を捨てて、十分な時間でもって絵を描くことができるのだから、本当によかった。『西遊漫記』は四ヶ月だけだったが、数で言えば過去の四年よりも収穫が多いだろう」[19]

（張光宇「『西遊漫記』自序」『清明』第三期、一九四六年）

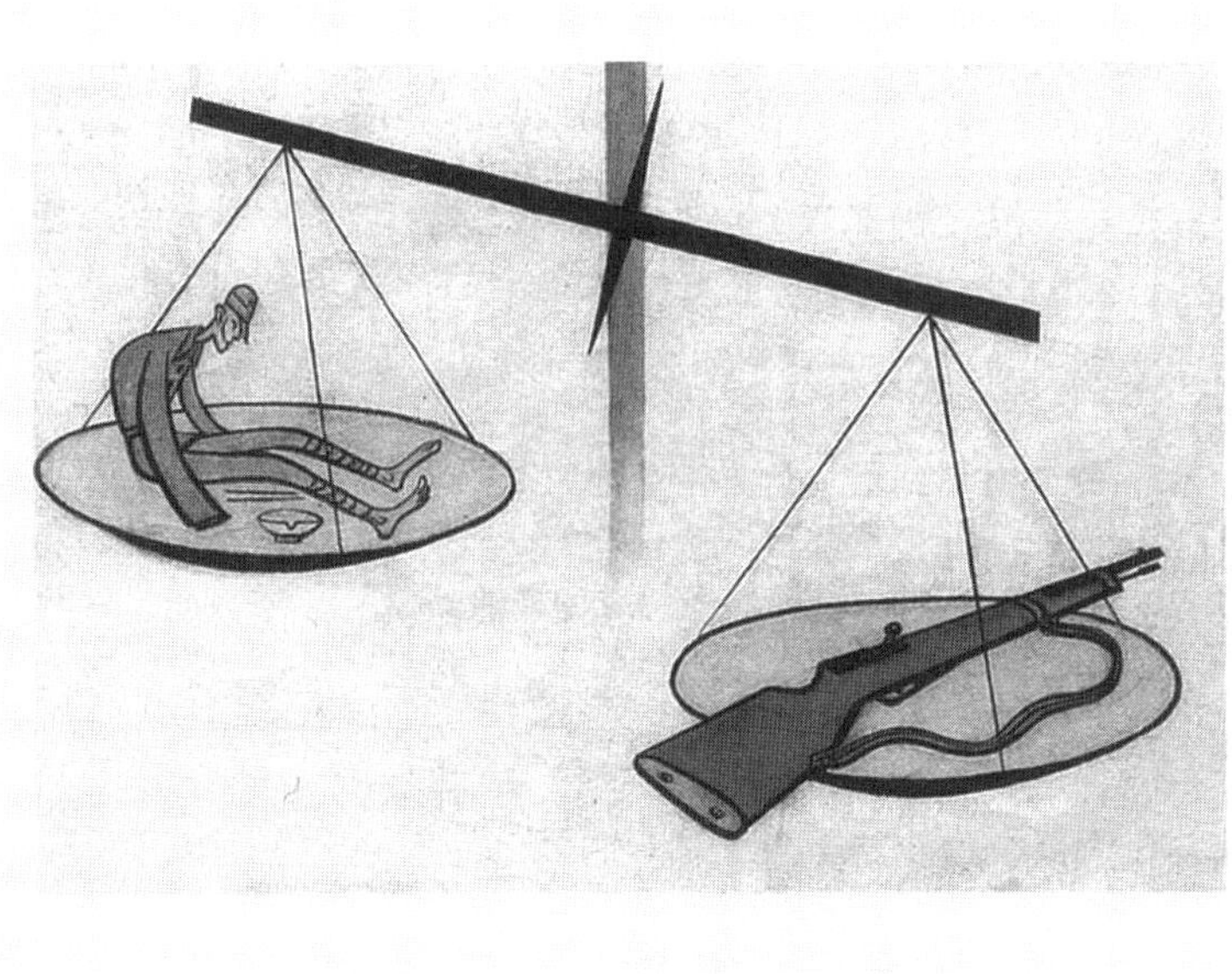

図4　「窈窕淑兵」　餓えた兵士と、銃が天秤にかけられている（出典：『張光宇集』「漫画」巻、人民美術出版社、2015年、381頁）

この引用からうかがい知ることができるのは、張光宇が『西遊漫記』を、自身の会心作と見なしていることだろう。彼はここで「時間老人」という擬人化した表現を用いて、長い時間をかけて作品を制作したことを述べている。また、画家であり友人の葉浅予の言葉を引用しつつ、環境の苦しさを逆手にとって、完成度の高い作品を目指していたこともうかがえる。

張光宇は『西遊漫記』を一九四五年秋に完成させると、同年十一月二十二日から十二月三日まで、同じく重慶の中蘇文化協会にて展覧会を行った[20]。さらに、展覧会の評判を受けて、翌年二月には成都、五月に上海へと巡回展も行っている。上海展にて当局が介入し打ち切りとなってしまうものの、その夏には再び香港で展覧会が始まったという。[21]

『西遊漫記』は、張光宇の創作活動の集大成となるだけでなく、画家としての再スタートを切った作品ともなっていた。

集大成となった作品

「はじめに」でも見たように、『西遊漫記』は白話小説『西遊記』を下敷きに、当時の中国社会への風刺を行ったものと考えることができる。形式については全一〇回となっており、各回につき五から七編の絵で、一編ごとに文字で説明を附している。

さて、張光宇は一九三〇、四〇年代、「漫画」や「挿図」の制作を通じて、新しい芸術のあり方を模索していた。『西遊漫記』についても、過去の作品群に見える時局への解釈、それにカリカチュアやモダニズム絵画の影響といった共通点を看取することができる。

本稿で注目したいのは、張光宇自身が、こうした自己の「漫画」や「挿図」の特徴を、さらに推進しようとしている点である。[22]

たとえば、『西遊漫記』では、単純に現代の中国社会の隠喩として『西遊記』の世界を用いているわけではなく、物語の中に物語を入れる入れ子構造を取っている。第一回では、「歴史老人」が夢の中で、ある国の国王に水晶の玉を授ける。国王が目覚めると、現実にも手に水晶の玉を持っていることに気付く。そこで水晶の玉をのぞいてみると、三蔵一行が天竺へ向かっており、物語が始まっていく。張光宇はこのように、数段階に渡る入れ子構造を取ることで、作品世界の現実的根拠を無効化しようとしている。

もちろん、『西遊漫記』を読み進めていくと、現実の中国社会を意識させる物語となっていることがわかる。ここでは、作品の舞台にしたがって、前半と後半の二つに分けて整理しておこう。

前半の第二回から第四回は、古代を舞台とした物語である。第二、三回は「紙幣国」という国の描写を通じて、当時の重慶の経済政策を風刺したものと言える。「紙幣国」の木の葉は紙幣でできており、インフレが問題となっていた中国と同じように、紙幣に価値が存在していない。第四回は、「法老始皇」という皇帝が統治する、「埃秦国」という国を舞台としている。この国の「毛尖鷹」という鷹は皇帝の部下であり、民衆に威張りちらしている。「紙幣国」であれ「埃秦国」であれ、いずれも容易に当時の国民党統治下の中国の状況への風刺を見ることができる。

後半の第五回から第一〇回は、現代を舞台とした物語である。第五回において、三蔵一行は「阿房行宮」にたどり着く

もの の、この箇所は明らかに一九三〇年代上海の都市文化を想起させる。また、第六回の演劇「水濂洞」は左翼の革命演劇を意識しているし、第七回から第八回に登場する「偽秦」国も満洲国であろう。第九回になると、三蔵一行の「影」と「遊資之魂」の戦いを、資本主義社会における金銭への欲望として描き出そうとしている（第一〇回については後で述べる）。

図5　『西遊漫記』第九回　三蔵一行の心の迷いを描き出している（出典：『張光宇集』「漫画」巻、人民美術出版社、2015年、153頁）

しかしながら、やはり看過できないのは、張光宇が『西遊漫記』において、特徴的な装飾を施していることであろう。たとえば、『西遊漫記』は現実の中国社会を感じさせる一方で、「紙幣国」は古代ギリシャ、「埃秦国」は古代エジプトと、あくまでも諸外国の風物で成り立っている。しかも張光宇が外国であれ中国であれ、それぞれ過分に想像を膨らませて描き出している点は看過できない。上海の都市文化、革命演劇の様子、それに満洲国を舞台とした箇所についても、決して写実的ではなく、さまざまな要素が組み合わさっている（本稿冒頭の**図1**も参照）。

他にも、心理描写も重要な要素であろう。第九回の三蔵一行の「影」と、「遊資之魂」の戦いは、一見すると人々の金銭への欲望を風刺した箇所といえる。しかしながら、この回でもっとも特徴的なのは、三蔵一行の心の迷いを心理描写によって表現している点ではないか（**図5**）。張光宇は彼らの心を描くにあたって、眼や線で後めたさを表現したり、骸骨で恐怖を演出したりしている。彼は、人間の金銭への欲望を単純に否定するのではなく、むしろ心理状態の複雑さを表現しようとしているわけである。

『西遊漫記』は、過去の自己の作品と同じように、時局を描きつつも、独自の立場から中国社会を認識しようとしているわけである。

プロパガンダと装飾芸術

一九四〇年代の中国では、多くの画家たちがさまざまな方法でもって、プロパガンダを制作していた。

特に、隠喩や寓話に基づく作品は、大衆への伝播力という点から、多くの芸術家が可能性を見出している。たとえば、一九四一年には上海において、万籟鳴《ばんらいめい》、万古蟾《ばんこせん》兄弟が長篇アニメーション『鉄扇公主』を制作、公開している。日本でも有名なように、この作品は、孫悟空と牛魔王の戦いを、抗日戦争の隠喩として表現したものと言うことができる。しかしながら、そのもっとも大きな特徴はもちろん、『西遊記』の世界を描き出すにあたって、アニメーションという新しい表現方法を用いた点にあるだろう。[23]

重慶においても、郭沫若《かくまつじゃく》（一八九二—一九七八）の話劇『屈原』（一九四二年上演）が登場した。『屈原』は歴史劇に託したかたちで抗日戦争を描き、プロパガンダの傑作として大きな影響力を持った。[24]また、一九四六年には、画家の廖冰《りょうひょう》兄《けい》（一九一五—二〇〇六）が、「猫国春秋」展という作品の展覧会を行っている。中でも、連作『猫国春秋』は当時の中国を舞台として、猫と鼠を漢奸の比喩として描いており、今日でも高い評価を受けている。[25]

こうした中で、張光宇の『西遊漫記』の特徴とは、プロパガンダそのものを相対化させる構造を備えている点にあるように思われる。

本稿では最後に、『西遊漫記』末尾の第一〇回の物語を見ておこう。第一〇回の一編目で、孫悟空が三蔵法師の命令で水を汲みに行くと、道で三つの頭を持つ大蛇と出くわす。二編目では、大蛇が孫悟空に、スフィンクスよろしく「なぞなぞを解け」と言う。三編目で悟空はいぶかしみつつも、「早く師匠に水を汲んで帰りたい」ため、毛を抜いて「照妖鏡」に変化させて、大蛇を照らしてしまう。すると、大蛇はあっという間に煙へと代わり、三人の頭（東条英機、ヒトラー、ムッソリーニ）となって消えてしまうのだった。

四編目では、三人の頭が消えると、「悪魔のたまご」（原文「孽蛋」）を残したことがわかる。孫悟空はわけがわからないまま、「気がはやって」耳から如意棒を取りだして打ち据えると、煙が立ち上り、小さな竜がわらわらと出て逃げてしまう。最後の五編目、どこからか風が吹き、自らを「ナポレオン」と名乗る、巨大な神が登場する。彼によると、小さな竜の名前は「ファシスト」といい、自分が神様の言いつけで監視していたらしい。孫悟空が「ファシスト」を逃がしてしまったことに、彼は「もし神様に罰せられても、当然の報いですよ！」と怒ってしまうのだった（図6）。

さて、この第一〇回から看取できるのは、第二次世界大戦が終結した後も、ファシズムが潰えていない現状を訴えていることであろう。けれども、同時に見て取ることができるのは、三人の頭を打ち倒した孫悟空が、そうした現状に無頓着である点ではないだろうか。第一〇回では、孫悟空は「照妖鏡」で大蛇を照らすものの、ある思想に裏打ちされているわけではなく、「早く師匠に水を汲んで帰りたい」一心からである。さらに、大蛇が消えて「悪魔のたまご」が残った後も、「気がはやって」を打ち据えるのみであった。ラストで、「ナポレオン」が孫悟空を諌めているように、『西遊漫記』は、特定の政治的主張を打ち消すような構造となっているように思えるのである。

図6　『西遊漫記』第一〇回　ファシストたちを世界に放ってしまった孫悟空を、ナポレオンが責めている（出典：『張光宇集』「漫画」巻、人民美術出版社、2015年、171頁）

先に述べたように、当時の中国では、アニメーションや話劇、それに漫画など、さまざまなプロパガンダが登場していた。見方によれば、『西遊漫記』を美的な装飾によって、反ファシズムを効果的に訴えようとした作品と解釈することも可能であろう。しかしながら、張光宇が作品を入れ子構造にした上で、幻想的な世界を提示したり、また心の迷いを表現したりしていた点は無視できない。彼は物語を構築するにあたって、プロパガンダが訴える内容そのものを、捉え返そうとしているように思えるわけである。

この意味において、『西遊漫記』は、プロパガンダでありながらプロパガンダそのものを相対化する、自律した芸術として登場しているわけである。

その後の張光宇は、日中戦争勃発前と同じように、「漫画」や「挿図」を大量に制作し続けることとなる。一九四六年、重慶から香港に移ると、『朱八戒漫游香港記』という四コマの「漫画」を制作したり、『金瓶梅人物』や『水泊梁山英雄譜』などの単行本の「挿図」も手がけたりした。また、一九四八年には文学者、芸術家を一同に会して、「人間画会」を設立し、雑誌『這是一個漫画時代』を刊行するに至っている。張光宇は一九三〇、四〇年代を通じて、一人の画家として中国社会に向き合い続けていた。

張光宇は、一九三〇、四〇年代を通じて、一貫して独自の立場から中国文化を認識し、新しい芸術を立ち上げようとしていた。『西遊漫記』は、プロパガンダであると同時に装飾芸術でもある、新しい芸術として登場していたのである。

おわりに

本稿では、一九三〇、四〇年代中国におけるプロパガンダの中で、張光宇の装飾芸術が、いかなる役割を果たしてきたのかを検討してきた。

中国の一九四〇年代は、ある政治的主張に基づくプロパガンダが、数多く登場する時期にあたる。一九四五年に制作、発表された『西遊漫記』もまた、抗日や反ファシズムを訴えるプロパガンダの傑作として、今日まで確固たる地位を築いてきた。こうした中で本稿が着目したのは、作者の張光宇が、プロパガンダの宣伝効果を打ち消すような装飾芸術の要素を取り入れていた点であった。

中国では、日中戦争が勃発すると、多くの画家たちが作風を転換させることとなっている。本稿でも確認したように、魯少飛や葉浅予といった画家たちの特徴は、時局の変化に応じて、自らの立場を柔軟に変え続けることにあった。しかしながら、当時の張光宇が重視していたのは、民間芸術に接近しつつ、中国文化に対する独自の認識を示そうとしていた点である。彼は、一人の自律した画家として、一九三〇、四〇年代を通じて、中国文化がいかなる状況にあるのか、いかに成り立ってきたのかを見極めようとしたわけである。

一九四五年の『西遊漫記』からうかがえるのもまた、彼が独自の立場から中国文化と向き合おうとする意識であった。もちろん、『西遊漫記』は、国民党風刺や反ファシズムを表現する、プロパガンダの要素を認めることができる。しかしながら、張光宇が同時に、入れ子構造、色とりどりの背景、それに複雑な心理を描き出すことで、プロパガンダの要素を相対化させようとしていたこともまた事実である。この意味において、彼は『西遊漫記』をプロパガンダでありながらプロパガンダを相対化する、自律した芸術として制作しようとしていたのである。

『西遊漫記』に見える装飾芸術は、プロパガンダを効果的に行う手法にとどまらず、作品そのものを成立させるために必要な不可欠な要素であった。

注

（1）畢克官・黄遠林編著『中国漫画史』（文化芸術出版社、一九八六年、初出。文化芸術出版社、二〇〇六年、改訂版）参照。

（2）張仃「張光宇的装飾芸術」（『張光宇挿図集』人民美術出版社、一九六二年）参照。

（3）『張光宇年譜』では、『張光宇集』所収の作品を超える量の作品を見ることができる。

（4）一九二八、二九年には、中国画の方法で制作した作品を雑誌にて発表している。

（5）本稿における張光宇の事績については、特に注記がない限り、唐薇・黄大剛編『張光宇年譜』（前掲）に基づいている。

（6）一九二〇、三〇年代には、『上海漫画』（一九二八～三〇、中国美術刊行社）と『上海漫画』（一九三六～三七、独立出版社）は、同名の雑誌が出版されていた。本稿では後者のみ『上海漫画』（独立出版社版）と記すこととする。

（7）蔡競然「張光宇的政治風刺漫画——以『十日談』為例」（『議芸份子』第二三期、二〇一四年）参照。

（8）この時期を対象とした先駆的な中国漫画研究としては、森哲郎の『抗日漫画戦史——中国漫画家たちの一五年戦争』（日中クリエイト、一九九五年）を挙げることができる。

（9）瀧下彩子「抗日漫画宣伝活動と『国家総動員画報』の作家達——醸成される抗日イメージ」（『日中戦争期の中国における社会・文化変容』東洋文庫、二〇〇七年）、同「魯少飛漫画人生指南——戦後中国と漫画作家たち」（『連環画研究』第六号、二〇一七年）参照。

（10）城山拓也「中国をスケッチする方法——『浅予速写集』と『旅行漫画』について」（『JunCture——超域的日本文化研究』第九号、二〇一八年）参照。

（11）張光宇は一九四五年末、重慶新聞学校における講演において、自身を「私は漫画工作者である」という認識を示した上で、「ニュースは時事を報道し、漫画は時事を判断するもの」と述べていたらしい。講演原稿は「新聞与漫画」（『正報』第三八期、一九四六年二月十三日、初出。『張光宇文集』（前掲）、所収）で読むことができる。

（12）唐薇「『民間情歌』画集探源」（『美術観察』二〇〇八年第六期、初出。唐薇・黄大剛主編『瞻望張光宇——回憶与研究』（前掲）、所収）参照。なお、一九三〇年代には、グラフ雑誌『良友』などでも、積極的に民間芸術を紹介していた。城山拓也「『良友』に命を吹き込む——編集者、万籟鳴の仕事」（孫安石他編『上海モダン——『良友』画報の世界』勉誠出版、二〇一八年）参照。

（13）子安加余子『近代中国における民俗学の系譜——国民・民衆・知識人』（御茶の水書房、二〇〇八年）参照。

（14）鄭工『演進与運動——中国美術的現代化（一八七五～一九七六）』（広西美術出版社、二〇〇二年）参照。

（15）瀧本弘之他著『中国抗日戦争時期新興版画史の研究』（研文出版、二〇〇七年）参照。

（16）曹涵美は一九四二年、画集『金瓶梅全図』（国民新聞図書公司、一九四二年、全一〇巻）を刊行している。

（17）呉宣鈴「試析一九三〇年代上海情歌漫画——以張光宇（一九〇〇～一九六五）『民間情歌』為例」（『書画芸術学刊』第一四期、二〇一三年）参照。

(18) 張憶怜『抗戦時期重慶的漫画研究』(西南大学修士論文、二〇一二年)が、当時の漫画展覧会について詳しくまとめている。
(19) 張光宇が引用している葉浅予の言葉は、葉浅予「張光宇」(『商務日報』一九四五年十一月二十五日)に見える。
(20) 『西遊漫記』は、一九四五年十一月九日から十二日かけて開催された「漫画木刻聯展」にて、すでに一部分を展示していたらしい(『新華日報』一九四五年十一月十日、第三版)。また、中蘇文化協会出の展覧会終了後、十二月五日から一週間、同じく重慶の夫子池にて展示を行ったという(『新華日報』一九四五年十二月五日、第三版)。
(21) 『張光宇年譜』(前掲)参照。その他、一九四六年七月七日、呉祖光主編の雑誌『清明』第三期にて『西遊漫記』選図と「自序」を掲載している。また、『張光宇年譜』には記されていないが、新聞『世界晨報』一九四六年七月二十三日から九月一日まで、『西遊漫記』計二二回の連載を確認することができた。
(22) 『西遊漫記』については、海外のカートゥーンとの影響関係を分析した呉宜鈴「試析張光宇(一九〇〇～一九六五)漫画特色——以『西遊漫記』為例」(『議芸份子』第一八期、二〇一二年)や、連環画との比較を行った焦凡「『漫画』と『連環画』の間——張光宇の連環漫画『西遊漫記』について」(『国際マンガ研究』第五号、二〇一五年)などの研究がある。
(23) 秦剛「上海租界劇場アニメーション上映史考——『ミッキー・マウス』、『鉄扇公主』、『桃太郎の海鷲』を中心に」(大橋毅彦・関根真保・藤田拓之編『アジア遊学一八三　上海租界の劇場文化——混淆・雑居する多言語空間』勉誠出版、二〇一五年)参照。
(24) 瀬戸宏『中国の現代演劇——中国話劇史概況』(東方書店、二〇一八年)参照。
(25) 廖冰兄『猫国春秋』(山東画報出版社、一九九九年、影印本)、鄒建林「民国文芸中的『改写経典』現象——従廖冰兄『猫国春秋』談起」(『文芸研究』二〇一一年第六期)参照。

音楽プロパガンダにおける「差異」と「擬態」

——戦時下日本の「満支」をめぐる欲望

葛西　周

かさい・あまね——東京藝術大学ほか非常勤講師。専門は音楽学。主な論文に「植民地期台湾の文化映画における聴覚的要素の検討」(三澤真美恵編『植民地期台湾の映画——発見されたプロパガンダ・フィルムの研究』東京大学出版会、二〇一七年)、「日中戦争期の満洲における文化工作および音楽ジャンル観に関する考察」(馬場毅編『多角的視点から見た日中戦争——政治・経済・軍事・文化・民族の相克』集広舎、二〇一五年)などがある。

戦時下日本のプロパガンダでは、アジア諸地域間の文化的共通性と相違性という一見対極的な立脚点が、議論の文脈によって巧妙に使い分けられた。本稿では、このようなレトリックが当時の音楽実践においていかに読み取れるかを、「日満・日支親善」を名目とした公演や、日本語で歌う中国人歌手／「満支」について歌う日本人歌手の事例から検証したい。

はじめに

本稿は、日中戦争期の日本で展開された中国をめぐるプロパガンダがどのようなものであったかを、音楽を例に検討する。戦時下の日本人音楽家の活動や発言について、「大東亜共栄圏」構想と関連付けて考察する研究は蓄積されているが、[1]汎アジア主義の射程が地理的に広範にわたるにもかかわらず、各地域の文化的特性における差異に着目した研究は極めて少ないと言える。しかし、当該時期の言説を見てみると、音楽関係者は日本を含むアジア圏内の文化的な差異に自覚的であり、その差異をどう認識し評価すべきかが度々議論されていることがわかる。他方で、そうした差異を前提として引かれた境界線が音楽実践の中で曖昧にされるような事例を多数看取できる。

そこで本稿は、日本と特に当時「満支(満洲・支那)」と呼ばれていた地域との差異、そしてその差異を前提とした相互の擬態という観点から、当時の音楽実践を考察したい。

一、日中戦争期の「満支」をめぐる音楽政策

事例の検討に先立ち、音楽をつうじたプロパガンダの方針とその背景を概観する。日中戦争下の一九三八年十一月、近衛文麿内閣によって出された「東亜新秩序」の声明は、中国侵攻を正当化し反共親日派と結束する目的で、日満支の「互助連環」や「善隣友好」を唱えた。これは一九三三年十月に斎藤実内閣が打ち出した「日満支ブロック」構想を受け継ぎながら、経済政策のみならず文化政策として拡張したイデオロギーであり、第二次世界大戦勃発以降は帝国主義プロパガンダにおいて「大東亜共栄圏」構想を導いたものである。

こうした状況のもと、他の文化領域と同様に、音楽がいかにプロパガンダに有効であるかが、演奏家や作曲家、評論家によって紙誌で訴えられた。まずは日中関係の円滑化のために音楽を利用する可能性についての言説を見ていきたい。一九三八年十月から十一月にかけて漢口に従軍した山田耕筰は、現地で記録映画の音楽を構想するとともに、「日本音楽を支那人や外人に紹介しようと」上海のアスター・ハウスで自作の演奏会を開いた（なお、ここでいう「日本音楽」は概して山田本人の作品を始めとした、日本人作曲家による西洋音楽理論を基盤として作られた音楽を意味していることを指摘しておく）。これに手応えを得た山田は、帰国後「日支両国民が国土を越え、民族を超えて魂の親和、感情の融和をよりはかり得るのは矢張り音楽が一番いゝと思ふ」[2]と述べている。音楽が親和感情を呼び起こす効果を持ち、それが文化工作に有用であるという論調は当時よく見られるものである。漢口戦には山田とは別隊で西條八十、佐伯孝夫、古関裕而、飯田信夫、深井史郎の五名の作詞・作曲家たちも従軍しており、それに際して堀内敬三が以下のように記している。

> 更に此の人々ならびに他の詩人や作曲家たちに考へて貰ひたい事は、音楽を通じて支那の民衆に接する事である。戦ひが終わつた地方は次第に広くなつて行く。支那民衆は日本の文化の恩恵に浴しなくてはならぬ。その場合に音楽は最も早く、最も広く、支那人側に理解され愛好される可能性を持つのである。宣撫工作、文化工作の尖兵となつて音楽は支那大陸に進み入るべきである。（堀内敬三「音楽の文化工作」『東京朝日新聞』一九三八年九月二十日、朝刊七面）

東京放送局で洋楽放送を担当し、のちに音楽之友社の主筆となり軍国歌謡の作詞も手がけていた堀内は、音楽工作に関する議論では中心的な論客の一人であった。「日本文化の恩恵に浴す」とは日本の文化的優位性を自明視しての発言であ

り、音楽を「宣撫工作、文化工作の尖兵」と称してプロパガンダ利用を提唱するような立場がはっきり示されている。このように、戦時期の一般紙誌や音楽雑誌では、音楽をプロパガンダに利用することへの疑念は一切見られず、専ら有効な利用方法や方針について活発に論じられているのがわかる。また、「支那人側に理解され愛好される可能性」を音楽の長所としている点は、対満支文化政策の要として抗日感情の緩和が念頭に置かれていたことを窺わせる。

加えて、「満支」のみならず南方共栄圏での音楽工作に関しても、舞踊評論家の中村秋一が「音楽とか舞踊とかいふものは、最も手つとり早く、言語を介せずして直接相手に訴へ、働きかけ、指導しふるものであるから、その意味に於ても今後の実際的研究・調査に俟たねばならないと思ふ」[3]と言う。こうした主張は、「音楽は世界共通語」というような現代でもよく耳にする語りにも通ずるが、万人に通底する精神性を持ち、(実際プロパガンダには歌詞を伴う楽曲が多数用いられたにもかかわらず)母語の異なる複数の地域でも成立する非言語コミュニケーションを可能にするものとして、漠然と音楽を位置づけている。

第二次世界大戦勃発後になると、「芸術に国境はなし」という考え方は敵性思考と見なされるという記述さえあるが[4]、この見解は共栄圏の内と外の間のいわば「圏境」を確固たるものと認め、圏内の共同体としての結び付きを強化せんとする立場から生じていると言えよう。こうした背景のもと、音楽分野においても当時の研究者や評論家によってアジア諸国の文化的類似性・共通性がこぞって主張された[5]。典型的なのは「大東亜ないし東洋の文化には、東洋人にしか真価が理解できないような芸術性がある」といった論調である。先にも挙げた中村秋一は、南方共栄圏の民族舞踊について「やはり彼らと同じ東洋の精神であることを考へると、われわれのリズムや美に対する概念は、西洋のダンスとかバレエなどに対する欧州人の概念より、よほど彼ら住民に近いことが頷けるやうに思ふ」と記している[6]。

そしてこの議論は、日本の芸術諸分野が開国以降、西洋文化に過度に傾倒したことへの反省としてもしばしば語られる。音楽学者の田辺尚雄は、次のように述べている。

明治以降我が国においてもとかく西洋文化を先進国の文化として考へがちであつた……「日本の音楽は原始的で、未開で、幼稚である。西洋音楽は極めて芸術的に高く、尊敬すべきものである。我々はこの幼稚なる日本音楽を捨てて西洋音楽を採らなければならない」といふやうに叫ばれてきた。(田辺尚雄『大東亜と音楽』文部省数学局、

一九四二年、四〜五頁）

ここに表れる「非西洋＝原始的／西洋＝近代的」という構図は、十九世紀に西洋列強の間で普及し間もなく日本でも広まった社会進化論に基づく。スペンサーに代表されるような優生思想としての社会進化論は、非西洋諸国に対する西洋の優位性を説くイデオロギーとして席巻した。そして「近代的」な「非西洋」の国であることを自認している日本において文化論に援用される際には、自国の文化を前者と後者のいずれに位置づけるかが争点となった。特に田辺が上記の発言をした第二次世界大戦期に入る前には、日本文化の前近代的な側面への自己批判としても、そして同時に日本の植民地の文化の未開性と日本の優位性を示す枠組としても参照されていた。[7] 音楽に関しては、後者のアプローチは台湾や南方の原住民による芸能が「原始芸術」としてしばしば言及される点に表れている。[8]

だが、殊に近代以前の日本音楽史上、大陸文化が長きにわたって多大なる影響力を発揮し続けてきたことは紛れもなく、中国の音楽を「原始的」と見なしても、劣位に位置づけても、乱脈を極めることは明らかであっただろう。そこで音楽分野で中国に対する優位性を示すために訴えられたのは、「米英音楽への傾倒による中国音楽界の危機」と「中国の伝統音楽の調査・保護の必要性」である。たとえば音楽評論家の塩入亀輔は、伊澤修二や鈴木米次郎により中国から日本への音楽留学が促されたものの、その後の中国では「米系音楽家が支那楽界のイニシアチーヴを握つてゐる」ことを問題視し、「支那全体の音楽的開発は我我の手に委せられなければならない」と語気を強めている。[9]「西洋かぶれ」で「中国音楽について無知」な中国の音楽家たちを導くことを、彼らより中国音楽に精通している日本人の音楽家や研究者の使命だとするような語りは実によく見られる。そしてこうした中国の文化の固有性を尊重する姿勢を示すことは、抗日感情の抑制にもつながると考えられたのである。

以上のように、圏内共通の文化的特色と、各地域固有の文化的特色とが、同時に議論の俎上に載せられていた。しかし、類似性と相違性のそれぞれを強調する議論は相反するものではなく、時局に即したイデオロギーへと並行的に回収された。その典型と言えるのが、国際文化振興会理事の黒田清が「マレーの土人の民謡レコード」を日本人の外交官に聴かせたところ、鹿児島の民謡そっくりだと言われたという体験談である。「外国人の音楽研究者が一ヶ月でわかるものが、われわれには一度聴けばぴつとくるものがある。そこがいはゆる普遍性なんだ」「血のつながりがそこにあるといふのだ。同胞感といふか、共通の一つの観念がある。これが普遍性ですよ」と黒田は続ける。[10] すなわち「特殊性の中から普遍性を見出す」必要があることが訴えられていたわけだが、そのレトリックで鍵語となった「親善」について、公演や楽曲の具体例から以下検討していく。

二、移動する日中文化人たちと「親善」

本節では、「抗日戦争」下の中国との友好性を強調するという屈折したプロパガンダを展開するに至った日本において、「日支・日満親善」を旗幟に音楽公演が行われた事例に着目する。その公演内容は主として①映画スターの来日歌謡ショー、②民族芸能・音楽の公演に分けられる。前者の例としては、一九四一年の李香蘭来日公演に際する「日劇七回り半事件」が名高い。李香蘭は度々来日しているが、一九三八年の初来日の折には「日満親善女優使節」として満映女優孟《もう》虹《こう》と『エノケンの西遊記』（一九三八年十月、日本劇場）および「満洲資源博覧会記念余興大会」（同二十〜二十九日、日本橋高島屋）に出演し、日満の歌謡や舞踊、満州武術を披露した。こうした喜劇役者とのアトラクションに中国人スターが登場する例はしばしば見られ、中華電影の女優・汪洋《おうよう》も、日華文化工作を題材とした喜劇『上海のロッパ』（一九四一年七月、東京宝塚劇場）の舞台に立っている。

出演者はスターに限らず、同じく古川ロッパ一座の新作公演『髭のある天使』（一九四一年四月、日比谷有楽座）には興亜新劇団なる団体が参加しているが、これは一九三九年に宣撫官の働きかけで山西軍の捕虜を中心に結成された団体で、漫才や芝居を現地で披露していた。中国人捕虜を役者として出演させるよう陸軍から要請があったことで、「元抗日第八路軍将兵及び姑娘《クーニャン》」による団体という触れ込みで古川ロッパの舞台に参加することになった。物語には次節で触れる「親善映画」と同様の傾向が見られ、抗日感情を持つ中国人姉妹が、息子を亡くしながらも負傷した中国人兵の手当をする日本人医師の姿に心を打たれるという内容で、日本語での演技を含んでいた。[11]「抗日捕虜」が日本人観客のために、抗日感情の払拭を描いた芝居を演じること自体に宣伝効果があると期待されたのであろう。

前節で中国の伝統音楽の調査・保護が対満支音楽工作において重視されていたと述べたが、日本人に中国の音楽・芸能を紹介する活動もまた「親善」政策の一環として文脈化される傾向にあった。そもそも一九二四年の梅蘭芳《メイランファン》来日公演を主催していたのも「日支親善協会」なる団体であり、第一次世界大戦を契機として「日支親善」論が隆盛して以降、来日公演が「親善」と結び付けられるようになったと考えられる。そして日中戦争の勃発以降も、中国から舞台関係者が来日し親善公演を開催した例が見られる。その公演内容は多岐にわたり、一九三八年には満洲の大同劇団が新興演劇を紹介するために四十五名で来日し、獅子舞、龍頭舞、汗船、高脚踊が採り入れられた『王属官』（牛島春子作、藤川研一脚色）、『国境地区』（長谷川濬作、藤川研一脚色）を宝塚中劇場で上演している。「ヴァラエティ式に構成されてゐるので、日本人にもよく分るようになつて居ります」と紹介されているところから、公演をつうじて日本人観客が中国文化を理解することが企図されていたと推察される。(12)

その他一九三九年に「日支芸術親善の使命を帯びて」来日し、日比谷公会堂で「日支芸術交歓の夕」を開催、各都市で「親善公演」を行った北京舞楽院の「訪日舞芸使節団」や、(13)一九四〇年に同じく日比谷公会堂で「日支親善のため」、東京市の後援のもと一般市民に向けて「支那国術と雅楽の会」を開催した青島学院の学生一行など、(14)「親善」を大義とした公演が散見される。同年には「華南音楽使節団」なる団体も「楽壇の日支親善のため広東からはるばる」入京したと報じられた。「和平救国隊」の楽師や歌手、小学校女教員二名の計十名からなるこの団体は、南支軍報道部宣伝部員を団長とし、十日間の滞在中に「わが楽界と交歓しこの演奏はレコードにをさめて南支の抗日歌を電撃しようといふ」。(15)抗日運動に対抗して「日支親善」を実現する目的で、両国音楽界の交歓がアピールされていたことが窺える。

それでは、「親善」の名のもと音楽使節が日本から中国へ派遣された場合には、どのような音楽が届けられたのであろうか。一九三八年十一月、興行師の松尾國三が「日支芸術親善の方法研究と、その準備のため」中・南・北支を訪れることが報じられた。新聞記事は、さらに菊五郎、羽左衛門らを芸術使節として大陸へ派遣する計画を進めていると記す。(16)興行師としての松尾は、戦前より一九一九年の満洲・アメリカ歌舞伎公演、一九三〇年の市川猿之助訪中公演、一九三一年の梅蘭芳来日公演、一九三五年の歌舞伎渡米公演、一九三五年の羽左衛門らの満洲巡業(17)など数々の海外公演を実現させた実績を備えていた。

いわゆる伝統芸能ばかりでなく、クラシック畑の音楽家たちの中国への渡航も少なくない。先に山田耕筰の漢口従軍に言及したが、翌一九三九年にはテノール歌手の藤原義江とピアノ伴奏の加納和夫が、「在支皇軍将兵慰問と日支文化提携親善の音楽使節」として上海・南京・青島・天津・北京各市に派遣され、独唱会を開催した。(18)藤原はさらに一九四二年四月にも日本人・中国人の双方を聴衆とした演奏会を成功させたことで、「日華音楽親善の実を挙げた」と評価されている。学校規模での渡航例もあり、東京音楽学校校長の乗杉嘉壽が職員・生徒一三〇余名を引率して、満洲建国十周年慶祝会派遣の音楽使節団として満洲七都市で二十三回の演奏を行った。乗杉は帰国後に「張総理も日本音楽は五族協和の真髄だと感嘆して下さいました、献上した〝満洲大行進曲〟は非常な好評で満洲音楽文化の資料になるといつて向ふの音楽界で研究が始められた位です」[19]と成果を報告している。西洋音楽の語法で書かれた日本人作曲家による作品もまた、「親善」を深める媒体として位置づけられていたのである。

以上のような催しにおける「親善」は、概ね①日本人と中国人が同じ舞台で共演する、②中国人が日本人に向けて公演する、③日本人が中国人に向けて公演する、④日本人と中国人が同じ音楽をともに聴く、といった条件によって裏付けられていた。一見すると両者の文化的交流を狙いとしているように思われるが、日本人によって企画された日中共演は、対国内プロパガンダに有効な物語中の「更正する敵役」、あるいはステレオタイプ的なエキゾチックな他者としての役割を中国人出演者に担わせる傾向にあり、対等な立場での交流とは言い難いことがわかる。

三、歌う「親善大使」

そもそも戦時下の日本の文化政策における「親善」の方針は、対満洲政策に関する研究において特に取り上げられてきた。中でも注目されるのは主に満映で製作された「日満親善映画」であり、マイケル・バスケットは「親善」という概念が「日中間の相互理解という側面よりも、日本が〝皇民化〟促進を通じて文化的、言語的な差異を消去したという側面を強調する」と述べる。[20]「日満親善映画」では、抗日感情を持つ中国人が日本人との接触により「誤解」を認めるという、バスケットが「変容啓蒙」と称する展開が散見される。[21]ここからは、帝国主義的アイデンティティの構築を狙いとしていた「親善映画」において、実質的に描かれたのは「支配／服従」の構図だということが明らかである。[22]

そしてそのような映画で「日本人に従順な姑娘」を演じた代表的な女優が李香蘭であることは、改めて述べるまでもないだろう。さらに当時から現在に至るまで、彼女がしばしば日満の「親善女優」「親善大使」などと称されてきたことは、「流暢な日本語を話す中国人」と見なされていたことと不可分である。しかし戦時下でその流暢さは、友好的態度の表れというよりはむしろ、日本ないし日本語の優位性の証左と受け止められた。彼女自身が、一九三八年十月に「日満親善女優使節」として孟紅とともに来日した時のことを、後年次のように振り返っている。「「日本語、うまいぞ」という声がかかったりしたが、私はむなしかった。〝中国人〟が、日本語を話し日本の歌をうたうのを聞いて日本人は優越感にひたっている。」[23]戦時下の文化実践におけるこのようなバイリンガリズムの問題について、「日本語で歌う中国人」という観点から考察してみたい。

「大東亜共栄圏」における日本語の普及というと、植民地日本統治下の台湾・朝鮮において同化政策・皇民化政策の一環として、現地言語の抑圧と日本語の強制が行われたことは周知のとおりである。これに対し、中国あるいは南方における日本語教育は外国語教育として進められており、その政策については駒込武の研究に詳しい。[24]華北では一九三八年八月に初等学校のカリキュラムに日本語の授業が導入され、文部省の主導によって一九四一年二月から中国向けの日本語教科書が順次発行された。一九四三年十二月以降は、東南アジア向けの日本語教科書も出版されている。

この日本語教育の推進は、無論日本語をアジアにおける支配的な言語にすることを目的としていた。太平洋協会で理事を務めていた外交官の笠間杲雄は、オランダ領インドでは社会的階級が三分され（上位から欧米人と日本人／支那人とアラビア人／土民）、オランダ語を語る土民やマレー語を語る日本人は奨励されない、つまり階級と使用言語は不可分であってその越境は許容されていないことを指摘する。さらに笠間は、文化工作における原住民への日本語の強要には慎重な態度を見せながらも、日本語が大東亜共栄圏のリンガ・フランカになる時代がくるに決まっていると断言する。[25]こうした言語帝国主義は音楽にも如実に現れ、日本語教科書と同様に、日本語の歌詞をつうじて日本語教育とイデオロギー教育を同時に実現することが目論まれていた。たとえば中国向けには、金川文楽が「日本音楽の特徴を活かしてカタカナに節を付け支那民衆に日本語を教へてはどうかと考へついた」のを機に、一九三八年に文部省と陸軍省の後援によってレコードが製作された。このレコードはA面では言語学者の神保格が正しい発音を吹き込み、B面では童謡歌手のダン道子がアイウエオの歌をメロディに乗せて歌っており、その狙いは「日支真の提携」であった。[26]

こうした言語政策の成果物のひとつとも言えるのが、「親善」を大義名分とした、中国人歌手の日本語による歌唱なのである。たとえば、「日満支親善歌」という名目で一九四〇年十一月にコロムビア・レコードから発表された《興亜三人娘》[27]は、その名のとおり各地域を代表する奥山彩子(日本)、李香蘭(満洲)、白光《はくこう》(支那)の三名の女性歌手により録音された。サトウ・ハチローによる歌詞はすべて日本語であり、まず三人が一番ずつ独唱する。奥山彩子が「色も香りも芳し優し菊の花」、李香蘭が「夢にさえ浮べて嬉し蘭の花」、白光が「霜を受け雪を潜りて梅の花」と、日満支をそれぞれ菊・蘭・梅にたとえ、最後に三人で「三つの花寄り添い共に手を取りて」と合唱する。日本を代表した奥山彩子は愛国歌謡の作編曲でも知られる奥山貞吉の娘で、《大政翼賛の歌》(一九四二)や《楽しい奉公班》(一九四三)、《勝利は翼から》(一九四四)といった楽曲を吹き込んでいる。「支那」を代表し、「日支親善大使」と謳われた白光について、以下で詳しく見ていきたい。

北京出身の女優である白光は、「日支親善映画」として公開された『東洋平和の道』で銀幕デビューを果たした。その公開にあたり、監督の張迷生ならびに共演者の仲秋芳、光李明、徐聡、李飛宇、張稽租とともに一九三八年二月に来日している。[28]この折には翌月発売のビクターレコード《四海大同》および《蘭英の歌》に挿入される、中国語の台詞の録音も行った。二曲いずれも佐伯孝夫が作詞、江文也が作曲を担当し、前者は波岡惣一郎、後者は四家文子が独唱を務めた。前者にはともに来日した仲秋芳も参加している。白光は同年七月、北京臨時政府新民会のレコード《新民会歌》《新民婦女の歌》《新民少女の歌》の吹込をし、新民会の給費生として声楽を学ぶ目的で再来日した。当時既に名声を得て後進の指導にあたっていたオペラ歌手の三浦環に弟子入りすることになり、九月に三浦環歌劇学校へ予科生として入学した。

同年十月、白光は学費の工面が難しくなり、外務省文化事業部に援助を求めるに至ったが、現存する「学費補助御下附願」を紐解くと、「斯くては私の折角決意して中日親善の為めに音楽を通して努力せんとする目的も挫折することに相成」と書かれている(傍点筆者)(**図1**)。ここからは、白光が外務省からの学費援助を受けるに相応しいことをアピールするために、「中日親善」への寄与が留学の目的であると強調しているのがわかる。

結果的に文化事業部の給費生としての受け入れが発表された翌年三月二十七日、白光は師である三浦環の十八番のオペラ《蝶々夫人》の日比谷公会堂公演に出演していた。その模様は新聞で「可憐なお雛妓に扮した姑娘」と報じられ、日本髪の鬘に簪姿で微笑む白光の写真が紙面を飾った[29](**図2**)。《蝶々夫人》に登場する日本人女性は無論、西洋のまなざしでカリカチュア化された日本人像であるが、それでも「日本

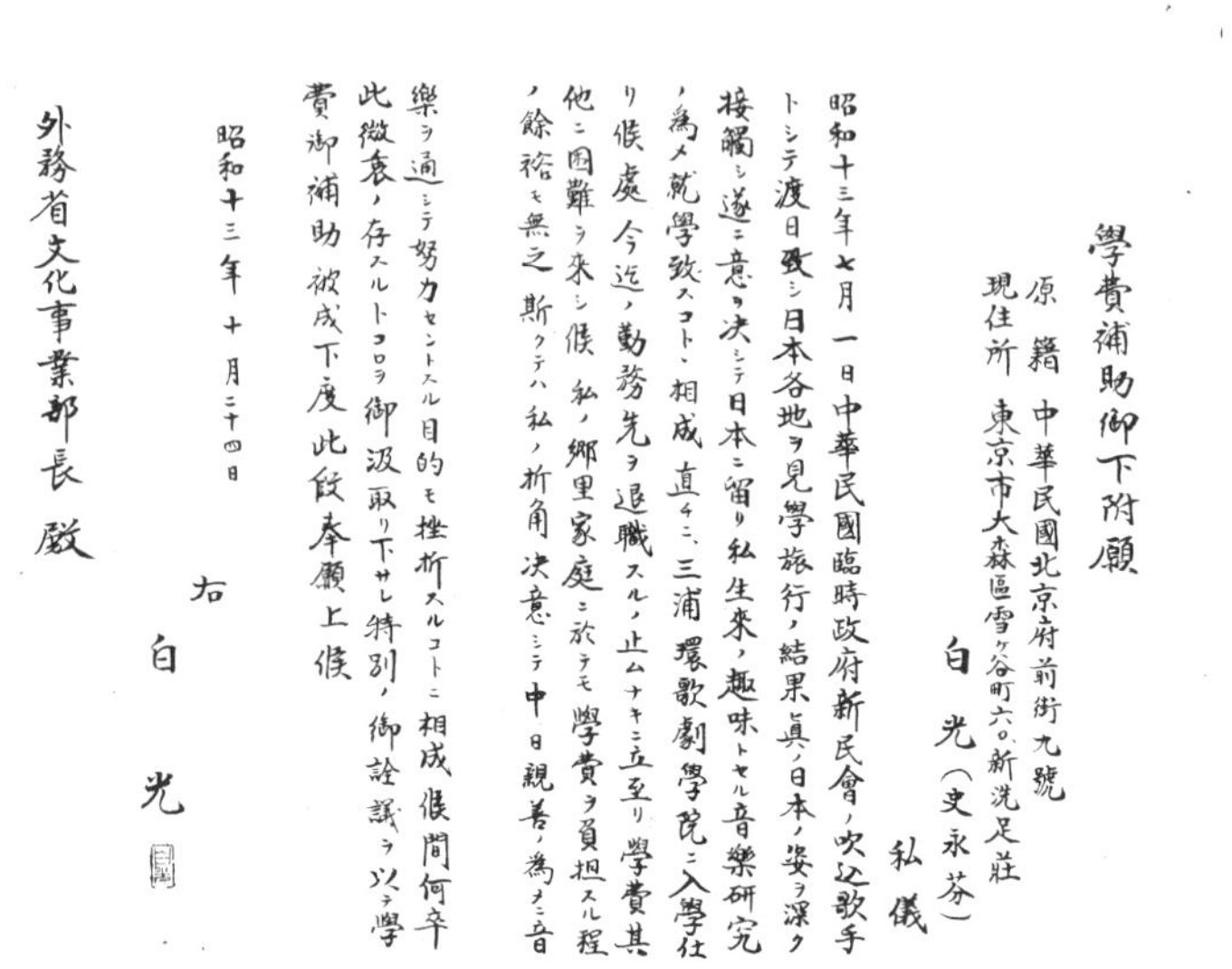

學費補助御下附願

原籍　中華民國北京府前街九號
現住所　東京市大森區雪ヶ谷町六〇〇新洗足荘

白光（史永芬）

私儀

昭和十三年七月一日中華民國臨時政府新民會ノ吹込歌手トシテ渡日致シ日本各地ヲ見學旅行ノ結果眞ノ日本ノ姿ヲ深ク接觸シ遂ニ意ヲ決シテ日本ニ留リ私生來ノ趣味トセル音樂研究ノ爲メ就學致スコトヽ相成直チニ三浦環歌劇學院ニ入學仕リ候處今迄ノ勤務先ヲ退職スルノ止ムナキニ立至リ學費其他ニ困難ヲ來シ候私ノ郷里家庭ニ於テモ學費ヲ負担スル程ノ餘裕モ無之斯クテハ私ノ折角決意シテ中日親善ノ爲メニ音樂ヲ通シテ努力セントスル目的モ挫折スルコトニ相成候間何卒此微衷ノ存スルトコロヲ御汲取リ下サレ特別ノ御詮議ヲ以テ學費御補助被成下度此段奉願上候

昭和十三年十月二十四日

右　白光

外務省文化事業部長　殿

図1　白光から外務省文化事業部長に宛てた「学費補助御下附願」（1938年10月24日、国立公文書館所蔵）

人女性を装う姑娘」という一種の「擬態」を示唆する事例と見なせるだろう。

白光は一九三九年五月にはコロムビアに専属歌手として迎えられたが、学業も継続している。奨学金更新のために外務省に提出した履歴書（国立公文書館所蔵）によると、彼女は三浦環歌劇学校予科二年まで進み、同校が廃校になってから一九三九年九月に東京音楽学校の選科に入学し、四一年の三月まで在籍したことが窺える。白光はAK（東京中央放送局）国際部嘱託として海外放送の「支那語アナウンサー」も務めることになり、ラジオの歌謡ショーにも出演しているので、そのプログラム例を見ていきたい。

まず、一九三九年七月五日に出演した全国放送の独唱プログラムを取り上げる。演奏は東京放送管弦楽団、指揮は北

図2　《お蝶夫人》の衣装を身につけた白光（「芸道精進の姑娘が外務省異例の給費生」『読売新聞』1939年3月28日、朝刊7面）

村輝が担当した。番組についての記事ではプロフィールが紹介され、白光は全六曲のうち二曲、《われを呼ぶ春》(対支放送あり)と《支那の夜》は日本語で、残り四曲、《燕雙飛》、《漁光曲》、《紅梅》、そして《憶故郷》は中国語で披露した。最後の《憶故郷》は白光自身が作詞をしており、任光の作曲による(**図3**)。

　また、一九三九年八月二十三日に出演したAKBK(BKは大阪中央放送局)ラジオ特番「出征家族慰安の夕」は、視察

図3　ラジオ収録現場での白光(中央。左は奥山彩子、右は鈴木芳枝と推測される)(1939年7月5日、Ⓒ文藝春秋/amanaimages)

見聞談や特派員の取材を元に制作された歌謡ショーであり、新京・南京でも放送された。全四景で演奏は前月と同じく東京放送管弦楽団、作編曲と指揮は万城目正が務めた。白光が出演した第三景「軍医と子供」は「北支に出征し最近帰還した宮田重雄医学博士をモデルにした」もので、中支宣撫医療班の軍医と姑娘の交流を描く。軍医は「支那」の子どもに治療をしたり、日本語を教えたりと積極的に関わる。白光演じる姑娘の李花が治療のお礼に中国語で《何日君再来》、日本語で《支那の夜》を歌う、という筋書きである。(30)

　この年の十二月十九日には、BKの全国および対支放送にも出演している。このプログラムは三部に分かれており、それぞれA 軽音楽「支那楽集」、B 講演「皇道文化と王道文化」、C 日支語の歌謡曲、となっている。大阪新管絃楽団によって演奏された軽音楽の部では、曲目に京劇の《活捉三郎》、《嘆烟花》、《将軍令》、《茉莉花》、《十二紅》といずれも中国でよく知られた楽曲が選ばれてオーケストラ版に編曲されている。講演は大阪商業大学教授の田崎仁義が担当し、中国語通訳がつけられた。そして「日支語の歌謡曲」はすべて白光の独唱で、「国民歌謡(邦語)」として《愛国の花》、《ふるさとの》、「歌謡曲(北京語)」として《憶故郷》、《涙の胡弓》、「歌謡曲(邦語)」として《いとしあの星》、《北京娘》

の六曲が歌われた。[31]

さらに同月二十七日、コロムビアが「歌謡組曲〝北支行〟」という全国放送プログラムを製作している。これは北支蒙疆視察から戻ったコロムビアの高橋掬太郎が作詞したもので、羽田を出発し北京、天津、山東省、山西省を経て蒙古に向かう旅程を歌で表現する。阿部武雄が作曲・指揮、東京放送管弦楽団が演奏、独唱は白光の他、伊藤久男、松平晃、渡辺はま子が務めた。この中で白光は《馬車にゆられて》と《アジアの子供》の二曲を歌っており、後者は「第一節と二節を支那語で独唱する」ことが付記されている。[32]

白光が出演する際には、このように中国語と日本語それぞれでの歌唱が含まれる場合が目立って確認できる。そして《興亜三人娘》に半年ほど先立つ一九四〇年五月には、《何日君再来》《夜来香》《毛毛雨》《漁光曲》の中国語独唱レコードが発売されている。ここで国立公文書館に所蔵されている、学費補助申請の際の各種書類を参照してみると、そこには履歴書の他、三浦環歌劇学校および東京音楽学校の各校長の名で発行された成績証明書も含まれているため、白光が各学校で学んでいた科目もわかる。[33] 一九三九年三月二十七日付の三浦環歌劇学校の成績証明書では、全八科目（声楽・西洋舞踊・日本舞踊・楽典・音楽史・ピアノ・日本語・操行）のほとんど「甲」、日本語のみ「乙」とあり、白光が日本語に少なくとも母語のようには習熟していなかった様子が垣間見える。《興亜三人娘》に話を戻すと、三人娘のうち唯一の中国人であった白光の歌唱からは、確かに中国語アクセントがはっきりと聞き取れる。それでも白光が日中両言語での歌唱を求められ続けた背景には、母語である中国語と（実際は日本人であった李香蘭ほど）「流暢すぎない」日本語のバイリンガリズムが歓迎されたのではないかと推察される。

ここで参照したいのが、輪島裕介の提唱する「カタコト歌謡」という分析カテゴリである。輪島は「カタコト歌謡」を「非母語話者の話す言語的特徴を伴って歌われる日本語歌謡」と定義し、「役割語」を用いたパフォーマンスと見なす。[34] 先行研究で戦前の事例として扱われているのは、専ら英語アクセントで歌われる日本語ジャズ・ソングであるが、それとは異なる文脈で中国語アクセントの日本語による歌唱も行われていた。白光の《興亜三人娘》もそうした例の一つと位置づけられる。日中戦争期という時期を考慮すると、中国人歌手が（カタコトの）日本語で歌う行為そのものが、とりわけ日本人の聴き手にとっては言語的支配を含意したであろう。さらにそのアクセントは、歌い手の未熟さを演出するとともに、エキゾチシズムをも喚起しうる。

日本語・中国語どころか朝鮮語での歌唱までもこなし、時に多国籍性と結び付けられてきた類のない存在である李香蘭とは異なり、音楽・語学ともに日本人から学び続ける中国人として活動した白光は、いわばその「擬態の不完全さ」ゆえに、李香蘭とは別の形で日本にとって都合のよい「日支親善」を象徴したとも考えられよう。

四、歌われる「中国」

一方、中国を題材とした日本語歌謡の歌詞内容を検討すると、主として①五族協和や大東亜共栄圏といったイデオロギー、②戦功や軍人の讃美、③異国文化としての現地の風俗への憧憬、④日本人と中国人との交流が目立つ。これらはしばしば一つの曲中に同時に表れており、ここでも同一化と差異化の欲望が錯綜していることがわかる。そしてそれらの多くに通底しているのも、「親善」の物語である。たとえば、「李さんも王さんも　みんな日本が大好きよ　私も日本が大好きよ　お嫁に行くなら日本へ　だけど私はチャイナ娘」（《支那娘の夢》（一九三九））や「もののわかった日本と皆で仲良く手を取って　平和な支那になるように　一生懸命やろうかね」（《李さん王さん》（一九四〇））というように、歌詞内に登場する中国人が日本への好意を示したり、「日の丸翳して皆来たか　支那の可愛い子供達　教えてあげた君が代を　ここで歌って別れましょう」（《別れの君が代》（一九三八））や「ついて来るなと叱ったものの　支那の子供のいじらしさ　飯よ飯よで飯盒の飯を　分けて与えてふと見れば　国の誰かに似た笑顔」（《黄塵》（一九三九））、「砲撃戦のその後で　拾った支那の幼子よ　慣れぬ手つきで抱き上げりゃ　懐く髭面不精面」（《戦場の幼な子》（一九三九））などと、日本人が中国人に（特に日本兵が中国人の子どもや姑娘に）親愛の情を抱いたりする様子が描かれる。中国人が日本人から教えられたり与えられたりするものを享受する描写をつうじて、日中が日本人優位の友好関係にあり、そして日本人の存在を中国人が積極的に受け入れているという物語が強調されているとわかる。

続いて、歌詞で使用されている言語について考察を進めたい。李香蘭映画を分析する上で、松本ますみは国民学校初等科の教科書の「大東亜戦争は一面にことばの戦争です。ひとたび占領地にいれば、ことばが通じないかぎり、手も足も出ません」という文言を引いて、「占領地の日本語堪能で従順な女性」の重要性を指摘する。加えて、「日本人観客にとっては、李香蘭の完璧な日本語によって、日本と被占領地の人々の心が通じ合っているという幻想を持つことができた」とし、「「支那語」しか喋らない支那女性はいかに御しがたい潜在的な脅威であったのか、ということが示唆される」と述べる。[35]

「支那語しか話さない支那女性」の脅威は、前節で取り上げたようなバイリンガリズム志向の要因となったと考えられるだろう。他方で、確かに日満親善映画で描かれるヒロイン像は上記のような日本人にとっての現地女性の理想を表しているが、単にコミュニケーションの円滑という問題を考えるなら、日本人が「支那語」を操ることでも成立しうるとも言える。それでも「日本語を話す支那人」像に比して「支那語を話す日本人」像が積極的に描かれなかった背景は、中国文学・語学を専門とし当時東京帝国大学教授を務めていた竹田復による次の記述で説明できるだろう。

> 支那語を聞く機会に乏しい人々は、支那語の放送を耳にすると、思はず笑ひ出すさうである……虚心坦懐に支那語を聞いてみれば決して滑稽な言語と思はれる筈はないのである。それが間抜けて可笑しく感じられるといふのは我国人が一般に、何とはなしに支那といふものに対して、先入的侮蔑感を懐いてゐる結果と断言することが出来るのである。（竹田復「支那語の必要を勧奨す（3）音楽的な発音法」『東京朝日新聞』一九三八年三月五日、朝刊七面）

こうした「支那文化・支那語蔑視」を体感した経験のある李香蘭は、先に触れた親善使節としての来日の際に、パスポートから日本人であることが判明して警官から「日本人は一等国民だぞ。三等国民のチャンコロの服を着て、支那語なぞしゃべって、それで貴様、恥ずかしくないのか」と謗られたことを回想している。[36] この逸話からは、日本語を話す中国人は歓迎しながら、中国語を話す日本人に対しては不寛容な態度が露呈している。

しかし先の竹田の文章は、そもそも日本人に「支那語学習」を奨励することを意図したものであり、その背景にあったのは中国語への無関心ではなく、軍用・商用のコミュニケーションに過度に特化された不正確な中国語の濫用であった。この頃、在中日本兵や満洲に渡った開拓移民らによって現地の人々との日常会話で用いられていたのは、中国語風に発音される日本語／日本語風に発音される中国語の混合語である一種のピジン語で、「日支合辯語」と呼ばれる。実際に同時期の日本語の歌には、日本人の歌い手が部分的に中国語の単語を交えて歌う事例が多数見られる。まず、中国の流行歌が日本語の歌詞で歌われる場合には、サビの部分や楽曲タイトルの文言を歌う部分は中国語（あるいは「中国語風」）の発音が採用されることが少なからずある。たとえば、《何日君再来》の「何日君再来《ホーリーチンツァイライ》」や、《夜来香》の「夜来香《イエライシャン》」という箇所は、どの日本語版でも中国語の発音に即して歌われるのが慣例である。

さらに、日本で作られた中国を題材とする日本語楽曲においても、中国語由来の単語が頻出する点に着目したい。そのような「中国語混じり」の日本語の楽曲では、特に「クーニャン（姑娘）」（《若いチャイナさん》（一九三九）、《北京娘》（一九四〇）、《泣くな姑娘》（一九四〇）、《満洲旅路》（一九四〇）、《黄河の夢唄》（一九四一）、《たそがれの北京》（一九四一）、《花の広東航路》（一九四一））や、「マーチョ（馬車）」（《満洲娘》（一九三八）、《ハルピン旅愁》（一九四〇））といった、当時既に満洲唱歌などでも馴染みのあった単語がよく聞かれる。その他にも「ワンポーツ（黄包車）」（《若いチャイナさん》、《走れ黄包車》（一九三九））、「インチュンホワ（迎春花）」（《満洲娘》）、「カイカイデ（快快的）」（《北京高脚踊り》（一九三八）、《北京覗き眼鏡》（一九三九）、《思い出の支那街》（一九三九）、《北京夜となれば》（一九四〇））、「ジャンク（戎克）」（《支那の夜》（一九三八）、《雨の上海》（一九三九）、《漢口航路》（一九三九）、《ジャンクに乗って》（一九四〇））など、概して「大陸メロディ」として言及されるこの時期の楽曲で、多くの中国語が歌われていることを確認できる。加えて、「ツァイライイポンユウ（再来朋友）」（《北京娘》）、「ニイライライ（爾来々）」（《若いチャイナさん》）、「ミンテンチェン（明天見）」（《夢の北京》（一九三九））、「アイヤ（哎呀）」（《想い出の支那街》（一九三九）、《白蓮のかおり》（一九四一））など中国語の短いフレーズも歌詞中に盛り込まれている。

その上、いわゆる「アルヨことば」のような役割語が歌詞として採用されている楽曲も見られる。例として、時雨音羽が作詞した《チンライ節》（一九三九）の歌詞を見てみると、サビで繰り返される「チンライ」とは中国語の「請来（来てください）」を指し、冒頭では「手品やるアル　皆来るヨロシ」と典型的な「アルヨことば」が使用されている。ほかにも「日本爆弾良く当たる　怖いアルな」（《支那の兵隊さん》（一九三七））、「これ娘アル　ポコペンな」（《兵隊床屋》（一九三八））、「うれしアルヨ　チャイナタウン」（《北京高脚踊り》）など、歌詞中に「アルヨことば」を話す中国人が現れる例は散見される。そればかりか、岡晴夫が歌う《南京の花売娘》の「少しおぼえた日本語　あなたありがとお花はいかが」という歌詞からは、「カタコトの日本語を話す中国人」をさらに演じる日本人、という主体の交錯をも見て取れる。これは前節の例と反対に、当時日本では劣位に位置づけられていた中国人への、日本人による「擬態」と見なすことができる。そして、たとえ歌っている当人に意図がなくとも、そうした表現は差別意識を内包する攻撃性を孕んでいる。日本人歌手がカタコトの日本語やアルヨことばで歌うことは、エキゾチシズムの演出のために中国人の発話を歪曲するような行為でもあったと言えよう。(37)

おわりに

ホミ・バーバは「植民地的擬態とは、ほとんど同一だが完全には同一でない差異の主体としての、矯正ずみで認識可能な〈他者〉に対する欲望」であるとし、被植民者がいかに植民者に近接してもそれはあくまでも擬態であり、一体化はしないということが、翻《ひるがえ》って両者のあいだの二項対立的な権力関係を脅かすと指摘している。(38) しかし帝国主義下の権力関係を背景とした文化的擬態は、必ずしもその二項対立を被抑圧者側から揺るがすためのものではなく、時としてその二項対立を強化する役割を課されたのではないか。

実際、中国人が日本語で歌うことは、中国人にとっての日本人の地位の奪取というより、日本人にとっての優位性の証左と捉えられた。本稿では中国人女性歌手が日本語で歌ったり、日本人の装いをしたりする事象に言及したが、中国人と見なされていた李香蘭は、中国語も日本語もあまりに流暢であるがためにその帰属が不明確になり、日中両国でエキゾチシズムを象徴したり、多国籍性と結び付けられたりしてきた。他方で白光のような中国人の歌い手は、中国語訛りのはっきり残る日本語で歌うこと、そして基本的に中国語の楽曲とセットで歌うことで、中国人としての出自が否応なく印象付けられ、むしろ差異が顕在化している。

帝国日本では特に、アジアの他国の人々によるカタコトでの日本語の発話は「未成熟さ」や「劣等性」を表し、その裏返しとして日本人に支配意識を感じさせた。日本人と日本人に擬態する中国人とのあいだでこのような明確な線引きがされたのには、満映の親善映画と同様、「従順な他者」としての中国人女性を支配することへの欲望が反映されていると考えられる。つまり、戦時下の「カタコト」の日本語での歌唱がアジア諸国の女性と結び付けられる傾向は、支配対象へのまなざしと不可分である。

それと同時に、日本語歌謡における中国人像として、日本語を学び語る中国人女性／アルヨことばを話す中国人男性というパターンが繰り返されていることにも留意すべきであろう。欲望の主体としての日本人と、欲望の対象としての中国人女性との関係が入れ子になっているのが、日本人によって「日本人に擬態する中国人少女・女性像」が歌われる例である。中国人女性がカタコトの日本語で話し、日本人を模倣する、という構図が日本人に向けて強調されている点は、どちらにも共通して確認できる。他方で、「アルヨことば」で話す中国人男性が描写される日本語歌謡には、黒塗りの白人が黒人を戯画的に真似るミンストレル・ショーと類似した差別の構造が内在している。すなわち、中国人男性を滑稽な存在として「去勢」するような表象であり、嘲弄的な擬態としてのモッカリ（茶化し）であると解釈できる。

「親善公演」のような機会では、時に両国スターがそれぞれの言語で地域の歌を披露するという形で「交歓」が実現されたが、中国人が日本語の歌を日本人の観客に向けて歌ったり、日本語で芝居を演じたりする演出が見て取れる。加えて、日本人によって作られたショーで、日本人にとって都合のよい中国人キャラクターを中国人が演じるという、「親善映画」と同様の構図も確認された。

また、中国から日本、日本から中国へ、それぞれの国の音楽を紹介する目的で催された「親善公演」は、土地固有の文化への相互理解を企図したものと言えるが、日本から中国へは、クラシック音楽家が「音楽親善」を目的として公演を行う例も見られた。その際には主に西洋楽器で日本人作曲家の作品が演奏され、「音楽を渇望している中国への土産物」というような意味づけで友好関係を強調した。

このように音楽実践や音楽をめぐる言説は、日中の「差異」を顕在化させながら日本の武力制圧を正当化し、優位性をアピールするプロパガンダと結びつく傾向にあった。そしてそれを婉曲にするレトリックとして、「親善」という文言が機能していたと言えよう。

注

（1）戸ノ下達也『音楽を動員せよ――統制と娯楽の十五年戦争』（青弓社、二〇〇八年）、戸ノ下達也・長木誠司編『総力戦と音楽文化――音と声の戦争』（青弓社、二〇〇八年）ほか。

（2）「たゞ壮大の一語　日支、魂の親和は音楽で」（『読売新聞』一九三八年十一月三十日）朝刊七面。

（3）中村秋一「バリ島の音楽と舞踊（上）」（『音楽之友』二巻六号、一九四二年）六四頁。

（4）松村道弥「音楽における第一義的なもの――満洲作曲家協会の出発に当たり」（『満洲藝文通信細目』二巻六号、一九四三年）四～八頁。

（5）拙論「「東亜」と「郷土」のイデオロギー――戦時下の音楽関連記事および音楽展覧会の考察から」（『JunCture 超域的日本文化研究』第九号、二〇一八年）六〇～七二頁参照のこと。

（6）中村秋一「南方共栄圏の舞踊（上）」（『音楽之友』二巻四号、一九四二年）六八～七二頁。

（7）田辺が進化論を日本音楽史の記述・研究に援用した背景に関しては、鈴木聖子『〈雅楽〉の誕生――田辺尚雄が見た大東亜の響き』（春秋社、二〇一九年）に詳しい。

（8）台湾原住民文化をめぐる「原始芸術」言説に関しては、松田京子『帝国の思考――日本「帝国」と台湾原住民』（有志舎、二〇一四年）に詳しい。台湾原住民の芸能に対するエキゾチシズムについては、拙論「博覧会の舞踊にみる近代日本の植民地主義――琉球・台湾に焦点をあてて」（『東洋音楽研究』七三号、二〇〇八年）二一～四一頁も参照されたい。
（9）塩入亀輔「北支文化工作と音楽」（『東京朝日新聞』一九三七年十二月二日）朝刊七面。
（10）「南方共栄圏の音楽工作 座談会」（『音楽の友』二巻四号、一九四二年）三〇頁。
（11）古川ロッパ『古川ロッパ昭和日記戦中編』（晶文社、一九八七年）。この公演の経緯に関しては、山本一生『哀しすぎるぞ、ロッパ――古川緑波日記と消えた昭和』（講談社、二〇一四年）一七八～一九六頁に詳しい。
（12）「寶塚ニュース　珍しくも満洲國新劇團「大同劇團」の来演」（『歌劇』二二四号）一七三頁。
（13）「北京から舞楽使節」（『東京朝日新聞』一九三九年三月二十一日）夕刊二面。
（14）「支那武術と音楽会」（『東京朝日新聞』一九四〇年九月十三日）夕刊二面。青島学院は日中共学の学校で、修学旅行のため生徒一三八名が創立者兼院長の吉利平次郎の引率で来日していた機会に催された。
（15）「広東から音楽使節団」（『読売新聞』一九四〇年五月二十一日）朝刊七面。
（16）「松尾氏渡支――日支芸術親善準備のため」（『東京朝日新聞』一九三八年十一月十二日）夕刊三面。
（17）一九三五年の満洲巡業に関しては、仲万美子「歌舞伎、文楽、能楽の大連公演（1935年）は誰によって鑑賞／支援されたか――現地刊行の新聞報道記事からみた分析」（『同志社女子大学総合文化研究所紀要』二八号、二〇一一年）一八～三四頁に詳しい。仲が参照している宝生重英の発言（「満鮮支各地の愛能家諸賢へ」（『満鮮謡曲界』二六号、一九三五年）三面）にも「日満関係は日と共に、緊密を加へ……両国の親善は弥が上にも重なりつゝある時に方り、私共は私共の道をもつて微力ながら一層この親善を強固ならしめたいとの念願を持ちまして遙々満洲を第一の目的として参上いたすことゝなりました」とあり、建国後の満洲における公演に際しても、やはり出演者が「親善」を公演の目的と捉えていたことがわかる。
（18）「テナー藤原渡支」（『東京朝日新聞』一九三九年三月三十日）朝刊一一面。
（19）「張総理からも激賞　満洲建国慶祝音楽使節還る」（『読売新聞』一九四二年八月三十一日）朝刊二面。
（20）マイケル・バスケット「日満親善を追い求めて」（玉野井麻利子編、山本武利監訳『満洲――交錯する歴史』藤原書店、二〇〇八年）二〇〇～二四七頁。
（21）このような物語展開のパターンが却って抗日感情を刺激した点については、晏妮『戦時日中映画交渉史』（岩波書店、二〇一〇年）や四方田犬彦『李香蘭と原節子』（岩波書店、二〇一一年）など多くの映画研究で言及がある。
（22）日本の「親善」政策の問題については、同時期の西洋諸国からも指摘されている。内閣情報部作成の『各種情報資料・各国新聞論調』では漢江陥落に対する英国の反響が紹介されているが、そこで取り上げられている一九三八年十月三十日付の『サンデー・タイムス』の記事によると、「日本の目的が支那占領乃至征服にあらずして、支那を更正して日本の指導保護乃至協力を受諾せしめ日支親善を押売するにあるを知るも、国民党指導下の新しき支那は、日本の覇権樹立に対し飽迄抵抗すべく、列強は新興支那が屈服せしめられんとするを拱手傍観して居る」とあり、「日支親善の押売」という文言からはこの親善政策がまやかしであると公然に認められていたことが窺える。

(23) 山口淑子・藤原作弥『李香蘭私の半生』(新潮社、一九八七年)一一九頁。

(24) 駒込武『植民地帝国日本の文化統合』(岩波書店、一九九六年)など。

(25)「南方共栄圏の音楽工作 座談会」(『音楽の友』二巻四号、一九四二年)二三頁。その他の出席者は石井文雄、枡源次郎、黒田清、箕輪三郎、堀内敬三。なお、外交官の笠間はイスラム文化に明るく、田辺尚雄・黒澤隆朝・桝源次郎ら音楽学者と共著で『南方の音楽・舞踊』(太平洋協会編、六興商会出版部、一九四二年)を出版し、「インドネシアの芸術」を寄稿している。

(26)「カタカナ音譜で大陸へ渡る日本語――力強いラヂオ体操調」(『読売新聞第二』一九三八年十一月二十三日)夕刊二面。金川文楽は、記事では「東京芸術協会理事」という肩書きになっている。五十音をメロディに乗せて教える方法は、アニメーション映画『桃太郎海の神兵』(一九四五)でセレベス島の子どもたちに日本語を教える場面で歌われる《アイウエオの歌》(サトー・ハチロー作詞、古関裕而作曲)にも確認できる。

(27) 作編曲は古賀政男。B面には同じくサトウ・ハチローの歌詞に服部良一が曲を付けた李香蘭のソロ曲《心に咲く花》が収録されている。また、奥山の父・貞吉の編曲による《軽音楽 興亜三人娘》(コロムビア・オーケストラ演奏)も翌年一月に発売されている。

(28)「支那スター等本社へ」(『読売新聞』一九三八年二月五日)第二夕刊二面。

(29)「芸道精進の姑娘が外務省異例の給費生」(『読売新聞』一九三九年三月二十八日)朝刊七面。

(30)「松井大将作の軍歌 陸の荒鷲ソ連機撃墜談 新京・南京からも放送の〝出征家族慰安の夕〟」(『読売新聞』一九三九年八月二十三日)朝刊六面。日本人軍医と姑娘の交流という設定は、のちに李香蘭がヒロインを務めた映画『蘇州の夜』(一九四一)に類似する。

(31)「北京の姑娘 白光、張秀霖が放送」(『読売新聞』一九三九年十二月十九日)朝刊六面。なお、張秀霖とは華文大阪毎日の記者で、「支那語の解説」を担当した。

(32)「歌謡組曲〝北支行〟目撃した北支蒙疆を作詞作曲」(『読売新聞』一九三九年十二月二十七日)朝刊六面。

(33) なお、東京音楽学校の一九四〇年四月十五日付け文書では、校長の乗杉嘉壽が外務省の成績照会に対して唱歌八五点、ピアノ六〇点と回答している。

(34) 輪島裕介「「カタコト」歌謡から近代日本大衆音楽史を再考する」(東谷護編『ポピュラー音楽から問う――日本文化再考』せりか書房、二〇一四年)四九頁。ここで研究対象とされているのは現在でも聴取可能なレコード歌謡であるが、残された録音から同時期のラジオやコンサートでもカタコトで歌われていたことは想像に難くない。

(35) 松本ますみ「日本語で話し歌う〈他者〉――李香蘭映画にみる〈東亜〉のジェンダーポリティクス」(『人文社会科学研究所年報』六号、二〇〇八年)九四頁。

(36) 山口淑子・藤原作弥『李香蘭私の半生』(新潮社、一九八七年)一一九頁。

(37) こうした楽曲の聴覚的側面については先行研究でも言及されているが(エドガー・ポープ「エキゾチズムと日本ポピュ

ラー音楽のダイナミズム――大陸メロディを中心に」（三井徹監修『ポピュラー音楽とアカデミズム』音楽之友社、二〇〇五年）、細川周平「戦時下の中国趣味の流行歌」（山田奨治・郭南燕編『江南文化と日本――史料・人的交流の再発掘』国際日本文化研究センター、二〇一二年）二七九～二八七頁ほか）、西洋で定着していた「中国」を表す作曲手法が援用される例が頻繁に見られる。たとえば、ザビア・クガート作曲の《Chino Soy》（一九三五）のメロディは、「中国」を表す記号として《支那ルンバ》（一九三六）、《姑娘可愛いや》（一九三九）などで繰り返し用いられている。銅鑼、16分音符四つ＋8分音符二つのリズム・パターンとペンタトニック・スケールを組み合わせたオリエンタル・リフも多用されているところから、紙誌を賑わせていた「各地域の文化的固有性の理解」についての議論は机上のものにすぎないようにさえ感じられる。他方で、たとえば渡邊浦人が作曲した管弦楽《満洲の子供》（一九四四）では、雅楽《越天楽》の旋律が引用されており、音楽ジャンルによって「中国」を表す聴覚的記号が異なることを示唆しているが、この点についての詳細な考察は別稿に譲る。なお、宝塚歌劇で制作された中国を題材とする舞台作品における聴覚的記号性に関しては、拙論「日中戦争期の新作レビュウにおける「中国」表象とその背景――宝塚歌劇を中心に」（『演劇研究』四〇号、二〇一七年）八七～一〇一頁も参照されたい。

（38）ホミ・K・バーバ、橋哲也・正木恒夫・外岡尚美・阪元留美訳『文化の場所――ポストコロニアリズムの位相』（本法政大学出版、二〇〇五年）一四八～一五九頁。

謝辞　写真の人物の特定に際し、小針侑起・保利透・毛利眞人の各氏にご協力いただいた。ここに記して感謝の意を表したい。

南方「皇軍」慰問――芸能人《アーティスト》という身体メディア

星野幸代

名古屋大学大学院人文学研究科教授。専門は中国文学、中台日比較舞踊史。主な著書に『日中戦争下のモダンダンス――交錯するプロパガンダ』（汲古書院、二〇一八年）、『越境する中国文学――新たな冒険を求めて』（共著、東方書店、二〇一八年）、『女性と闘争――雑誌「女人芸術」と一九三〇年前後の文化生産』（共著、青弓社、二〇一九年）などがある。

日中戦争期、日本占領区に駐留する日本軍の娯楽と士気高揚のため、日本／植民地の芸能人たちは陸軍省の後援で慰問公演を行った。本稿はそれらのうち、一九四二年に日本放送協会が東南アジアに派遣した「皇軍慰問」を当事者の証言から再現し、本来の目的以外に芸能人というメディアが伝え、受容したものは何か、考察する。

一、さまざまな「皇軍慰問」

慰問団派遣はじまる

一九三一年満州事変以降、中国の日本占領区では移住した日本人たちのために芸能人たちが巡業に来るようになった。人気漫才コンビであった横山エンタツ・花菱アチャコはその年のうちに大陸公演に出向いている。舞踊家としては石井漠が比較的早期の一九三四年に、新京で公演している。日中戦争勃発前は、対象は「国都の舞踊ファン」が主であったらしい。

一九三七年以降になると、日本国内で音楽・舞踊のコンサートには入場税が課せられ、実質公演が不可能なまでに値上げされた。さらに、芸能人は登録制になり、警視庁の許可の鑑札がなければ舞台に出られなくなった。

一方で、陸軍省、ラジオ局、新聞社等の企画・後援で、日本占領地域に駐留する日本軍の娯楽と士気高揚のため、「皇軍慰問」が奨励されるようになった。皇軍慰問は陸軍と海軍それぞれの恤兵《じゅっぺい》部が管轄し、その費用には国民から恤兵部

図1　古関裕而（作曲家（福島市古関裕而記念館提供））

への献金が当てられていた。恤兵部とは国民から寄付や献金を集める組織で、日露戦争の際に初めて置かれた。満州事変以来、国民からの恤兵金が盛んになったのに応じて、陸軍は改めてこれを設置したのである。

漫才師、芸術家など、「非常時」ではともすれば不謹慎と見られ、活躍の場が狭められた芸能人たちに活動する口実を与えたのがこうした慰問であった。また上述の通り、既に中国大陸や台湾での巡業に慣れていた芸能人たちは、国外に出ることに抵抗なく皇軍慰問にシフトした。皇軍慰問が盛んになって来ると、陸軍派遣の後ろ盾を得られるのは、ある程度有名で兵隊たちに受けが良い団体に絞られるようになった。

各ジャンルのプロによる芸能慰問団

二〇一七年NHKの朝の連続テレビ小説では、吉本興業をモデルとする「北村笑店」の演芸慰問団「わろてんか隊」が描かれた。実際は「わらわし隊」といい、一九三八年から一九四一年にかけて中国華北（当時日本での通称は「北支」）、華中（同「中支」）、華南（同「南支」）、台湾へ数回慰問に出向いた（早坂隆『戦時演芸慰問団「わらわし隊」の記録――芸人たちが見た日中戦争』中央公論社、二〇〇八年）。

後述の南方慰問に向かった芸能人たちも、それより前から盛んに中国大陸を慰問していた。古関裕而《こせきゆうじ》（一九〇九―八九）（図1）は一九三八年、コロンビア・レコードの後援で、華中を従軍して回っている。石井みどり（一九一三―二〇〇七）[1]は石井漠の内弟子時代、漠の中国・朝鮮巡業に同行した経験があった。独立後彼女は自分の舞踊団を率い、一九三八年四月北京、天津から慰問を始め、五月から六月にかけては大連、鞍山、撫順、奉天、新京、吉林、また朝鮮の京城の駐留軍を巡演した。彼女は、「たくさんの人に私の踊りを見てもらえるのですから、呼ばれればどこへでもまいりました。」と回顧している（石井みどり『よく生きるとは、よく動くこと』草思社、二〇〇七年)。

「たくさんの人」はどの程度であったのであろうか。江口隆哉(一九〇〇―七七)、宮操子(一九〇九―二〇〇九)夫妻の率いる舞踊団には、陸軍省の要請で四〇、四一年華南、華中の前線をまわった記録がある。それによれば、屋外のステージではしばしば数百人から一〇〇〇人以上の兵士たちが鑑賞しており、舞台人として非常に達成感があったという(溝端俊夫編『戦場のモダンダンス――江口隆哉・宮操子 前線舞踊慰問の軌跡』大野一雄舞踊研究所、二〇一七年)。

バラエティ・ショー化する慰問団

これらの慰問には、歌謡、落語、舞踊など一つの芸能ジャンルに特化した公演もあったが、専門の異なる芸能人たちによる慰問団も存在した。たとえば一九四〇年九月から十月にかけて、「皇紀二千六百年」を記念して「満蒙」と華南へ「聖戦記念特別演芸慰問団」が五、六陣に分けて順次送られた。この大規模な慰問団のスポンサーには松竹、日活、東宝、新興、大都など映画会社、吉本興業やレコード会社が付いていた。欧米の数多のオペラハウスにて「蝶々夫人」を歌った声楽家・三浦環(一八八四―一九四六)、日活女優の近松里子(一九一三―五〇)、巨漢俳優として知られた大岡怪童(一九〇一―?)と大山デブ子(一九一五―八一)のコンビ、歌手・音丸(一九〇九―七六)等、各界のスターが送り出された。舞踊家・貝谷八百子(一九二一―九一)の率いる慰問団は、これらの第一陣として華南地方に赴いている。

国内慰問も同様であったことが、舞踊家・島田廣(一九一九―二〇一三)の回顧からうかがわれる。

ぼくはどうせ兵隊になるなら、たんに鉄砲を撃つよりは報道班のほうが性に合っていると思ってそれに志願しました。で、自宅待機と言われてずっと待っていた。……僕は待機しながら頼まれて軍事工場の慰問によく行きました。漫才、手品、歌謡曲、バレエがいっしょになって、いまでいうバラエティショーですね。

(『日本バレエ史』ダンスマガジン、二〇〇一年)

このように、芸能慰問のジャンルはハイ・アート、サブカルチャーを問わずバラエティに富んでおり、それらを取り混ぜて慰問団を構成することも多くなっていた。

宮操子は「昭和一七年の終わりごろから輸送船の被害が急増し、私達は翌年から日本を出られなくなった」という(宮操子『陸軍省派遣極秘従軍舞踊団』星雲社、一九九五年)。その頃から慰問団の多くは外地でなく、島田が語るように軍事工場、陸軍病院などをまわり、国内の駐留軍、出征家族、遺家族などさまざまな観衆の前で公演を続けた。一方で、一九四四年十二月十八日、漢口大空襲を危なく免れた東宝舞踊隊（日劇ダンシング・チーム）のように、危険な中渡航を許可された慰問団も少数だが存在した。

二、「皇軍慰問演芸団」南方へ

慰問の必要性

シンガポール、ビルマ方面への慰問が始まったのは、太平洋戦争勃発後のことである。一九四一年十二月、日本は真珠湾攻撃の後、ビルマ独立義勇軍と手を組み、イギリス統治下にあったビルマへ侵攻した。日本軍のビルマ侵略の目的の一つは、連合軍が重慶の蒋介石政権を物質的に支援するためのいわゆる「援蒋ルート」、ビルマ北東部の国境から雲南に抜ける道を断つことにあった。一九四二年三月には日本軍はラングーンを占領、五月には援蒋ルートを遮断し、ビルマ全体を占領した。これとほぼ並行して、日本軍はシンガポールを侵攻、占領している。

日本軍の部隊は、そのまま中国南西部へ侵攻することはなく、怒江に臨む前線警護が主な職務となった。連合国軍は断たれた陸路の援蒋ルートに代わって、空路で重慶へ物資を運ぶことにした。ビルマ北西山間部の駐留軍は頭越しに中国軍の援助に向かう連合軍機を見ながら、一九四四年春まで二年近く、半ば手持ち無沙汰に警護だけの毎日を過ごすことになった。そのため、南方の皇軍慰問が相次いで組まれたらしい。

一九四二年夏の南方慰問団

本稿で主として扱う日本放送協会の慰問団のコースと比較するために、ビルマ占領後間もなく南方慰問に行った慰問団の概要を見ておきたい。これは陸軍省派遣・大阪毎日新聞社後援による楽団、歌手および前述の江口・宮舞踊団が結成した慰問団で、シンガポール、マレー半島、ビルマで公演した。彼らは一九四二年六月に東京を出発、台湾の高雄を経て七月にサイゴンで公演を始め、その後以下のようなルートをたどっている（図2）。

七月二十五日　シンガポールのホテル、病院で慰問。
八月十四日　ラングーン到着。病院慰問の後、汽車でビルマを北上する。
八月十七日　タウンギー
八月十九日　ロイレム
八月二十日　メイッティーラ、病院慰問。
八月二十三日　イェナンジャウン
八月二十六日　プローム。汽車でラングーンに戻る。
八月三十日　ラングーンを発つ。

九月から十月にかけて、スマトラ島―シンガポール―ペナン―北部マレー地方―クアラルンプール―再度シンガポール―ジャワ島バタビア（現ジャカルタ）―スマトラ島パレンバン―ジャワ島バンドン等で公演。

十一月初めシンガポールを発ち、十二月半ばに帰国。

このルートを同年秋の南方慰問団と比べると、ビルマ中部の都市メイッティーラ、イェナンジャウンまで同じである。

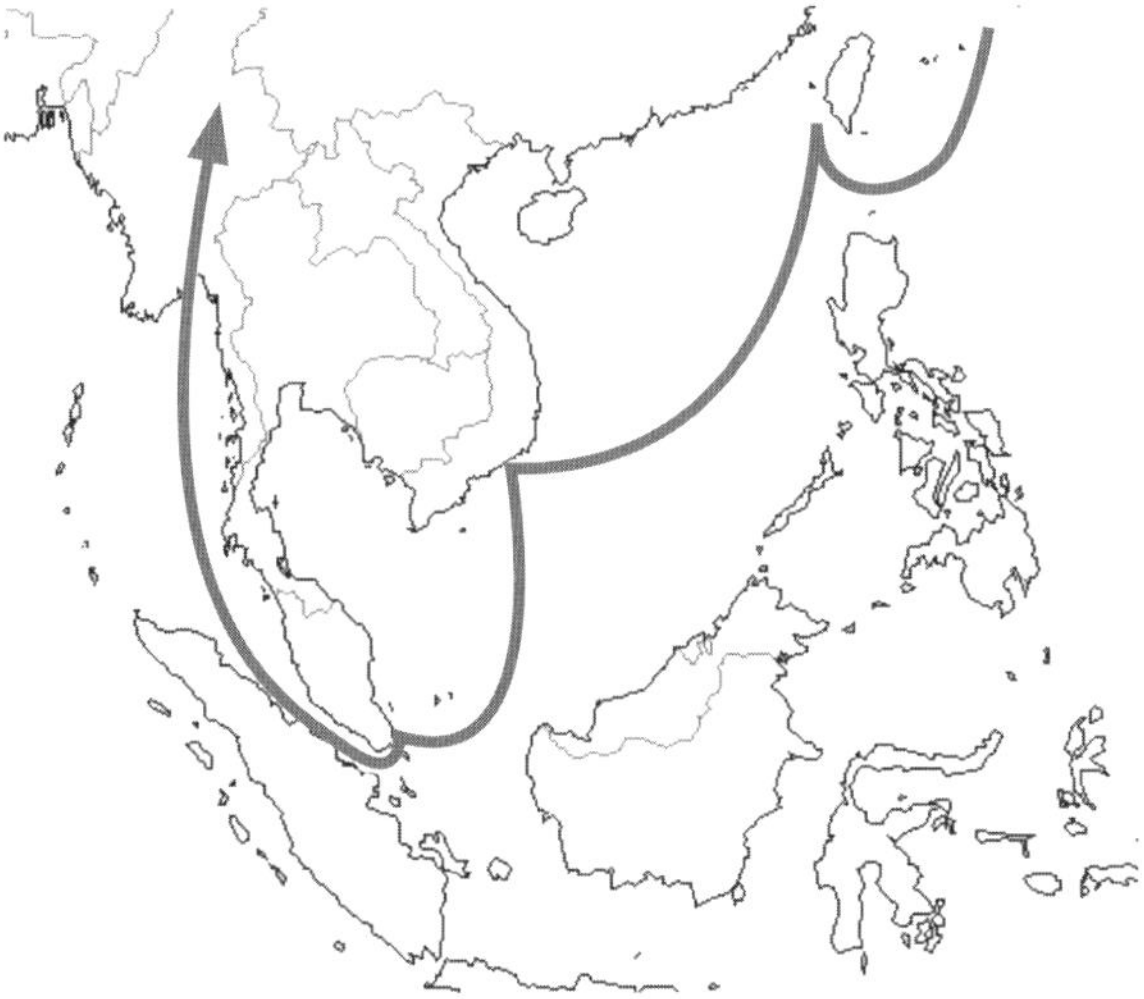

図2　南方公演の経路。1班、2班とも共通

江口・宮たちがビルマ中部までしか来なかったため、秋に来た慰問団の方は中部からビルマ北東部の奥地を抜け、中国雲南省の占領地まで慰問に来ることを求められたらしい。

一九四二年冬の南方慰問団

一九四二年秋の南方慰問団について、無声映画の弁士として一世を風靡した漫談家・徳川夢声（一八九九―一九七一）と石井みどりの手記に基づき、後藤康之が彼らのルートをおさえている。ただし、後述する通り夢声はシンガポールで胃炎のため脱落し、他のメンバーは二手に分かれ、石井は雲南省方面へは行かない班に属していた。後藤論文の主たる目的は鑑賞した兵士たちの軍事郵便の分析であり、外地での舞踊公演が兵士にもたらした慰問効果を考察している（後藤康之「戦地に舞う慰問舞踊――戦時下の兵士がみた女性舞踊家たち」『専修史学』五三号、専修大学歴史学会、二〇一二年）。

本稿では、浪曲師で文筆家としても定評のあった梅中軒《ばいちゅうけん》鶯童《おうどう》（一九〇二―八四）の手記と、当時は軍国歌謡「露営の歌」、「若鷲の歌（予科練の歌）」によって、また今日も甲子園に流れる「栄冠は君に輝く」等で知られる作曲家・古関裕而の手記、および舞踊家・古森美智子氏（古森美智子バレエ団研究所主催）の証言などにより新たにわかったことを加えてこの慰問団の動きを整理し、その意義を考察してみたい。(2)

図3　前田璣（新交響楽団（現在のＮＨＫ交響楽団）初代コンサート・マスター）（出典：『音楽世界』6巻2号、1934年2月）

「そうそうたるメンバー」

一九四一年秋に出発した慰問団の正式名称は、「陸軍省恤兵部派遣、日本放送協会主催、皇軍慰問演芸団」という。その目的は、放送協会の「対外工作文化宣伝」であった。メンバーに正規の身分証はなく、慰問団の身分証明一枚があるだけだった。メンバーは総勢三十二名、「放送協会慰問団人名表」（防衛省防衛研究所資料：昭和17年「陸亜普大日記第17号」第5045号S170904恤兵部船舶便乗の件）によれば、次の通りである。

ＮＨＫ東京放送局演芸部：小林徳二郎（演芸部長）
　大島宗一、松島通夫（副団長）
落語家：林家正蔵（七代目）
漫談家：徳川夢声
浪曲：梅中軒鶯童、梅中軒鶴童（鶯童の門弟）、岡本わさ（三味線）
流行歌手：波岡惣一郎、内田栄一、奥山彩《さい》子、豊島珠江、藤原千多歌
楽団：古関裕而、前田璣《たまき》、萬沢恒、久岡幸一郎、岡本和市、吉村馨、橋田胖、山田由次郎、河合三郎、山田和一郎、馬屋原朝一、岸川鯱雄、大島喜一、後藤純
舞踊家：石井みどり、蔡瑞月、小倉忍、小池博子、古森美智子、渡辺つや子

古関裕而は楽団について、「そうそうたるメンバーであった」と述べている（古関裕而『鐘よ鳴り響け――古関裕而自伝』日本図書センター、一九九七年）。前田璣（一八九九―一九七九）（**図3**）は一九二六～一九三三年新交響楽団（ＮＨＫ交響楽団の前身）の初代コンサートマスターであり、久岡幸一郎は第一ヴァイオリンで、退団後にはコロナ・オーケストラを結成し、ラジオ番組の楽団指揮者として活躍していた。全体としてサクソフォン奏者（橋田胖等）も交えたポップス・オーケストラであった。

落語、舞踊、浪曲、歌謡曲のバラエティ・ショー

では、これらのメンバーによってどのような公演が行われたのだろうか。

石井みどり舞踊団のうち、蔡瑞月《さいずいげつ》（一九二一―二〇〇五）は石井漠門下の台湾人舞踊家であった。彼女によれば、ビルマの公演プログラムは連日複数公演し、舞踊、漫才、日本歌謡、三味線の演奏などによるバラエティ・ショーであった（蔡瑞月文化基金会編『台灣舞蹈的先知蔡瑞月口述歴史』蔡瑞月文化基金会、一九九八年）（**図4**）。プログラムの例を挙げる。

一九四二年十一月十七日シンガポール（昼：海軍病院、夜：陸軍病院）

落語：林家正蔵「角力風景」

舞踊：石井みどり一行

A 海行かば（大伴家持詞、信時潔作曲） B ハンガリアンダンス（ブラームス作曲） C 佐渡おけさ D 寿代譜 E 豊年踊り

図4 前列中央に蔡瑞月、後列左より古森美智子、石井みどり。「豊年踊り」の衣装で（古森美智子氏所蔵）

浪曲：梅中軒鶯童

歌謡曲：一、藤原千多歌「戦場撫子」（松村又一：作詞、江口夜詩：作曲、一九四〇年）ほか

二、波岡惣一郎「ジョホール・バルの唄」（サトウハチロー：作詞、古関裕而：作曲、一九四二年）ほか

三、豊島珠江「懐かしのボレロ」（藤浦洸：作詞、服部良一：作曲、一九三九年）ほか

四、奥山彩子 昼「海の進軍」（海老沼正男：作詞、古関裕而：作曲、奥山貞吉［彩子の父］：編曲、一九四一年）、夜「蘇州夜曲」（西條八十：作詞、服部良一：作曲、一九四〇年）

五、内田栄一「英国東洋艦隊潰滅」（高橋掬太郎：作詞、古関裕而：作曲、一九四〇年）ほか

歌謡曲の部を見ると、曲目はいずれも歌手たちの持ち歌ではないが、当時の流行歌である。藤原千多歌（一九二一―?）は戦後の一九四七年、ディック・ミネとデュエットで出した「長崎エレジー」のヒットがある。波岡惣一郎（一九一〇―五一）は藤原歌劇団でオペラを歌うかたわら軍国歌謡もヒット

図5　内田栄一（クラシックおよび流行歌の歌手）（出典：『音楽世界』3巻9号、1931年9月）

させており、「ジョホール・バルの歌」は、日本軍の戦績を即日に歌に乗せてラジオで流すニュース歌謡として作曲されたものであった。豊島珠江（一九一九―？）はビクター専属歌手で、一九三八年ハワイアンソング「美しきハナレイ」等のレコードがある。奥山彩子（一九一三―？）（**図9**）はコロムビア専属の作曲家・奥山貞吉の娘で、一九四〇年李香蘭、白光《はくこう》との「興亜三人娘」として、同題の流行歌（サトウハチロー：作詞、古賀政男：作曲）のレコードをコロムビアから出している。内田栄一（一九〇一―八五、東邦音楽大学名誉教授）（**図5**）は東洋音楽学校出のバリトン歌手であるが、当時は海軍省推薦曲「月月火水木金金」（一九四〇）の歌い手として知られた。

蔡瑞月はこの時の慰問で踊った演目として、右記の他に「玉砕」、「熱情」、「真紅のバラ」、「青白い月」、「田園風景」を挙げている。蔡瑞月が「玉砕」として記憶していた演目は、恐らく「海行かば」のことだろう。なぜなら、この曲は一九四二年大政翼賛会が「国民の歌」と指定して以来、ラジオでの「玉砕」報道のテーマ音楽として採用されたからである（戸ノ下達也『音楽を動員せよ――統制と娯楽の十五年戦争』青弓社、二〇〇八年）。

慰問団の役割と危険性

徳川夢声の慰問団での役割は、バラエティ・ショーの司会者に加えて、南方の各地のラジオ局から日本の聴取者向けに語りかけることであった。彼は慰問団に参加した動機を次のように述べている。

> 当時の日本は、まだ緒戦のバカ景気に酔っていた最中で、皇軍の占領地域たるや、北はアリューシャンから、南はニューギニア、西はビルマにいたる、広大無辺なものであった。それら占領地域から、それぞれいわゆる現地報告はもたらされ、ニュース映画としても公表されているが、国民としては、あまりの華々しさに、何だか夢を見ているようで、どうも事実としてピッタリ来ないうらみ

があった。

そういう際に、かねてラジオで国民諸君にお馴染みのムセイが、それら占領地域のおもなる場所から、お馴染みの誇張で面白おかしく現地報告をしたら、

――なるほど、やっぱり本当だ！

という感じが強くなるであろう。同時に、大東亜共栄圏の盟主国民としての、高邁なる気宇を養うことが出来るだろう。

（徳川夢声『夢声自伝　中　昭和篇Ⅰ』講談社、一九七八年）

徳川夢声は、日本軍の占領地域の様子を国民に対し実況することに、自分が南方へ行く意義を感じている。類推すれば、芸能人の慰問団は兵隊の慰問をするだけでなく、有名人が日本占領地を巡り、現地の様子を伝えることにより、帝国日本の拡張を国民に宣伝する役割も担っていたのであろう。

しかし、本慰問団は一九四二年九月に出発する予定が十月に延期になった。それはこの慰問団が企画された同年春、宇品港からシンガポールに向かっていた輸送船・大洋丸が米国の潜水艦に撃沈され、三井、三菱など企業の技術者が多数犠牲になるという事件があったためらしい。一九四二年六月には日本はミッドウェー海戦で大敗を喫したが、国内には実態が伝えられていなかった。さらに同月には、中国大陸を慰問中の「わらわし隊」から中国軍の機銃掃射による犠牲者が出ている。徳川夢声も「もしかすると、今度の南方行で、俺は御陀仏かもしれない」と不安になった。一方、石井みどり舞踊団の一員で、当時二十代に入ったばかりであった古森美智子氏によれば、この南方慰問は修学旅行に行くような浮き浮きした気持ちで出発し、現地へ行って初めて戦況が危ないという情報も耳に入ってきたという。陸軍の船に便乗した船旅は、夢声、石井によれば客室は狭く、食事も連日同じで決して快適ではなかったが、古関裕而は「一路南へ！南へ！楽しい船旅」（『日本放送協会派遣皇軍慰問演芸団　マライ　ビルマ慰問行』未公刊、福島市古関裕而記念館所蔵）（**図6、巻頭口絵**参照）

図6　古関裕而手稿「一路南へ　南へ　楽しい船旅」（『日本放送協会派遣皇軍慰問演芸団　マライ　ビルマ慰問行』未公刊、福島市古関裕而記念館所蔵）

と記している。戦況に対する不安、従軍の使命感、設備の不快感と南国への期待と海を渡る楽しさがないまぜになった一同の雰囲気がうかがわれる。

三、ビルマの最前線へ

雲南省へ到達

一行は台湾の高雄、フランス領インドシナを経てシンガポールに到着し、十一月七日に当地で慰問を始めた。すると、予定になかったビルマ行きが急に決まった。慰問団が一回も来ていない、雲南省の最前線まで進んで慰問してほしいと要請されたのである。ここで徳川夢声は胃炎で入院してしまう。実のところ、彼は慰問団の大半の行程をキャンセルしたことになる。

一行はイラワジ川河口からさかのぼってラングーンへ到着した。ビルマ中部のマンダレーで一行は二手に分かれる。蔡瑞月によれば、戦況が緊張しているため、なるべく早く任務を終えようととった措置だという。古関裕而は、あらかじめ楽団を二手に分かれて活動できるような編成にしていたと述べており、事前に分団になる可能性があることを知らされていたのであろう。

第一班：マンダレー（Mandalay）―シャン（Shan）州―雲南（二七名）小林徳次郎団長、松島、梅中軒鶯童、奥山彩子、内田栄一、豊島珠江、岡本わさ、古関裕而、久岡幸一郎および半数の楽団メンバー、石井みどり舞踊団三名（蔡瑞月、古森美智子、小池博子）。

第二班：ビルマ中部地区を巡回。（二四名）林家正蔵、梅中軒鶴童、楽団の半分、石井みどり舞踊団三名（石井、小倉忍、渡辺つや子）。

第一班は山間部の奥地へ、第二班は西のインド方面へ向かった。江口・宮舞踊団が到達しなかった最前線へ向かったのは第一班であり、そちらの慰問を重視して人員を多く割り当てたのであろう。第一班の梅中軒鶯童と古関裕而が詳しい記録を残しているため、以降は第一班の動向を中心に追っていく。梅中軒は道中暇を見つけては筆を執っていたらしく、ルートや事件などを非常に具体的に詳しく書き残している（梅中軒鶯童『浪曲旅芸人』青蛙房、一九六五年）。古関はカメラを持参し、帰国後にスナップ写真とキャプションによるアルバム二冊に記録を残している（前掲）。

鶯童と古関によれば、一九四二年十一月二十三日にマンダレーで二手に分かれてから第一班は次のような経路をとった（図7、8）。

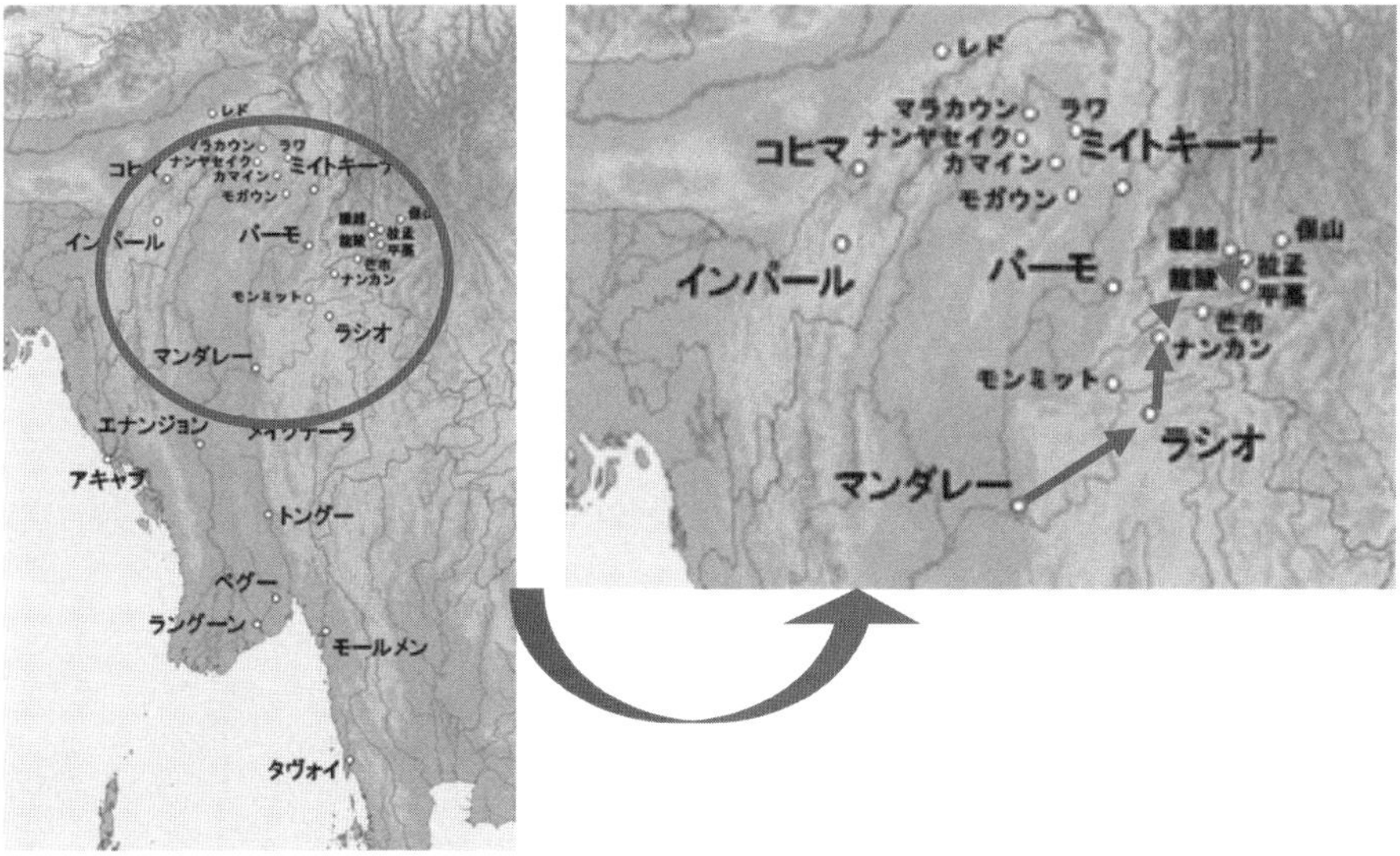

図7　南方公演の経路。第一班

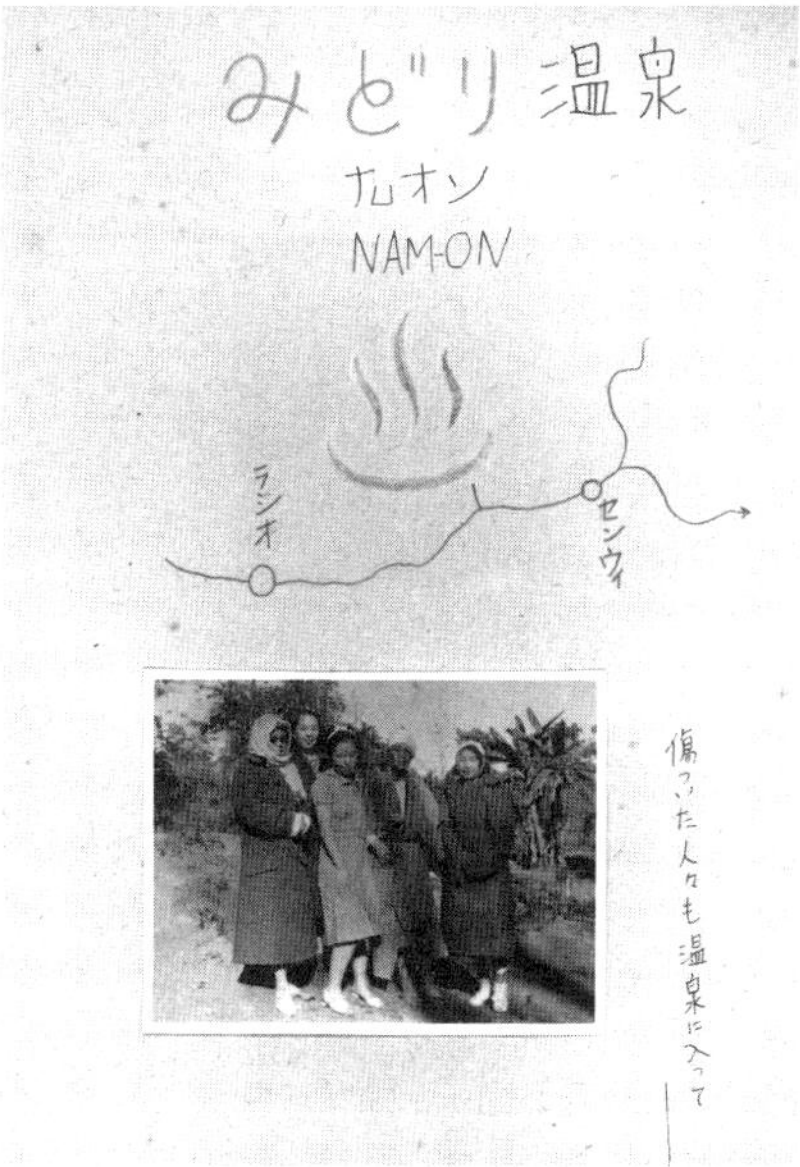

図8　古関裕而手稿「みどり温泉　ナムオン NAM-ON」（『日本放送協会派遣皇軍慰問演芸団　マライ　ビルマ慰問行』未公刊、福島市古関裕而記念館所蔵）

十一月二十三日　メイミョー（Maymyo）へ。

十一月二十四日　トラックで十三時間かけてラシオ（Lashio）に到着、慰問演芸会。

十一月二十五日　クンロン（Kunlon）で公演

十一月二十六日　センウイ、ナンカン（Namhkam）で公演。豊島珠江は盲腸炎の後が化膿し、放送協会の松島が付き添ってラシオの病院に入院し、二班は十五名になる。

十一月二十七日　国境を越えて中国の雲南へ入る。芒市で公演。龍陵［県］で宿泊。

十二月二日　龍陵から最前線拉孟へ。拉孟で公演。

十二月三日　遮放で浪曲と歌だけ一時間足らずの公演。畹町で宿泊。
十二月四日　ラシオに戻り、宿泊。
十二月五日　メイミョーまで汽車で、そこから自動車でマンダレーを経由してメイッティーラ（Meiktila）へ。
十二月六～七日　メイッティーラ出発／タウンギー（Taunggyi）到着。
十二月八日　タウンギーで「大東亜戦争の一周年」記念行事。久岡、岸川が過労で倒れ同地に残り、一行九名となる。ロイレム（Loilem）で公演。梅中軒鶯童と内田のみ、モンナイ（Mongnai）でも公演。
十二月九日　シャンの舞踊を鑑賞。サジで公演。ラングーンに戻る。一班より一日遅れて二班全員が帰着。ラングーンの病院で三日間、慰問公演。

ビルマの避暑地であるメイミョーまでは快適であったらしく、古関裕而は「内地の軽井沢を思はせる」と述べている。しかし、これまでどの慰問団も足を延ばさなかったビルマ―雲南ルート最前線へ一同がさしかかると、中国軍の骸骨が転がる「センウイ戦蹟」（古関）を始め、激戦の後に遭遇した。

ビルマ―中国の国境を越えた龍陵では、慰問団に部隊長・渡邊正夫の感謝状が送られた。そこには次のように記されている。

雲波万里言外ノ危険ヲ冒シ難険ヲ踏破シ緬甸雲南幾百科
敵前至近距離ニ達ス

（昭和十七年十一月三十日付、前掲古関裕而）

龍陵までの道の険しさがうかがわれる。この感謝状を、団長ではない古関が保存していたのは、日本放送協会から古関への敬意を表して譲られたのか、あるいは複数用意されたものかもしれない。

龍陵――拉孟の自動車事故

最前線・拉孟に向かう途中、大きな事故が起きてしまった。一行は五台の車に分乗し、英国軍から没収したシボレーには舞踊家の蔡瑞月、古森美智子氏、小池博子および三味線弾きの岡本わさが乗った。発車前に兵士たちが舞踊家たちにサインを求めたため、出発の遅れを取り戻そうと車はスピードを出していた。彼女たちが編み物や読書、おしゃべりをするうちに熟睡したところ、車はカーブを曲がり損ねて崖に転落したのである。車は三回転して止まり、女性たちは途中で放りだされつつも重軽傷で済んだ。だが、運転士の軍曹は車の下敷きとなりほぼ即死であった。拉孟には福岡県久留米市で編成された部隊が駐屯していたが、この軍曹も福岡県の出身であった。古森氏によれば、軍曹が助け出されると、車は谷底へ落ちて行ったという。蔡瑞月は車内の所持品はすべて失われたと回想している。

蔡瑞月と古森美智子氏は頭などを負傷し、数日間舞台に立てなかった。梅中軒鶯童によれば、「事故のため拉孟の慰問演芸会はメチャメチャ」、三味線なしで浪曲を披露し、舞踊はプログラムから外し、「歌も浪曲も怒鳴れるだけ怒鳴って、どうやら演芸会を終わった」。翌十二月三日の遮放［現在の徳宏傣族景頗族自治州］でも、同様に浪曲と歌だけで一時間足らずの演芸会を行った。

慰問団の人気——帰国と後日談

その他にも上述の通り、体調不良で出演者が激減してしまう。梅中軒鶯童は十二月八日の公演を次のように描写している。

> ロイレムの慰問演芸会……これはお世辞にも演芸会と言えない、内容は内田栄一、奥山彩子、両君の歌と私の浪曲だけ、しかも浪曲は三味線なしの素語り、歌のバンドはトロンペット《ママ》二本、サキソホンとヴァイオリン、これでは伴奏にならぬ。……小林団長がボソボソと小さな声で司会をやる。楽士の紹介を全部やったところで四人しかいない、内田君と彩子さんが六曲ずつ歌う。私がその真ン中で一時間ぐらい素語りをやらねばならぬ時間割だ。

まともに出演できるのは梅中軒鶯童と内田栄一、奥山彩子だけになっていた。さらに予定外の追加公演が生じた際には、ついに鶯童と内田の二人だけが出向く事態になったが、それでもアンコールが止まなかったという。出演者が減ったハプニングが、かえって慰問団の人気ぶりを際立たせている。

二つの班はそれぞれの行程を終えてビルマを南下して再会し、所用で二十一日帰国の途についた梅中軒鶯童を除いて、一行はペナン島でしばし休養し、クアラルンプールで徳川夢声も合流した。マレーからシンガポールへ汽車で折々慰問しながら戻り、続いてジャワ島へ行く予定であった。しかし、ジャワは〝楽天地〟であるから慰問団は不要と言われたという。帰国が決まり、一行はシンガポールを出て約二週間後、一九四三年一月二十三日宇品港に到着した。

南方慰問団のメンバーは、帰国後南方での体験にもとづいて創作している。石井みどりは一九四三年十二月、「ビルマ独立の夕べ」コンサートを開き、古関裕而の指揮のもと新しい演目「パゴダの印象」、「祝ビルマ独立」、「南島の娘」、「ビルマ・プエ」を披露した。また、一九四四年二月、奥山彩子は古関の編曲でコロムビアから歌謡曲「シャン高原の乙女」を出している。

四、舞台を観ていた人々

抗日戦争記念館のブロマイド

南方慰問団が公演していた頃、拉孟から北東へ一〇〇〇キロほどの重慶では盛んに抗日劇が上演され、中国人舞踊家が抗日舞踊を踊り、抗日活動のための義援金を集めていた。翌一九四四年夏から秋にかけて、連合国軍の進んだ兵器と訓練で装備した蒋介石軍および連合国軍が拉孟に再出兵する。既に太平洋上での敗色が濃くなっていた日本軍は援軍も得られず、わずかな脱出者、捕虜となった兵士を除いて全滅した。

拉孟での戦勝を記念した中国の龍陵抗日戦争記念館は、この慰問の様子および奥山彩子個人の写真を展示し、次のようなキャプションをつけている[3]（図9）。

「一九四三年初め、日本の有名な作曲家古関裕而と奥山彩子らで組織された慰問団が松山［拉孟の中国側での通称］陣地へやってきて、日本軍を鼓舞激励し、松山の日本軍のために最後の挽歌を公演した。」

「一九四三年初め、日本の放送協会が慰問団を組織して松山へやってきて日本侵略軍を慰問した。随行者は日本で人気のあった春日井梅鶯、奥山彩子等の歌手と大勢の若い女性舞踊家たちであった。女性ダンサーの歓心を買うために先を争って世話をし、一人の日本軍の曹長が鎮安街付近で車を転覆させ命を落とした。拉孟守備隊の軍医、中尉の高橋富は衛生兵を連れて救護にやってきて、これらの日本から来た女性の肌に触れ、浮き浮きして心が慰められた。しかしこれは松山日本軍の殲滅前の最後の「眼福」であった。

(原文中国語、筆者訳)

慰問団一行が来たのは一九四二年十二月であり、上の記述は一か月ほどずれているものの、奥山彩子と女性舞踊家たち、自動車事故といった内容から、同じ慰問団を指していると考えて良かろう。したがって、春日井梅鶯（一九〇五―七四）も当時人気の浪曲師であったが、梅中軒鶯童の誤りであろう。

このキャプションで驚かされるのは、ほぼ正確に慰問団の動向を把握していることだ。鶯童は拉孟で最前線の陣地を見た。「つい目の前を怒江の流れ、爆破された景《ママ》［恵］通橋の向う岸には、敵さんのトラックが物凄く目の届かぬところまで列をなしていた」というから、中国軍からも多少は拉孟を観察できたであろう。しかし上記の具体的な記述は、川越しに見たようなレベルではない。現地の民間人を装った中国人、あるいは捕虜など、その場で直に観察していた中国軍側の人物の証言による記述だと推測される。

さらにこの抗日記念館のパネルで興味深い点がある。和服姿で笑顔の奥山彩子のブロマイドらしき、抗日の記録展示という目的とは不釣り合いな写真が掲示されていることである。むろん、スターにうつつを抜かしていたことが日本軍の敗因であると主張する意図なのかもしれない。だがこの審美的な展示は、中国軍側の人物も奥山の容姿および歌唱を享受していた可能性を秘めている。

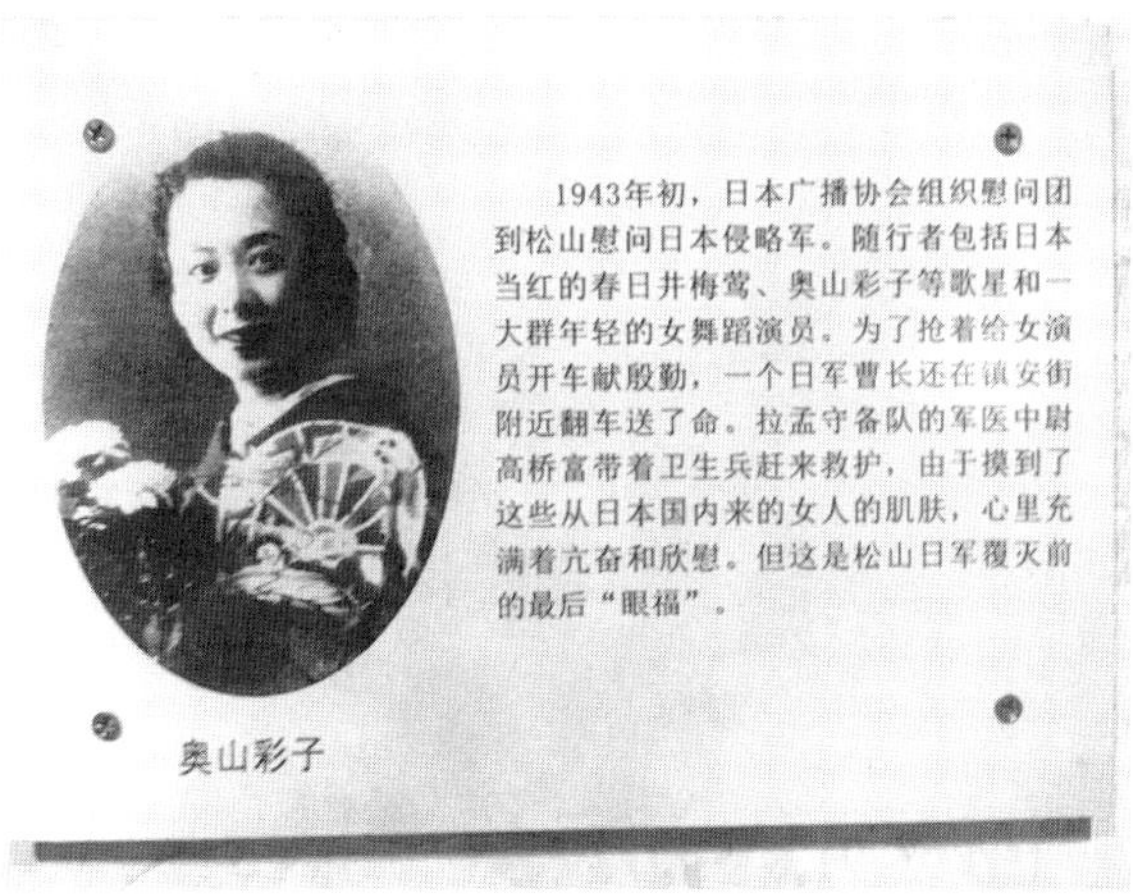

図9　龍陵抗日記念館に展示されている奥山彩子の写真およびキャプション（邵迎建氏撮影）

拉孟には、朝鮮人慰安婦も二十人以上いた。彼女たちが慰問団の舞台を見られたかは不明であるが、歌や音楽は聞こえてきたに違いない。雄弁な梅中軒鶯童の筆は、拉孟については重い。それはメンバーの事故で拉孟での公演が不調であっただけでなく、慰安婦の存在に触れないためであったかもしれない。

ショーを観た中国人たち

屋外ステージが多かった中国での慰問公演を見ていたのは日本人兵士だけだったのだろうか。前節に続いて、この疑問に関するエピソードを紹介したい。

宮操子は、慰問先でたびたび中国人を見かけた。彼女は様々な「タイプ」の中国人に会っている。あまり危険ではない場所での公演には、民間人である「中国のオジさんやオバさんたち」も見に来ていた。日本兵も彼らが一緒に舞台を観るのを咎めなかった。「後方では本当に平和なものだと思う」と、宮は深く洞察することなく述懐している。

中国兵も日本兵と一緒に舞台を見ていた。彼らは「帰順兵」と呼ばれ、舞踊団の女性たちの護衛を任されることもあった。宮操子の目の前に白旗を掲げて出て来た中国兵もいた。宮が部隊長に報告すると、その中国兵はわざと送り込まれた「スパイ」かもしれないと将校は注意した。

慰問先の部隊長や将校などが主催する歓迎会には、「お偉方」タイプの中国人の要人が常に五、六人いたという。宮は次のように観察している。

彼らは皆日本語を上手に話した。ほとんどの人たちが「かつて日本の大学で勉強したことがある」と言い、明治、大正時代に流行った流行歌を謳っていた。日本が好きだといういい、またいつか行ってみたいと語っていた。彼らは日本の将校たちと当たりさわりのない世間話を和気あいあいと交わしていたという。

(『陸軍省派遣極秘従軍舞踊団』)

また彼女は「日本語を話せるお金持ちの中国人」風の人物に、宮の舞踊を観た礼としてチャイナドレスをプレゼントされたことがある。宮は日本語と中国語いずれも流ちょうなこの人物を日本人スパイと判断したが、確証はない。日本側の動向を伝えるべき中国人スパイが、宮操子の芸術をひととき享受していた可能性も残る。

おわりに

芸能人たちは戦時中国内で演じることは慎まざるを得なかったため、むしろ積極的に兵隊の慰問に出かけた。言い換えれば、演芸慰問団という制度は、戦時期日本国内で肩身の狭くなった娯楽・芸術の担い手に、時には平常よりも輝ける場を与えた。彼らは兵士を慰問するだけでなく、現地の有力者と交流し、折々観光した。名の知れた芸能人が慰問に行き、帰国後そこでの体験を芸能に生かし披露することは、日本の占領地の内地向け宣伝になった。またこれらの活動があったからこそ、戦後日本で比較的早期に娯楽・芸術が復興したと考えられる。

さらに、演芸慰問団を語る言説をたどりつつ、〈慰問する―される〉というベクトルを、〈娯楽・芸術を披露する―享受する〉と読み替えれば、そこに当てはまるのは必ずしも「日本人(植民地出身者を含む)―日本軍」に留まらず、様々な可能性が浮上する。

戦地慰問団は、陸軍恤兵部が予期せぬ機能をも果たすことになった。慰問団という制度によって、男女を問わず非戦闘員が戦地へ行き、戦況を見聞し、それを国内へ持ち帰る媒体となり得た。もちろん、彼らは戦地で得た情報の公開について管理されてはいたが、結果的に体験を持ち帰った。未整理のそうした体験を掘り起こす可能性は、まだ少し残っている。

注

（1）石井みどりは栃木県出身、本名は五十嵐ハナ。県立宇都宮高等女学校卒業後の一九二九年に石井漠舞踊団に入団、漠のパートナーに選ばれ、国内のモダンダンス界を担う一人となった。一九三五年には漠門下より独立し要町（現・豊島区）で石井みどり舞踊研究所を設立（現在、娘である舞踊家・折田克子の率いる「石井みどり折田克子舞踊研究所」）。

（2）古森美智子氏には、二〇一七年十一月十七日（金）福岡県福岡市中央区、古森美智子バレエ団研究所にて、同バレエ団の舞踊家である御息女・春日桃子氏、御令孫・春日遥香氏同席のもとお話をうかがった。この場を借りて感謝申し上げたい。

（3）龍陵抗日戦争記念館の資料は、すべて邵迎建氏が収集したものである。

附記 図1、図6、図8の御提供について、古関裕而氏の御令息である古関正裕氏、古関裕而記念館学芸員・氏家浩子氏にこの場を借りて感謝申し上げたい。

戦後日本における中国古典の映画化
——日本・大陸・香港・東南アジアに跨る大衆文化の記憶

晏　妮

あん・に——日本映画大学特任教授。専門は映画史、映像文化。主な著書に『戦時下の映画——日本・東アジア・ドイツ』（編著、森話社、二〇一九年）、『戦時日中映画交渉史』（岩波書店、二〇一〇年）、『ポスト満洲　映画論——日中映画往還』（編著、人文書院、二〇一〇年）などがある。

一九四五年以後、日本映画界では、反戦、民主主義を提唱する題材が奨励され、戦争の悪、庶民の受難を暴露する映画が数多く製作された。戦時中は、「大陸映画」における中国人表象が批判されたこともあって、日本映画はもはや中国の物語を必要としなかったように見えるが、事実は異なっていた。本稿は映画史的文脈に沿って、日本映画のアジアへの進出、アジア民衆の戦争観、国に跨る大衆の戦時映画に対する文化の記憶など、日本における中国古典の映画化との複数の関連性に言及しつつ、戦時中と戦後映画の展開とその連続性を分析する。

はじめに

周知のように、日中戦争期から太平洋戦争に至るまでの期間、日本国内のみならず、占領下の中国における日中合資映画会社の中華電影、華北電影、そして満州映画株式会社によって、いわゆる「大陸映画」が大量に製作された。戦争映画、開拓映画、メロドラマなど、さまざまなジャンルにわたって製作された「大陸映画」は、多種多様な「中国」と「中国人」表象を産出した。その中で、殊にアジア諸国に跨ってトランスナショナル的に活躍した女優の李香蘭こと山口淑子は、「支那ブーム」の火付け役を果たし、戦時期の文化政策に同調しつつも、他分野に波及していく中国に対する大衆の文化的関心を引き起こすに至った例が、突出していた。

現代ものもさることながら、太平洋戦争勃発前後、日本では、中国古典の映画化が盛んになり、『孫悟空』（一九四〇）

を始め、『水滸伝』（一九四二）、『阿片戦争』（一九四二）などが立て続けに作られた。また、孤島期上海で製作された古典代表作の『木蘭従軍』（一九三九）をめぐる言説が在上海のジャーナリスト、訪中した文化人たちによって、上海から大量に日本に持ち込まれた。この作品をめぐる中国での抗日言説を、作品が持つ従来の意味合いに回収させることができると見込んで、中華電影の川喜多長政は『木蘭従軍』の輸入を敢行した。そして同作品の輸入決定に伴い、明らかに同作品を参考に作られた歌劇『木蘭従軍』（東宝歌舞団、一九四二）の公演を皮切りに、大陸映画の女王である李香蘭を主演に迎えるオペレッタ『蘭花扇』（『孟姜女』、一九四二）、『白蛇伝』（一九四三）などの舞台劇も次々と上演されることになり、絶大な人気を博したコンサート「歌ふ李香蘭」（一九四一）とともに、戦時日本における中国古典文化ブームに一役買ったのである。

だが、一九四五年の敗戦後、連合軍の占領下において、日本映画は製作、配給および映画をめぐる言説が、戦時文化政策に加担する状況から、GHQの提唱する民主主義映画の方針に沿うものへと一変し、大きな転換期を迎えることを余儀なくされた。

日中映画合資会社の中華電影、華北電影が崩壊した後に、長春に拠点をおいていた満映は機材から人材に至るまで、中国共産党に接収された。ポスト満映は、国共内戦がまだ続く長春からさらに北上し、炭鉱町の鶴崗で「東北電影公司」として生まれ変わり、共産党政権下の最初の人民映画を製作し始めた。他方、日本国内では、戦時中の各映画会社の重鎮たちが追放され、各映画会社は、GHQの指導を受けながら、軍国主義時代の映画とうって変わって、反戦、民主主義を唱える映画製作に取り組むようになった。

戦時中完全に否定されていたハリウッド映画は、戦後、洪水のように大量に日本になだれこんできた。こうした状況下で、戦時下、一時ではあったものの、あれほどもてはやされていた大陸表象は果たして日本映画から消えたのだろうか。本稿は、歴史的転換点を迎えた状況下で、山口淑子が映画界に復帰し、そして再び李香蘭として再生するに至った経緯に言及しつつ、過ぎ去ったばかりの戦争トラウマを引きずりながらも、戦後の日本映画界の持つ国際進出の野望がいかにトランスナショナル的な戦時大衆文化の記憶とうまく絡む形で、中国古典の映画化を再び実現させていったのかを、日本映画史の大陸、香港、東南アジアの映画史との多角的文脈において検証する。さらに映画とその他の視覚、聴覚メディアによって作り出された大衆の文化的記憶とナショナル歴史との葛藤／融合、またそこから産み出された多義性に関する分析をも試みる。

一、『羅生門』から世界へ

周知のように、東宝争議が一段落すると、東宝の大黒柱だった黒澤明を始め、山本嘉次郎、成瀬巳喜男たちは東宝に居残り、帰山教正が一九一九年に創立した映画芸術協会の名前を受け継ぎ、映画活動を続けようとした。彼等は、東宝の混乱が収まるまで、大映の協力の下で映画製作をやらせてほしいと、戦時文化政策の加担者として追放されていた大映社長の永田雅一に支援要請の手紙を出した。生活のために戦時中もシナリオを書いたことのある黒澤明はその経験を生かし、他の監督のために脚本を提供した他、大映、新東宝、松竹でそれぞれ『静かなる決闘』（一九四九）、『野良犬』（一九四九）と『醜聞』（一九五〇）を監督し、そしてかの有名な『羅生門』（一九五〇）のメガホンをとることに決まった。

ところが、完成した『羅生門』を見た永田雅一は「わからねえ、さっぱりわからねえ」と不満の言葉を連発していた。しかし、この作品が興行的にそれほど悪くない数字を勝ち取ったのを見た永田は、当作品がヴェネツィア国際映画祭に推薦されると、『羅生門』の国際市場での可能性を見抜き、映画祭への出品に反対しなかった。結局、『羅生門』がヴェネツィア国際映画祭のグランプリにあたる金獅子賞を獲得、またアメリカアカデミー賞名誉賞（現在の最優秀外国語映画賞）をも受賞する、という誰も予想しなかった最良の結果をもたらした。

ここまで長々と『羅生門』の製作から受賞に至るまでの経緯を振り返ったのは、この逸話が、その後の日本における中国古典の映画化と全く無関係の歴史ではないからだ。というのも、東アジア諸国が冷戦体制に巻き込まれ、大陸との国交関係が絶たれた中で、ここに登場したキーパーソンの一人である永田雅一は、日本映画が香港や東南アジアとの映画交流を推進していく過程で、リーダー的な役割を果たし、また敗戦間もない頃、日本の経済を再建するために、映画を外貨獲得の重要なビジネスとして考案した重要な人物であったからだ。永田や他の大手映画企業の重鎮たちを目覚めさせた契機は、他でもなく『羅生門』だった。

現代劇より、時代劇は海外向け、映画祭向けであり、特に映画の世界で多大な影響力を持つ欧米の映画祭では、古典の題材は絶対好まれると永田は信じていた。『羅生門』の主演を務めた森雅之と京マチ子のコンビを再び起用して製作した『雨月物語』（溝口健二監督、一九五三）は、またもやヴェネツィア国際映画祭銀獅子賞、イタリア批評家賞を獲得、ここに至って、永田は日本の古典ものがいかに欧米で歓迎されるのかを悟り、社内の反対を押し切って『地獄門』の製作に踏み切った。当時、戦後初のカラー映画（総天然色映画）としては、すでに木下恵介監督の『カルメン故郷に帰る』があったが、永田はそうしたカラー技術を時代劇映画に持ち込んだ。『地獄門』はカンヌ国際映画祭でグランプリを獲得し、それと同時に、日本映画の色彩技術をも海外へ大きくアピールすることができたのである。

こうして、国際映画祭での好評を一身に受けた永田は「日本映画はこれによって今後ますます海外市場に進出する機会を得たわけで、外貨獲得のうえからも実にうれしい」と胸を張っていた。

二、永田雅一とランラン・ショウ（邵逸夫）との出会い

一方、映画祭とは別に、永田が海外市場における外貨獲得の対象と想定していたのは、映画祭で時代劇が発信した東洋的なものを今度はアジアに進出させることだった。『地獄門』が製作された一九五三年に、東南アジア映画製作連盟がマニラで発足し、開催地のマニラで永田は会長に選出されたが、その補佐役である副会長のポストに就いたのは、まだ香港映画界に進出する前のランラン・ショウ（邵逸夫）だった。ここで永田はショウと出会い、その後の中国古典の映画化を行うための人的交流ルートを開拓したのである。

ランラン・ショウは、一九二五年に上海で設立された映画会社「天一影片公司」の邵家六人兄弟の一人だ。家族の経営によるこの映画会社が発足した頃、ショウはまだ中学生だった。「天一」の初の作品『立地成佛』は、題名からもわかるように、欧米とは対照的に、中華文明の伝統を大切にする内容になっており、宣伝が効を奏して、作品のヒットをもたらした。そして、立て続けに京劇の演目や民間の伝説を映画化し、『梁祝痛史』、『花木蘭従軍』、『白蛇伝』を撮った天一は、興行的に成功したのみならず、映画草創期の上海で、サイレント時代劇ブームを巻き起こしたのである。

天一の成功は無論その他の映画会社に多大な危機感を与えた。明星を始め、その他六つの会社は連携して「六合影片公司」を設立、特に配給方面において天一の活路を絶つ方策を実施し始めた。これに危機を感じた邵家の兄弟たちは、上海から離れて遠いシンガポールに行くことを決めた。そして間もなく、まだ十九歳になったばかりのランラン・ショウを兄たちはシンガポールに呼びよせた。

図1　シンガポールで開催された東南アジア映画祭会場に赴く永田雅一夫妻（出典：『キネマ旬報』1955年夏特別号）

一九三九年にランラン・ショウが上海に里帰りをする時には、ショウ・ブラザーズはシンガポール、マレーシア、タイ、インドネシアで、すでに一三九館の映画館を持つ巨大な会社にまで成長していた。と同時に、日中戦争が勃発したことで、「天一」は香港に移転し、香港を拠点に映画製作を開始した。その後、ショウ・ブラザーズの前身となる会社を受け継ぐために、一九五七年に、五十歳になったショウは香港に赴いた。その翌年、ショウ・ブラザーズが正式に立ち上げられた（天一からショウ・ブラザーズに至るまでの略史は、詹佑鵬『邵逸夫全伝』（天津人民出版社、二〇〇九年）を参照して筆者がまとめたものである）。

以上の時系列を整理すれば明らかなように、一九五三年、ランラン・ショウが永田に出会った時には、まだ香港に正式に来ていなかったわけだが、兄が香港での会社を経営していたことで、彼は香港にも一応製作と配給の地盤を有していたと言える。

香港、東南アジアで国と地域に跨って、映画製作と配給を一大ビジネス事業としてすでに成功させていたランラン・ショウ。一方、戦時中の「大東亜共栄圏」の悪夢からは目が覚めたとはいえ、再び日本映画をアジアで雄飛させたい思いを抱く永田雅一（**図1**）。両者は東南アジア映画祭を通して知りあった。ショウは映画祭の開催と同時に、日本映画が開発し続ける新しい技術に惹かれ、日本映画の技術をいち早く戦後の香港映画に導入しようとする雄心を抱いていた。

両者のこのような異なる思惑は、まさに映画という映像メディアを、国境を超えさせたいという点で合致し、これから述べる日本における中国古典の映画化のための、準備を整えたと言えよう。

三、技術・芸術・映画ビジネス

映画における技術革命は当時の日本映画界でよく議論された話題だった。アメリカの日本占領が終了すると、大手映画会社の社長たちは、さまざまな座談会を映画誌で開催し、ポスト占領期の日本映画が目指すべき方向性を頻繁に語りあっていた。たとえば、戦時の教訓をふまえつつも、映画芸術は大衆にアピールできるもので、多くの人間に感銘をもたらすことができるのは、芸術的素材が一応あるからだと発言する松竹の城戸四郎に見られるように、戦時映画のプロパガンダによって獲得した大衆性が今度は「芸術」というキーワードに巧みに変更された。芸術性の高さに伴うものは、言うまでもなく、シネマスコープ、カラー映画という技術革新だった。『地獄門』の海外映画祭での成功が日本映画界にさらなる技術革新を行う刺激を与えたのは明らかだった。ただ、これは大手映画会社に限らなかったことを一言付け加えておきたい。

というのは、たとえば戦後最初の映画技術の革新の課題は、まず白黒からカラーに移行することだった。日本の初カラー映画は前述のとおり『カルメン故郷に帰る』(松竹、一九五一)だったが、実は敗戦後二年目に、旧ソ連が製作したカラー映画『石の花』(一九四六)や『シベリア物語』(一九四六)がすでに北星映画社によって輸入され、公開されていた。アメリカのカラー映画『風と共に去りぬ』(一九三九)や、ディズニーのアニメ『白雪姫』(一九三七)は、ともに戦時中の日本文化における国策に制限され、リアルタイムでの公開が見送られた。この二本の映画古典が日本で公開されたのは、それぞれ一九五二年と一九五一年であった。ということは、日本映画の観客が初めてカラー映画を観たのは意外にも本国のものでもアメリカのものでもなく、旧ソ連の映画であった。イデオロギーはともかく、映像としての色彩の斬新さが、旧ソ連映画から影響を受けていたという事実は、これまでほぼ無視されてきた映画史の流れであり、ここに言及しておく必要がある。

それだけではなく、旧ソ連映画に倣って、イデオロギーを映画に鮮明に打ち出す独立プロの作家、研究者たちも一様に映画技術の革新を唱えていたことも指摘しておきたい。

たとえば、当時の左翼映画人を中心に発行されていた映画誌『ソヴェト映画』には、『石の花』や『シベリア物語』など数本の旧ソ連カラー映画について、技術の面から検討する論文がすでに掲載されている(土方敬太「多層式天然色映画の話」『ソヴェト映画』一九五〇年七月一日号)。『カルメン故郷に帰る』の製作は『風と共に去りぬ』が公開される前だったので、カラー映画がもたらした視覚の衝撃は、むしろ『石の花』に代表される旧ソ連映画から受けたのではないかと思われる。

『カルメン故郷に帰る』は国産のフジカラーによる作品であり、その後、松竹と東宝が立て続けに製作した『夏子の冒険』、『花の中の娘たち』、あるいは東映がコニカラーを使用して撮影した『日輪』は、いずれも色彩の評判がそれほど高くなかったため、大手映画会社は一様に国産カラー作品の製作を見送ることにした。その代わり、イーストマン・コダックによって撮影された大映製作の『地獄門』がカンヌ国際映画祭でグランプリまで勝ち取り、初期カラー技術の分野においては、日本はアメリカに負けることになった。とはいうものの、松竹、東映と日活は、国産カラーフィルムにまだこだわっており、技術を向上させるように力を注ぐ姿勢を示した。

ランラン・ショウが日本映画の視察に東京にやってきたのは、ちょうど日本映画界がカラー映画技術のさまざまな実験を行っていた頃だった。この頃、ショウはまだ香港に進出する前で、東南アジア映画祭連盟の副会長に選ばれたものの、所属の国と肩書はマレーシアの代表であり、当時の『キネマ旬報』での報道記事を読んでわかるように、ショウは「東南アジアの有力業者」と呼ばれていた。これまでも『羅生門』をはじめ、日本映画を東南アジアに輸入した彼は、新東宝と大映を中心に日本映画をさらに三十本を輸入すると伝えられていた(『キネマ旬報』一九五四年五月下旬号)。

これを機に、ランラン・ショウと大映とは急速に接近するようになった。一九五四年九月四日、彼は香港の兄とともに、大映と『楊貴妃』の日港合作の契約を交わし、七対三で、大映と香港がそれぞれ製作費を捻りだすことに合意した。こうして、輸出入から始まる日本と香港、東南アジア映画との交流は、映画祭の開催を経て、戦後日本映画における最初の中国古典の映画化を促したのである。

四、戦時日中合作映画との連続としての『楊貴妃』

戦時の日中両国の映画界は、国家の文化政策の要請に沿い、時代劇を重視していた。一九三九年の孤島期の上海で作られた『木蘭従軍』に代表されるように、一連の時代劇は、日本の侵略への反抗の意思を劇中に取り込んだ。しかし、日本においてもよく知られている古典だけに、エンターテインメントとして自国の観客を動員した上で、敵国の日本にも輸出、公開され、戦時イデオロギーから離脱して、逆に日本における中国文化への親近感を植え付けることになった一面がある。それに対して、日本では、殊に太平洋戦争期に突入してから、『阿片戦争』(一九四二)、『海の豪族』(一九四二)と『奴隷船』(一九四三)に見られるように、大東亜戦争の目的である「アジアを欧米から解放する」政策に見合う時代劇もいくつか作られた。「借古諷今」(昔のことを評論するのにかこつけて現在を批判する）を行った被占領側の意図を理解するのは難くないが、他方占領側もなぜか時代劇を好んで製作したのである。おそらく時代物が持つ大衆性と娯楽性にプロパガンダを緩和する力が強く、場合によって現代劇に表現するような、露骨なプロパガンダよりはソフトだからかもしれないと思われる。

　さて、日港合作による『楊貴妃』（図2）からは、戦時文化政策に合致する側面がもちろん見られないため、イデオロギーから離れて自由に作られた作品だったと思われがちだが、そもそも古典を題材に選ぶ背景にあるのは、やはり戦争記憶がまだ新しいアジア諸国では、現代劇の合作は至難の業と言えるからだ。川喜多長政が戦後日本映画の国際進出を論じる際に「太平洋戦争によって過去半世紀にわたって築きあげた

図2　日港合作映画『楊貴妃』（製作：永田雅一、ランラン・ショウ）（出典：『キネマ旬報』1956年陽春特別号）

国際的信用を台なしにしてしまった日本がどうしたらそれを回復することができる」か（川喜多長政「日本映画の国際進出」『キネマ旬報』一九五四年新年特別号）と警鐘を鳴らした。戦時の中華電影を牽引し、戦後しばらくは戦時文化政策に加担した人物として追放された川喜多だからこそ、戦時の教訓を戒めていたわけだったのだろう。

　事実もそうだった。たとえば、『キネマ旬報』のある誌上座談会で日本映画の外国輸出を語りあった関係者は、東南アジア諸国とは「日本との賠償問題とか、国交問題とか、国民間の感情問題が片付かないと、ほとんどの発展はできません」（座談会「海外における日本映画」『キネマ旬報』一九五五年一月下旬号）と日本映画輸入の困難さを自覚していた。

　このような歴史的コンテクストをふまえて考えれば、中国古典を題材に日本映画を製作し、国内だけでなく、香港、東南アジア、特にこれらの土地に居住している華僑を対象に想定するアイディアが現れたのは、ごく自然の成り行きだったと言える。

　また、戦争記憶から遠く離れ、なおかつアジアに輸出し、外貨を獲得できる一方、『地獄門』のように、西洋にも宣伝できる題材は、ある意味では、中国の古典しかないと言える。もし戦前の「借古諷今」が戦時イデオロギーに要請されたプ

ロパガンダの所作だったと言えるなら、戦後における中国古典の映画化は、戦時文化の負の記憶を忘却させるビジネスとしての戦略だったと言えなくもない。『楊貴妃』はまさしくこうした日本と香港、東南アジア映画人の異なる思惑が交錯し、映画技術の向上を求める一つの結晶であった。

脚本を担当した陶秦《とうしん》は、『狼火は上海に揚る』(この作品は当時日本語と中国語のタイトルがそれぞれ使用されていた。中国語題名は『春江遺恨』である)を執筆した中国側の脚本家だった。戦時中唯一の日中合作映画『狼火は上海に揚る』は、撮影の前に、日中双方がそれぞれ違う台本を書きあげ、最終的に日本側の検閲を受けて撮影された映画ではあったが、両者の対立の末に互いに譲歩した痕跡が現存の不完全なフィルムからも読み取れる。当時、陶秦本人はどのように思い、どのように戦ったのかあるいは譲歩したのかについては、占領下も戦後も彼は文字資料を残してくれなかった。戦後、張善琨《ちょうぜんこん》らと一緒に香港に移ったとはいえ、中華電影に勤め、『狼火は上海に揚る』の脚本に関わったことを、彼は人生の汚点として語ろうとしなかったのではないかと想像できる。

『楊貴妃』の脚本は陶秦が第一稿を執筆、川口松太郎、依田義賢と成沢昌茂が共同で第一稿を書き直した。具体的な経緯は詳細な資料を調査する必要があるが、戦時と異なり、大映が陶秦に第一稿を依頼したのは、中国の古典だからであろう。白楽天の『長恨歌』に基づいて書かれたとされる同作品では、グレーの作業衣を身に纏い、黒い煤を被った玉環(楊貴妃)を安禄山が見出し、玄宗帝に王妃として献上するというあたりは、まるでシンデレラ物語を彷彿とさせる構成だった。

ところが、溝口健二がメガホンを取り、『羅生門』によって香港や東南アジアで大人気を博した森雅之と京マチ子とのコンビによる主演の、戦後日港映画合作の初のカラー映画『楊貴妃』は、専門家の間では評判が良くなかった。「国際映画祭のために作られたような映画である」、「香港の映画界に中国圏と東南アジア向けという条件を加えるのはこの映画の性格」とあまり好意的でない指摘があった。ただ「この映画で一番優れているのは色彩である」、「『地獄門』よりも一段の進歩が見られる」と色彩のみが褒められている(『キネマ旬報』一九五五年六月上旬号)。

上述の評論を読む限りでは、『楊貴妃』は溝口健二の失敗作だった一方、永田とランラン・ショウが狙っていた中国語文化圏への海外進出はさておき、香港が憧れていた戦後日本映画の色彩技術を一番早く日港合作映画分野で実現させたことで、成功した一例と見なしてもよかろう。

五、香港で再生する李香蘭

戦時下『支那の夜』に出演したことやその他の活動で、敗戦時に上海で軟禁され、中国軍政当局の取り調べを頻繁に受けていた李香蘭は、一九四六年に日本に戻り、オペラの練習を行いつつ、日本映画への復帰を待っていた。一九四八年、彼女は松竹の『わが生涯のかがやける日』（一九四八）に山口淑子としてカムバックを果たして以後、順調に映画に出演し続ける。その中で、特に一九五〇年の『暁の脱走』によって、『支那の夜』における負のイメージを払拭し、反戦的なヒロインへのイメージチェンジに成功した。

田村泰次郎原作『春婦伝』の映画化である『暁の脱走』はCIEの審査により、八回にもわたって脚本を直させられた上で、やっと映画化が許された（四方田犬彦「李香蘭と朝鮮人慰安婦」四方田犬彦編『李香蘭と東アジア』東京大学出版会、二〇〇一年）。原作のヒロインである朝鮮人慰安婦が従軍歌手に変更されたとはいえ、同作品は日本国内でヒットし、高い評価を受けただけでなく、戦後の日本映画が東南アジアに上陸する第一号にもなった（邱淑婷『港日電影関係　尋找亜洲電影網絡之源』天地図書、二〇〇六年）。戦時中、『支那の夜』は李香蘭を非難にさらす重要な作品だった一方、李香蘭のイメージを東南アジア諸国に深く焼き付けた、両義性のある作品であった。日本の敗戦によって、『支那の夜』が戦時日本の映画を代表する重要な作品と見なされたものの、日本国内と山口淑子自身に唾棄された李香蘭を、大衆文化の記憶として、アジア諸国の民衆は覚えていた。

『暁の脱走』では、山口淑子の相手役に選ばれたのは、池部良だった。ここで池部の略歴について簡単に紹介しておこう。映画監督を志す池部は立教大学を卒業後、東宝映画に入社し、島津保次郎監督に抜擢され、『闘魚』（一九四一）で俳優デビューを果たした。翌年に同じ島津による大陸映画『緑の大地』に出演したものの、出演場面を撮り終えた直後に応召、中国やハルマヘラ島に出征、五年間にもわたる戦場の生活を体験した。復員後東宝に復帰し、戦後民主主義を代表する作品『青い山脈』に出た後に、『暁の脱走』で山口とともに主演を務める。戦時の李香蘭のイメージを反転させるかのような『暁の脱走』で、長谷川一夫の代わりに、池部は山口の情熱的な愛に怯えながらも、最後に彼女と一緒に兵隊から逃走する三上上等兵を演じた。中国での戦争体験があったせいか、池部は新憲法施行の記念映画『戦争と平和』（一九四七）で、親友を亡くし、自分は無事に帰還できたが、精神的に病む主人公の康吉を演じたり、オムニバス映画『帰国　ダモイ』で堕落した引き揚げ者と共産主義者の二役を演じたりもした。また、後者において、池部はクラブの歌手に扮する山口とは初めての共演を実現させた（志村三代子・弓桁あや編『映画俳優池部良』ワイズ出版、二〇〇七年）。

脱線した話を元に戻すと、『暁の脱走』の東南アジアへの進出は、戦時の李香蘭に対するノスタルジーにも似た文化的記憶を蘇らせたというより、斬新な李香蘭のイメージを新たに創出するのに一役買った。そこからわかるように、少なくとも香港と東南アジアの中華文化圏が必要としたのは、山口淑子という日本人の女優ではなく、李香蘭の再生だったのではないか。というのも、『楊貴妃』が製作される前に、観客の心情を見破ったランラン・ショウは、山口にもう一度李香蘭に戻るようにと求めたからである。一九五四年から一九五八年まで、山口は日本国内で映画に出演し続ける一方、引退するまで、香港において李香蘭の名前で以下の四つの中国語の香港映画に主演した。『天上人間』（王元龍、一九五四）、『金瓶梅』（王引、一九五五）、『一夜風流』（卜万蒼（若杉光夫）、一九五七）、『神秘美人』（華克毅、一九五八）。

フィルムの所在が不明なために、現在、作品の完成度、内容などを確認できないが、監督の名前から見れば、若杉を除く三人はいずれも戦時の上海映画界にいた映画人だった。王《おう》元龍《げんりゅう》は日本との接触が疑われた『王氏四侠』を作った王次《おうじ》龍《りゅう》の兄で、一九四一年に弟を連れて香港に赴いて星海影片公司を設立し、香港に移住してからも俳優をやりながら監督もした人だった。王引《おういん》は周知のように日本占領下の上海において有名な俳優だった。日本占領下の上海で、中華電影の傘下に置かれた中華聯合製片股份有限公司（略称：中聯）が製作した時代劇大作の『萬世流芳』（一九四三）では、李香蘭の恋人役を演じたことで、より知られるようになり、香港に行ってから、監督としても作品を手掛けた。卜万蒼《ぼくばんそう》に至っては、『木蘭従軍』で戦時日本でも大いに名前を馳せた監督であり、『萬世流芳』の演出によって李香蘭とは旧知のよしみであった。

中国の四大奇書の一つである『金瓶梅』は度々発禁処分を受けたため、戦前では、ついに映画化はできなかった。李香蘭が依頼を引き受けて作られたこの作品は『金瓶梅』の初めての映画化になるはずで、これを皮切りにその後日本と香港では、数回もリメイクされたのである。

ということで、ランラン・ショウと永田雅一が中国古典『楊貴妃』を撮る前に、まず李香蘭の香港と東南アジアでの再生があり、そうした意味では、戦後李香蘭の再生が中国古典の映画化を押し進めるのにもっとも重要な役割を果たしたと言える。香港での『金瓶梅』があって、その後の山口淑子＋池部良コンビによる『白夫人の妖恋』が生まれたことについては後述する。

六、『白夫人の妖恋』

林房雄は一九四八年に『白夫人の妖術』を上梓した。周知のように、プロレタリア作家として出発した林は、一九三二年に検挙されたのちに転向、戦時中、従軍作家として中国の戦場に行き、その後、国策と文学をめぐる発言を行い、大東亜文学大会の開催にも関わったりしたことで、戦後、戦争に協力した文筆家と認定され、文壇から追放された。敗戦後の日本で、戦争反対、民主主義が提唱されていく大きな歴史の流れに林は対抗し、大東亜戦争肯定論者として三島由紀夫とも親交を持ち、二度目の転向をついにしなかった。また林は戦中から中国物を執筆し、映画化された『亜細亜の娘』（一九三八）やルポ『上海戦線を語る』など、各ジャンルのものをしたためた。

この『白夫人の妖恋』に、『暁の脱走』によってアジアで名誉挽回、続いて香港で『金瓶梅』を撮り、中国の古典を再びものにした山口淑子は目を付けた。日本国内で葬られたはずの李香蘭を、香港や東南アジアの中国語文化圏は必要としていることを悟った彼女は、『白夫人の妖術』の映画化を提案したという（奥野信太郎・豊田四郎・武井武雄対談「『白夫人の妖恋』を見る」『キネマ旬報』一九五六年夏特別号）。

昭和に入ってからロシア文学、戯曲、小説の翻訳を数多く手がけながら、一九三八年に映画シナリオライターに鮮やかに転身した八住利雄は、戦時中から、エノケンもの、文芸作品、戦争ものなど、何でもこなせる一人前のライターとして映画界で活躍していた。戦後、林とは異なり、『戦争と平和』に代表されるように、八住は戦後の左翼映画にも脚本を提供していた人物である。原作の一文字を変えた『白夫人の妖恋』（一九五六）は、そうしたベテランの脚色によるものだった。

すでにアジアで華麗にカムバックしていた山口淑子は、アメリカだけでなく、香港においても広い人脈を持つようになり、香港映画界、東南アジア観客を日本映画界とつなぐ重要な役割を果たし、いわば、再びアジア映画界での女王の座を勝ち取った。『白夫人の妖恋』はこうして、戦前の日中映画交渉の人脈を生かした上で、戦後のカラー、トリック撮影などの映画技術を用いて映画化されることになった。

この作品の公開後、日本国内の評論家もこぞって賞賛している。中でも、愚作と言われる『楊貴妃』と対照しながら、この作品が立派であり、日本映画の題材の範囲を支那、朝鮮までに広げたと賛辞を送るのを惜しまない批評があった。さらに技術の面においても、特撮の進歩が認められ、色彩撮影も最高を争う出来と言えるとして、観客動員は絶対であろうと保証している（小菅春生「白夫人の妖恋」『キネマ旬報』一九五六年八月号）。

七、『清宮秘史』、『梁山伯と祝英台』そして『白夫人の妖恋』へ——緩やかに連続している大陸と日港合作映画受容の実態

戦後日本における中国古典映画受容の実態を語るには、『清宮秘史』（一九四八）に遡って考えなければならない。占領下の上海で「中華電影」に籍を置いた朱石麟《しゅせきりん》は、香港に移住し、一九四七年に設立された永華影業公司の社長兼プロデューサー李祖永《りそえい》のもとで、清の光緒帝と彼の寵愛する珍妃の悲劇を描いた作品を撮った。一九五〇年に追放が解除され、映画界に復帰した川喜多長政が率いる東和は、川喜多本人の意思で『清宮秘史』を一九五三年に輸入し、公開した。これは戦後『白毛女』に続く日本輸入の中国語映画の第二作である。

ところが一九五四年十月、毛沢東は「紅楼夢」研究の問題についての書簡の中で、当作品をすでに全国で批判のキャンペーンの対象にされている映画『武訓伝』と同列に置き、『清宮秘史』は売国主義の映画なのに、いまだに野放しにされていると指摘、名指し批判を行った。朱石麟本人はもちろん、『清宮秘史』も毛沢東と劉少奇との対立、イデオロギーによる権力闘争に巻き込まれた、歴史的事件となったのである。

だが、中国古典でこの時期日本に輸入され注目されたもう一本の作品がある。建国後の初カラー作品『梁山伯と祝英台』である。次にこの作品に関わる当時中国映画製作のコンテクストを簡単に説明しておこう。

一九四九年、共産党政権による新中国が成立した後、旧満映の人材と設備を受け継ぎながら、「東北電影公司」（後に東北電影製片廠、長春電影製片廠と改名）が創立された。映画草創期から「中国のハリウッド」と呼ばれる上海がある一方、北京には映画の要人たちが集まり、北京を映画指導の中心に、長春と上海を新中国映画の製作中心に据えたのである。一九五三年に映画を管轄する文化部は、ソ連映画の専門家を招き、社会主義下のソ連映画を手本に、映画体制の改革、俳優劇団の設立、映画撮影所に対する管理規定の実施などを行い、中国映画の本格的な発展を目指し始めた。『梁山伯と祝英台』

は、この改革のもとで、初めてのカラー映画として上海で製作された作品である。

「舞台戯曲片」という中国独自の映画ジャンルがこうして映画技術の革新に伴って誕生したわけだが、同作は代々にわたって伝えられてきた唐の時代の（『宣室志』に掲載されているとされる）民間説話を題材にしている。京劇というより、むしろ女性が男性に扮する越劇の定番の演目として長く大衆に楽しまれてきたラブストーリーである。「舞台戯曲片」とは舞台で演じられる芝居をそのままフィルムに刻みこむことで、芝居の現場を見る機会のないより多くの民衆に鑑賞させるために、開発されたサブジャンルだったと言える。

なぜ『梁山伯と祝英台』が日本輸入の一本に選ばれたのか。封建思想を一掃し、自由恋愛を謳歌する共産党によって提唱された方針に沿う一方で、階級、身分の差に引き裂かれてしまった恋人たちの悲劇が、そのまま階級闘争を唱えるものとして新たに解釈できるものだからではなかったかと考えられる。しかしそれだけではない。娯楽性がたっぷり盛り込まれたこの作品のストーリーを例に挙げると、たとえば、祝英台が男装して学校に通い、梁山伯と義兄弟の契りを結ぶエピソードは、一九三九年の『木蘭従軍』を想起させずにいられない。また親が決めた結婚式の途中で、祝英台が病死した梁山伯の墓に飛び込んでいき、二人が二羽の蝶々になって天国で結ばれるラストは、『ロミオとジュリエット』と似通った展開になっている。これは戦時の『木蘭従軍』よろしく、エンターテインメント性を満載させたものだったからでもあろう。

国共内戦期の上海で『奥様万歳』（一九四七）や『仮鳳虚凰』（一九四七）などの力作を監督した桑弧《そうこ》が演出、同じく上海で一九四八年に最初の国産カラー「舞台戯曲片」の『生死恨』の撮影指導に関わった黄紹芬《こうしょうふん》が撮影を担当した同作品は、一九五四年と一九五五年、二回も国際映画祭に出品、カロベファリー国際映画祭で最優秀音楽映画賞を獲得。また一九五四年にチャップリンが、ジュネーブで周恩来の招待により、同作品を鑑賞したほど、明らかに新中国映画のレベルを代表する一作だった。

『白毛女』が日本に上陸し、竹のカーテンによって遮られていた日中両国の文化交流が映画の分野で実現されて以来、一九五〇年に設立された日中文化交流協会が窓口になり、民間ルートを通して中国映画を輸入し続けた。『梁山伯と祝英台』の日本輸入は、『白毛女』に続く交流の一環でもあった。

中国を「中共」と読んでいた当時の日本において、満映の日本人スタッフが技術を受け持った『白毛女』は、左翼映画人のみならず、思想傾向を問わず、大衆にも比較的好意的に受け入れられ、自主上映を経て、ついに公開される運びとなった。そして、この『梁山伯と祝英台』も、またイデオロギーを前面に打ち出した他の中国映画と異なった受け入れ方をされていた。

たとえば、戦時中、中華電影の一員だった清水晶は、この作品の構成を「冗長そのもの、退屈のそしりを免れない」と欠点を指摘しつつも、「封建的な桎梏に対する自由の賛歌ということは誰でも気のつくことだが、それにしても中国人特有の俗に反動といわれるものに対する敵対意識が稀薄である」と評価している。さらに「私の見たところでは旧套依然たる香港映画より中共映画の方がはるかに斬新であり、意欲的である」（清水晶「中国映画漫語――『梁山伯と祝英台』を中心に」『キネマ旬報』一九五三年七月下旬号）と、戦後、『清宮秘史』を含め、自分の見た香港映画と比較して、清水は肯定の意を表している。

さて、長々と『梁山伯と祝英台』について書いたのは、大陸、香港、日本、まったく別々に論じられてきた三か所で行われた中国古典の映画化は、実は見えないところで繋がっていたことを立証したいからである。

たとえば、当時、慶應義塾大学教授奥野信太郎は前述の座談会で開口一番次のように語っている。

『白夫人の妖恋』を見て、すぐ感じたことは、あれをぜひ中共に輸出したいということです。台湾の中華民国にやるよりも、中華人民共和国にやるほうが喜ぶ。というのはこの映画のおしまいの、山口淑子と池部良が空中へ舞い上がって蓬萊島へ行くところは『梁山伯と祝英台』という中共映画の結末と大へんよく似ている。

（前掲「『白夫人の妖恋』を見る」）

続いて、奥野は「二人の恋を許す」結末を魯迅的だと言い、監督の豊田がそれを知らずに撮った結末について、奥野は魯迅の言葉を持ち出して解釈を施した。これは魯迅が書いた「雷峰塔の倒壊について」を熟知している、いかにも中国文学者ならではの発言だったのではないか。

さらに戦後では、中国古典ものを日本映画が好んで取り上げる一連の映画化について、記者の「これは隣を意識するような問題ですか」という問いに対して、奥野は「それとアメリカに対するレジスタンスでしょうね。これは当然考えなければならない共通的な問題で、レジスタンスといっちゃ言葉が過ぎるかもしれませんけれども、東洋は東洋でということじゃありませんか」（前掲「『白夫人の妖恋』を見る」）と答えたのである。

これを読んだ筆者は驚きながらも、なるほどと頷いた。太平洋戦争の敗戦、アメリカの占領を経て、一九五〇年代の後半になっても、「敗北を抱きしめる」日本では、アメリカへの対抗意識が生き続けていた。しかも左右の両陣営でそうした意識は違う形で現れており、映画製作と映画受容においても、こうした意識が作用していたことがわかる。ちなみに奥野は、『白夫人の妖恋』における八千草薫の演技を日本的と評し、やはり山口淑子は中国的な感覚があるので、白夫人は山口をおいて他にないと言いきる。なぜ李香蘭が戦後の香港と東南アジアから要請されて蘇るに至ったのかについて、これはまさに日本側からの一つの回答だったのではないかと思う。

おわりに

戦後、一億の国民が背負っている過去の戦争の記憶とトラウマは数多く映画に表象されている。戦争の被害ばかりを訴える内向的な「反戦」映画にせよ、独立プロが製作した贖罪意識を盛り込む反戦映画にせよ、いずれも「敗北を抱きしめる」意識を強く表現しようとするものだった。しかし、その後戦争ものにエンターテインメントを求める傾向が現れ、戦争映画はジャンル的な多様化を呈するようになっていった。言うまでもなく、内向的な反戦映画はもちろん、娯楽化される戦争映画の消費は、日本国内だけに限られており、輸出向けではなかった。

技術革新に着目しつつ文化交流を求める香港と東南アジアは、日本映画界にラブコールを送ってきた。こうして香港、東南アジア映画と接近した日本映画界は映画祭を介して交流の道を開いた。そうすると、戦争映画とは対照的に、映画交流に一番適応できる題材は戦争から遠く離れた中国の古典だと関係者はすぐに気付いた。戦時の李香蘭に対するアジアの大衆の記憶に見られるように、政治、イデオロギー、時には宗教の制限をも軽々と越えられるのは、戦時中の日本が製作した中国ものが築いた文化記憶ではないかと思われる。映画ビジネスが巧みに利用したこうした文化記憶は、しかし、また遠くない過酷な戦争事実を忘却させ、友好ムードを演出できる一面があることは否めない。

いずれにしても、本稿がこれまで検証した戦後日本における中国古典の映画化は、一九三〇年代の日中左翼映画人の思想的連帯関係、そして一九四〇年代のアジアへの日本映画の進出とは地続きの現象ではあった。とはいえ、戦後日本映画における中国古典の一連の映画がもはや戦時中の地理政治から大きく逸脱し、冷戦に分断されたアジアで、香港という中間エリアを通して、日本、大陸、香港、東南アジアの大衆が持つトランスナショナルな文化記憶（視覚のみならず、聴覚の記憶も含める）を映画技術の発展と結び付けてフィルムに刻印した、越境的映画史の一部であることは言うまでもないだろう。今後このテーマをさらに掘り下げて検証を続ける必要性があると思う。

戦後における李香蘭と二人の後継者

——胡美芳と葛蘭

西村正男

胡美芳《こびほう》と葛蘭は、それぞれ日本と香港における李香蘭＝山口淑子の後継者として位置づけられる。本稿では、作曲家の服部良一と梁楽音《りょうらくおん》が彼女たちの活動にどのように関わったかを拾い上げることで、その具体的な継承の様相を明らかにする。胡美芳は、主として日本における中国人歌手としての役柄を李香蘭から引き継ぎ、声楽の素養がある葛蘭は楽曲の内容や出演映画のプロットなどでも李香蘭を受け継いでいるのである。

にしむら・まさお——関西学院大学社会学部教授。専門は中国語圏の文学・メディア文化史。主な論文に「混淆・越境・オリエンタリズム——「玫瑰玫瑰我愛你（Rose, Rose, I Love You）」の原曲とカヴァー・ヴァージョンをめぐって」『越境する中国文学——新たな冒険を求めて』（東方書店、二〇一八年）、「日本ロック創成期に中国系音楽家が果たした役割」（『野草』九七号、二〇一六年）、訳書に郭強生『惑郷の人』（あるむ、二〇一八年）などがある。

はじめに

二十世紀半ばにおける上海から香港への文化／文化人の移動ということを考える上で、戦時下に満洲、日本、上海で活動し、戦後も日本、アメリカ、香港の映画に出演した李香蘭＝山口淑子の事例は重要な事例である。

本稿では、李香蘭＝山口淑子の戦後における足跡を追うだけでなく、李香蘭＝山口淑子の（ある意味での）後継者である胡美芳と葛蘭（グレース・チャン）の二人を取り上げ、彼女たちの歌手活動もまた、上海から香港への文化の移動と密接に関わっていることを示したい。その際、補助線となるのは、李香蘭＝山口淑子とも関わりの深かった二人の作曲家、すなわち服部良一と梁楽音である。彼らは、李香蘭＝山口淑子はもとより、胡美芳と葛蘭の歌手活動にも大きく関わっているのである。本稿では、この二人の歌手と二人の作曲家とのそれぞれの関わりを追跡することにより、彼女たちの歌手活動が、李香蘭の影を引きずっていることを浮き彫りにしていく。

それでは、李香蘭、胡美芳、葛蘭の順に、歌手活動とこの二人の作曲家との関わりについて確認していきたい。

一、李香蘭＝山口淑子

山口淑子＝李香蘭（一九二〇―二〇一四）については、すでに自伝やさまざまな関連書籍が出版されており、もはや説明の必要もないだろう。だが、彼女の自伝では戦争が終わり日本に帰国するまでの出来事に多くの紙幅が割かれ、香港映画への出演を含め、戦後の活動に関する記述は多くない。

戦後は、日本人・山口淑子に戻り、日本人女優・歌手として、東京、ハリウッド、香港などを股にかけて活動した彼女ではあるが、筆者は彼女の戦後の活動の多くは、中国（満洲・上海）での活動の延長線上にあり、中国時代のイメージを引きずっていたと考えている。しかしながら、彼女が「中国人」役を演じたのは『上海の女』（一九五二）のみである。

それでは、彼女の魅力やイメージは、戦後においてどのように受け継がれていったのだろうか。それを考える上で、服部良一と梁楽音という二人の作曲家を補助線として引いてみたい。

李香蘭＝山口淑子と服部良一

それではまず、李香蘭＝山口淑子と服部良一の戦中から戦後にかけての関わりを整理したい。

服部良一と李香蘭との関わりは、李香蘭と長谷川一夫主演の一九四〇年の映画『支那の夜』の音楽を服部が担当したことから始まる。映画の中では主題歌「蘇州夜曲」を李香蘭が歌った（が、当時テイチク所属だったため、日蓄に所属していた服部の曲をレコードに吹き込むことはできず、レコードでは渡辺はま子が歌った）。服部は同年日蓄に移籍した李香蘭に「心に咲く花」を提供し、レコードが発売されている。その後、一九四三年は李香蘭にとっても出演作が多い多忙な一年だったが、服部は李香蘭の出演作のうち『誓ひの合唱』には主題歌「母は青空」を提供し、『私の鶯』でも音楽を担当した。そのうち「私の鶯」と「新しき街」が李香蘭の吹き込みによるレコードとして発売されている。

服部と李香蘭の両者は、一九四五年には一大シンフォニー「夜来香幻想曲」（または日本語で「夜来香ラプソディー」）をフィーチャーしたコンサートを上海で成功させている。これは黎錦光が作曲し李香蘭が歌った「夜来香」をモチーフに、「売夜来香」としても知られる同名異曲も用いて、ルンバやワルツ、ブギウギのリズムと融合させたものであった（山口

淑子・藤原作弥『李香蘭　私の半生』新潮社、一九八七年)。

戦後、山口淑子は日本ではSPレコードとして十三枚両面と片面のみ一枚、計二十七曲を吹き込み、それは一九四八年から五四年にかけて発売されている。そのうち、二枚目に当たる一九四九年四月発売の「懐かしのタンゴ／恋の流れ星」の両面とも服部の作曲・編曲であり、映画『流星』の中で使われている。翌一九五〇年初頭には「夜来香／思い出の白蘭」が発売されるが、後者は服部の作曲で、両面とも服部の編曲であった。五一年十一月発売の「ラ・ヴィ・アン・ローズ(愛の花びら)」は服部が編曲を手がけ(後述)、かつて映画『支那の夜』で歌った「蘇州夜曲」を再録音したレコードも五三年三月に発売されている(編曲も服部)。

レコードの上での戦後の山口淑子と服部良一との関わりは以上だが、それ以外にも重要なコラボレーションとして、山口の主演映画『四つの幻想』と新日本放送『服部良一アワー』の一九五四年の放送が挙げられる。

『四つの幻想』は、これまで各種フィルモグラフィには未収録だったが、一九五一年六月八日より、『メスを持った処女』との同時上映として東宝系映画館で公開されていることが、新聞広告などから確認できる。演出(実質的な監督だろう)は田尻繁、音楽担当は服部良一である。雑誌記事では「三日間で撮影完了という超スピード短篇音楽映画」とされており、ストーリーはほとんどないような映画であったことが伺える(「四つの幻想　誌上再現　お見落としのファンの為に」『近代映画』七巻八号、一九五一年)。

『読売新聞』一九五一年六月四日に掲載されたこの映画の広告によれば、映画中では「お江戸日本橋」「珊瑚礁の彼方」「愛の花びら」「夜来香」の四曲が歌われ、日劇ダンシングチームも出演している(**図1**)。六月七日の同紙にも同様の広告がある。歌われた楽曲のうち、「お江戸日本橋」は、日本の民謡で山口は正式にレコーディングはしていない。続く「珊瑚礁の彼方」は日本では山口淑子がいち早くレコーディングしたことで知られるハワイアンの名曲『Beyond The Reef』(ただし、山口のレコードでは「珊瑚礁の彼方に」となっている)。ワイキキで活動していたカナダ人ピアニスト、ジャック・ピットマンが書き、ナプア・スティーヴンスが録音した後、ビング・クロスビーのカバーによって有名になった曲。もしかすると渡米していた山口自身が(クロスビー版を)持ち帰ったのかもしれないが、前年の一九五〇年にハワイで公演を行った服部良一が持ち帰った可能性もある。だが、レコード(日本コロムビアA1170-A)ではなぜか服部ではなくコロムビアの編曲家として名高い(戦前の李香蘭の多くの曲の編曲も手掛けた）仁木他喜雄が編曲を担当している。録音はこの映画撮影と同じく短い帰国の間（一九五一年五月九日）、レコードの発売は映画公開の一週間後の六月十五日だった（録音データは、ＣＤ『伝説の歌姫　李香蘭の世界』日本コロムビア、二〇一五年による）。

三曲目の「愛の花びら」は、「ラ・ヴィ・アン・ローズ（愛の花びら）」（日本ビクター V-40660）として、一九五一年十一月に発売された。フランスのエディット・ピアフの代表曲として知られるこの曲だが、山口淑子版はレコードでも服部良一が編曲を担当している。

四曲目の「夜来香」は言わずと知れた李香蘭の上海時代の代表曲で、上海百代レーベルに吹き込んだが、日本に帰国後も日本語で再録音している。その再録音版は、先述の通り服部良一の編曲で、一九五〇年一月に発売されている。詳細は省略するが、『四つの幻想』で歌われた「夜来香」は、「夜来香幻想曲」ヴァージョンだった可能性が高いと思われる。

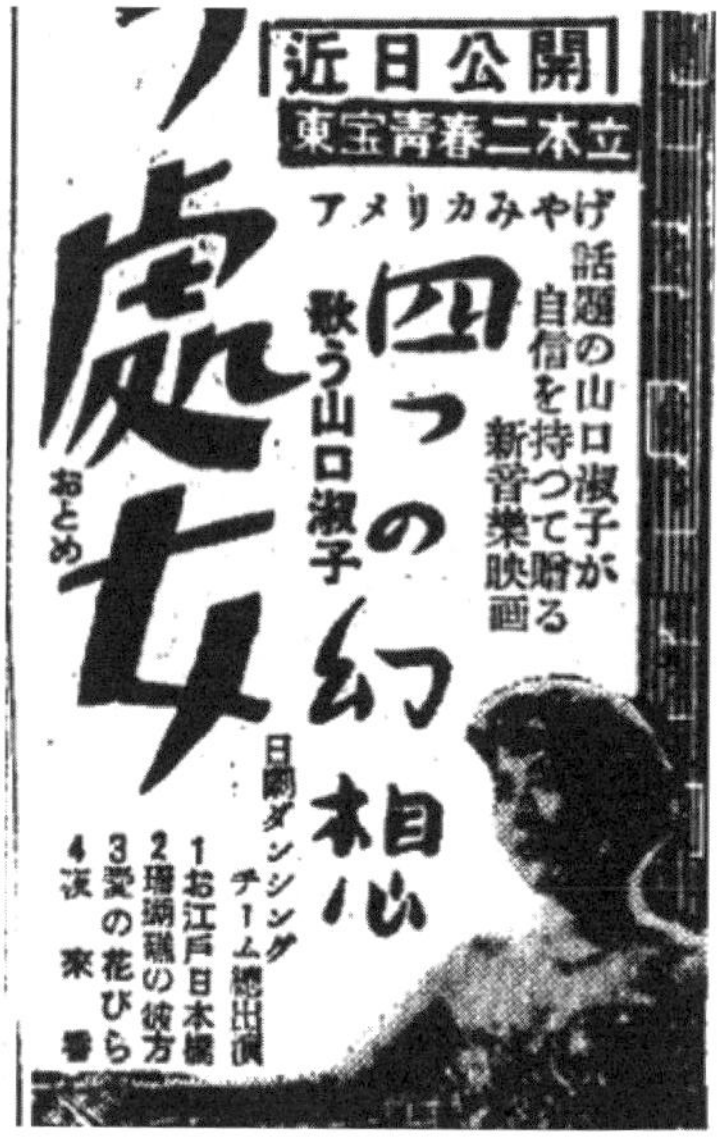

図1　映画『四つの幻想』の新聞広告。曲目や、日劇ダンシングチーム出演の情報の他、「アメリカみやげ」という文字も見える

実は、この『四つの幻想』は、一九五四年十月十四日より香港で公開された『香苑琵琶』の一部となっていると思われる。『香苑琵琶』は、そのプロットなどから、一般的には『情熱の人魚』が香港で公開された際の題名であると理解されている。だが、実際にはこの『香苑琵琶』は、『情熱の人魚』と『四つの幻想』をミックスした内容だったと考えられるのだ。

二〇一六年に香港の01空間で開催された『李香蘭伝奇』と題する展示の内容は、インターネット上でも確認できる（http://www.hk01.com/media/webassets/campaigns/2016/space/lixianglan.pdf, 二〇一八年七月十五日アクセス）が、その中にマレーシア・ペナンで入手したという『香苑琵琶』のチラシがある。そのチラシの写真の一部は、『近代映画』に掲載された『四つの幻想』の写真と酷似している。また、そのチラシには「国語［中国語］英語法語［フランス語］日語［日本語］各国名歌」と記されており、香港の新聞でもこの映画には「アメリカの作風、日本の味、パリの香り」があると報道されている（『李

香蘭主演　香苑琵琶　東京艶舞団参加演出」『華僑日報』一九五二年十月十二日。表題にある「東京艶舞団」とは日劇ダンシングチームのことであろう）。以上から、この映画は、一九四八年の大映映画『情熱の人魚』と一九五一年の東宝映画『四つの幻想』を強引につなげた映画であると考えられる。

一方、一九五四年八月二九日に新日本放送（現・毎日放送）で放送されたラジオ番組『服部良一アワー』では、山口淑子が三曲を歌っている。歌うのは「夜来香」「支那の夜」「ビヨンド・ザ・リーフ」であり、「夜来香」「ビヨンド・ザ・リーフ」の二曲が『四つの幻想』と重なっている。その内容は横浜の放送ライブラリーで耳にすることができるが、「夜来香」は「夜来香幻想曲」を再現した二十分を超えるヴァージョンとなっている。このように、機会があるごとに「夜来香幻想曲」が再演されたことは、服部良一の同曲へのこだわりが感じられる。

李香蘭＝山口淑子と梁楽音

神戸で生まれ育ち、上海や香港で活躍した作曲家・梁楽音については、すでに拙稿「神戸華僑作曲家・梁楽音と戦時上海の流行音楽」（『アジア遊学一八三号　上海租界の劇場文化』勉誠出版、二〇一五年）に記した。ここでは李香蘭＝山口淑子との関わりを中心に、簡潔に記しておきたい。

太平洋戦争下の上海に、映画会社・中華電影（中聯・華影）の音楽組主任として突然現れた梁楽音は、オールスターキャストによるオムニバス映画『博愛』（一九四二）の主題歌「博愛歌」を手がけ、名声を博す。さらに彼の名声を高めたのが映画『萬世流芳』（一九四三）の音楽担当である。この映画はアヘン戦争をテーマにしたもので、阿片窟で歌を歌う少女として李香蘭が出演し、梁楽音作曲の「売糖歌」「戒煙歌」の二曲を歌った。これが、日本人でありながら中国で育った彼女と、中国人でありながら日本で育った梁楽音との最初の接点であったと思われる。

戦後、梁楽音は活動の場所を上海から香港へと移す。そして、一九五三年には映画『金瓶梅』撮影のため香港を訪れた李香蘭＝山口淑子と再会している（『電影圏』港版十七期、一九五三年十二月）。『電影圏』誌は、当初この『金瓶梅』は梁楽音が音楽を担当すると報道していたのだが、一九五五年に公開された『金瓶梅』（王引監督）では梁の曲は使われず、別の作曲家・姚敏《ようびん》の曲に差し替えられていた。香港・新月唱片からレコードが発売された梁楽音作曲による李香蘭「緑野之春」「進酒杯莫停」の二曲は、『金瓶梅』の挿入歌として予定されていたものと思われる。一方、山口淑子が次に出演した香港映画『神秘美人』（華克毅［若杉光夫］監督、一九五七）では、梁楽音が音楽を担当し、山口が李香蘭名義で歌った「分離」「梅花」「歌舞今宵」の三曲は百代唱片からレコードが発売されている。

さて、服部良一と梁楽音がともに関わった二人の歌手、すなわち胡美芳と葛蘭は、それぞれ異なる意味で李香蘭の後継者として位置づけられる。その二人がいかなる意味で李香蘭の後継者であるのか、服部良一と梁楽音それぞれとの関わりから考えてみたい。

二、胡美芳

胡美芳(一九二六―二〇〇九)は和歌山市で生まれ育った華僑歌手である。まずは、彼女がどのような経緯から歌手としてデビューするようになったかを、主に自伝『海路遥かに』(静山社、一九八五年)に拠りながら確認したい。

和歌山で理髪業を営んでいた父、周玉山は文字の読み書きができたことから「旅日和歌山華僑理髪同業公会」の会長を務めていた。日中戦争が勃発し、傀儡政権の中華民国臨時政府が誕生すると、同会は会長名で新政権支持を表明するが、監視の目が厳しくなり、家族全員が順次帰国することになった。もともと歌を歌うのが得意だった彼女は、李香蘭主演の映画『白蘭の歌』や『支那の夜』を見て、まだ見ぬ祖国・中国や中国語に対する親近感が増していたという。

中国に帰国後、上海で「近所に住む白系ロシア人の未亡人から声楽を習っていた」という胡美芳は、歌手として頭角を現していく(それには日本の占領下という状況と彼女の日本語能力も関係しているだろう)。一九四二年十月から十一月にかけて「保甲自警団音楽大会」「大東亜民族音楽大会」「影星歌劇大会」などのイベントで舞台に立ったことが当時の上海の新聞『申報』から確認できる。自伝ではレコード「孟姜女」も吹き込んだことも記しているが、新聞報道では、同曲の他に「アリラン」「荒城の月」「満洲娘」をそれぞれ日中両言語で吹き込んだことが確認できる(「華語の〝荒城の月〟中国の歌姫が音盤吹き込み」、『大陸新報』一九四三年五月一日)。

一九四三年十一月に日本へ一時帰国した彼女は、一九四四年のエノケン一座正月公演に参加、服部良一の音楽担当のもと歌を歌った。中国に戻った後、同年二月に北京に移り、芸文中学に転入して歌を学ぶ。戦後、日本人と偽装結婚して日本に引き揚げ、日本で歌手として再デビューする。

陳歌辛作曲による上海の有名な流行歌を日本語で歌った「薔薇薔薇処々開」原題は「薔薇処処開」で再デビューした彼女は、李香蘭の「夜来香」を歌うなど、戦後の流行歌シーンにおいて「中国もの」を得意とする歌手として活動した。

表1　胡美芳の出演映画

作品名	監督	映画会社	公開日
①上海帰りのリル	島耕二	新東宝	1952年4月4日公開
②憲兵	野村浩将	新東宝	1953年4月22日公開
③強妻キュット節	毛利正樹	新理研映画	1953年5月27日公開
④黒豹	田中重雄	大映	1953年6月17日公開
⑤燃える上海	今泉善珠	現代プロ	1954年2月24日公開
⑥殴り込み孫悟空	田坂勝彦	大映京都	1954年5月11日公開
⑦快剣士・笑いの面	佐々木康	東映	1956年3月8日公開
⑧凸凹岩窟王	斎藤寅次郎	大映京都	1957年2月27日公開
⑨憲兵と幽霊	中川信夫	新東宝	1958年8月10日公開
⑩新・二等兵物語　敵中横断の巻	福田晴一	松竹京都	1960年4月1日公開

彼女の活動はレコードやステージにとどまらず、映画出演も少なくない。現時点で判明している彼女の出演映画は**表1**の十作品である。

すべてを目にすることができたわけではないが、その多くは中国人歌手として歌を歌うシーンがあるのみで（たとえば『憲兵と幽霊』では、姚莉が一九四〇年に吹き込んだ「秋的懐念」を歌っている。この曲は奇しくも胡美芳が一九四二年十月に上海で開催された「保甲自警団音楽大会」でも歌った曲であった）、台詞らしい台詞はない。山口淑子が中国人・李香蘭から日本人女優となり、中国人役をほとんど演じなくなる中で、その穴を埋めるべく使われたのが胡美芳だったといえるだろう。

胡美芳は、レコードでも映画でも、李香蘭の穴を埋める中国人歌手としての役割をあてがわれてきた。彼女がどのような意味で李香蘭の後継者であったかについては、服部良一や梁楽音との関わりから具体的に確認したい。

胡美芳と服部良一

胡美芳の自伝『海路遥かに』によれば、彼女が初めて服部良一に会ったのは一九四三年初夏のこととされる。服部の指揮による李香蘭の大光明劇場のリサイタルで、胡美芳は前唄を担当したという。だが、服部が陸軍報道部の嘱託として日本から上海に渡るのは翌一九四四年六月であり、李香蘭がこの時期上海でリサイタルを開いた形跡もなく、疑わしい（李香蘭は一九四四年七月に上海の蘭心戯院でリサイタルを開いており、その時のことを記憶違いしていたのかもしれない）。胡美芳が服部と出会ったことがはっきりしているのは、先述の一九四四年のエノケン一座正月公演である。そこでは中国の娘役で出演し、のちに戦後日本でのデビュー曲となる「薔薇処処開」を含む四曲を歌ったという。また、胡美芳は一九四四年十月二十三日の「掃蕩英美艦隊預祝会」の後半の音楽部分に参加している。演奏は上海交響楽団、指揮は服部良一で、歌手は胡美芳の他、渡辺はま子、服部富子らも参加しており、ここでも両者の共演が確認できる。

日本に引き揚げた胡美芳の再デビューも服部が関係している。彼女が九州から上京して最初にステージに立ったのが、一九五一年十一月の「服部良一作曲二千曲記念ショウ／ヒット・パレード」で、台湾出身の歌手・黄清石とともに「夜来香幻想曲」を歌っている。この年、山口淑子は『四つの幻想』のために「夜来香」を吹き込んで間もなくアメリカへと帰り、イサム・ノグチとの結婚準備に忙しくしていた。従ってこのステージもある意味で山口の代役と考えることができる。

胡美芳は翌一九五二年に日本コロムビアからレコードデビューする。そこには、やはりいわゆるチャイナメロディを得意とした渡辺はま子がコロムビアからビクターに移籍したという事情も絡んでいると考えられ、彼女は李香蘭の後継者であるだけでなく、渡辺の後継者でもあるといえる。

胡美芳は、映画でもレコードでも、基本的には中国人歌手として中国の、あるいは中国らしい曲をあてがわれた。服部良一もその例に漏れない。服部が胡美芳に提供した新曲は、管見の限り一九五四年七月発売の「上海タンゴ」一曲のみである（作詞も服部自身）。上海が服部にとって旧遊のなつかしい土地であることは言うまでもないが、「タンゴ」も中国的イメージを喚起させる。

タンゴのリズムを使った中国の流行歌といえば周璇《しゅうせん》が歌った「何日君再来」であるが、この曲は李香蘭も胡美芳も歌い、日本で広く知られている。さらに日本では東海林太郎「上海の街角で」、中野忠晴「チャイナ・タンゴ」、藤山一郎「上海夜曲」、米山博夫「大陸航路」、児玉好雄「上海タンゴ」、ディック・ミネ「タンゴ上海」、伊藤久男「ハルピンの夜は更けて」などタンゴのリズムを使った大陸歌謡が陸続と作られた（このうち「チャイナ・タンゴ」は服部自身の作である）。こうして見ると、彼女の「上海タンゴ」も、このような中国＝タンゴというイメージの延長線上にあると考えられるのである。

胡美芳は、その他の服部良一作曲の楽曲としては、レコードでは渡辺はま子が歌い、映画では李香蘭が歌った「蘇州夜曲」や「いとしあの星」も吹き込んでいる。さらに彼女の「夜来香」は服部が編曲を担当し、マンボを取り入れたアレンジが施されていた。服部がこの曲を用いてさまざまなリズムの実験を行っていることは興味深い。

胡美芳は李香蘭＝山口淑子が中国人を演じることをやめた後、中国人歌手としての役割を日本の流行音楽シーンにおいて担った存在であった。服部良一も、例に漏れず、彼女には中国風の曲をあてがった。その一方で、李香蘭とともに試した「夜来香幻想曲」の夢を更に追い続けるべく、胡美芳のレコードにおいてもタンゴやマンボなどのリズムを試していたのではあるが。

胡美芳と梁楽音

胡美芳は上海の舞台に立っていた時期、梁楽音と共演している。一九四二年十一月二十日に大光明大戯院で行われた「影星遊藝大会」（記事によっては「保甲遊藝大会」とも記されている）というイベントでは、梁楽音が「領導」とされていて、全体を取り仕切っていたことがわかる。胡美芳は、このイベントでは陳娟娟《ちんけんけん》、龔秋霞《きょうしゅうか》、白光《はくこう》、李麗華《りれいか》といった上海の錚々たる歌手の中に混じって、「支那の夜」などを歌っている。ともに日本で生まれ育った華僑の両者が日本占領下の上海で顔を合わせて、いったいどのような会話をしたのであろうか。

戦後香港へ活動の場を移した梁楽音だったが、たびたび来日していることが香港の新聞で確認できる。特に一九五二年から翌年にかけての来日時には、レコードや映画の楽曲にも関わっており、その中には胡美芳に提供した曲も含まれている。一九五三年五月に発売された「春怨花」は、その前月から公開された新東宝映画『憲兵』（野村浩将監督）で胡美芳が歌った曲である。『憲兵』は、中国・武漢を舞台とする戦争映画で、胡美芳は中国人歌手として登場してこの曲を歌う。この曲は李香蘭が映画『萬世流芳』で歌った「戒煙歌」の日本語版であり、ここでも李香蘭の後継者としての位置づけが見て取れる。日本で胡美芳が吹き込んだレコードのうち、梁楽音作曲のものは、これ一曲のみだが（梁は彼女以外には、渡辺はま子に二曲提供している）、実は胡美芳は映画の中ではもう一曲梁楽音作曲の楽曲を歌っている。

それは、『憲兵』の約二か月後に公開された『黒豹』で、その中で胡美芳は、やはり中国人歌手として李香蘭の持ち歌であった「夜来香」の他、梁楽音作曲の「月児弯弯照九州」

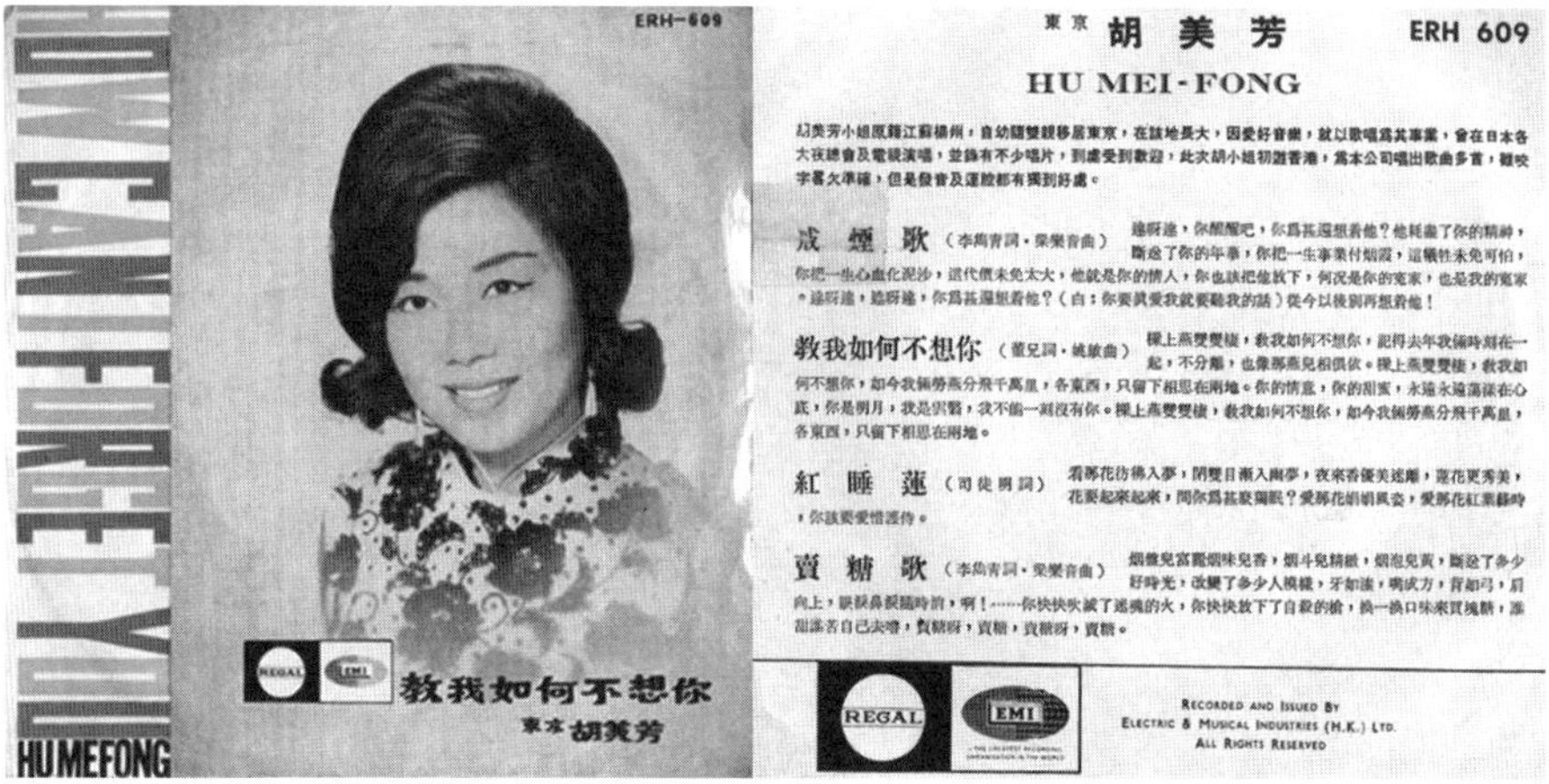

図2　胡美芳の4曲入りレコードのジャケット。Regal　ERH609。ジャケット裏には、彼女が東京で育ったという誤った説明もある

を中国語で歌っている。この曲は、前年の一九五二年の同名香港映画のために主題歌として梁楽音が作曲したもので日本ではほとんど知られていなかったと思われるため、梁楽音が直接この映画に関わった可能性が極めて高い。

この『黒豹』が特に興味深いのは、前年に公開された山口淑子の主演映画『上海の女』（東宝、稲垣浩監督）との類似においてである。『黒豹』が原作としているのは小泉譲の小説「死の盛粧」であり、日本の新聞記者と重慶（蔣介石政府）側女スパイの愛情を描いた映画であった。この映画では京マチ子がヒロイン役を演じている。一方、『上海の女』は、戦後の山口淑子が唯一中国人女性（厳密には中国人の養女となった日本人女性）を演じ、日本の特務機関員と女歌手の愛情を描いた映画であり、どちらも実在の女スパイ・鄭蘋如《ていひんじょ》がモデルになっていることは明白である。また、実際には極司非爾《ジェスフィールド》路七六号にあった特務機関を愚園路六七号とするなど、『上海の女』にも「死の盛粧」を参考にしたと思われる部分が少なくない。従って、この二つの映画は双子のような映画だということができる。『上海の女』の稲垣浩監督が戦時上海で『狼火は上海に揚る』（一九四四）を監督した経験があり、『黒豹』の田中重雄監督が戦時香港で『香港攻略・英国崩るゝの日』（一九四二）を監督した経験があるという符合も興味深い。

この二本の映画のうち、一方で山口淑子が主演女優と歌唱を、もう一方では京マチ子が主演し、胡美芳が歌唱を務めたことになる。

胡美芳と梁楽音の関わりはこれでは終わらない。胡美芳は一九六七年、香港のＥＭＩ（Regalレーベル）より二枚の四曲入りレコードを発売している。そのうちの一枚目は冒頭に「戒煙歌」、最後に「売糖歌」と、梁楽音が作曲し李香蘭が歌った二曲が収められているのである（図2）。してみると、この胡美芳の香港デビューにも梁楽音が関わった可能性は低くないだろう。ちなみに、このレコードで胡美芳が歌った残りの二曲のうち「紅睡蓮」は古賀政男が作曲し李香蘭が歌った「紅い睡蓮」の中国語カバー、もう一曲の「教我如何不想你」は姚敏作曲で、やはり姚敏が作曲し李香蘭が歌った「恨不想見未嫁時」にも似た佳曲で、胡美芳の歌声も李香蘭を彷彿とさせる。

以上から、梁楽音も胡美芳に李香蘭の後継者的役割を期待しており、香港においてもそれは変わらなかったことがわかる。姚敏にとってもそれはおそらく同様だっただろう。

胡美芳は、晩年には福音歌手として活動するようになった。それは、もちろん人生の苦悩の中でキリスト教への信仰を心の支えとするようになったことによるものである。だが、ずっと中国歌手、李香蘭の後継者として限られた役割しか与えられてこなかった彼女にとって、歌手としての新たな可能性を切り開く活動でもあったのである。

三、葛蘭

葛蘭は、日本では英語名のグレース・チャンとして紹介されることも多い香港の女優・歌手であり、一九三三年生まれ、現在も存命である。本名は張玉芳、父親の張競立《ちょうきょうりつ》は日本に留学し、東京商業学校を卒業後帰国し、国民政府鉄道部や交通部で要職を歴任した人物である。葛蘭は上海で育ち、中華人民共和国が成立する頃に家族とともに香港に移った。上海時代から声楽を学んでいた彼女は、李香蘭と同様に女優としてのみならず、歌手としても活躍する。女優としては、一九五二年に泰山影業公司に入社し、翌年に『七姉妹』でデビュー。その後さまざまな会社の映画に出演した後、一九五七年に国際電影懋業公司（電懋）の『曼波女郎』でスターの座に登りつめ、以後一九六四年に引退するまで同社の映画に出演し続けた。演技と歌の双方で観客を魅了した女優として、一九五〇年代から六〇年代にかけて他に類を見ない大スターだったと言えよう。その彼女の活動にも李香蘭の影が見て取れる。まずは、彼女と梁楽音との関わりから見てみよう。

葛蘭と梁楽音

葛蘭の歌手としての最初の吹き込みと思われるのが、「湖畔女郎」と「初恋」をそれぞれ片面に収めたレコード（大長城一〇八七）であるが、この二曲のいずれもが梁楽音の作曲なのである。そのうち、特にA面に収められた「湖畔女郎」が興味深い。葛蘭は、曲のエンディングに近い部分でコロラチュラ・ソプラノを駆使して声を張り上げる。これは、李香蘭が映画『萬世流芳』で歌った「売糖歌」を彷彿とさせるもので、梁楽音は、おそらく「売糖歌」の成功を念頭に置きながら、「湖畔女郎」を作曲したものと思われる（ただし、「売糖歌」のコロラチュラ・パートは、二つあるレコード録音のうち、一つのヴァージョンでは省略されている）。

実は、この曲は一九五三年の映画『恋歌』で使われたものであった。この映画は、俳優夫婦である王豪《おうごう》と陳燕燕《ちんえんえん》が創立した海燕影業公司の第一作として制作され、王剛《おうごう》が監督・主演し、陳燕燕も主演した音楽映画である。梁楽音は、音楽監督と作曲でクレジットされているだけでなく、音楽家・葛維《かつい》基《き》として出演もしている。この映画で使われた五曲の楽曲はすべて梁楽音の作曲だが、そのうち「湖畔女郎」は、映画では雲雲《うんうん》（屈雲雲としても知られる、声楽の素養がある女性歌手）が歌っていた。おそらく何らかの事情で雲雲がレコードに吹き込めなくなり、その代役として、やはり声楽の素養があった葛蘭に白羽の矢が立ったのだろう。

映画『恋歌』で雲雲が歌った楽曲はもう一つある。映画の題名と同題の「恋歌」という曲で、レコードでは葛蘭ではなく池元元《ちげんげん》という女性歌手が歌っている（新月五二〇四A）。池元元は天津出身、流行歌ではなく、クラシック音楽の声楽家として活躍した（のちに渡欧してオペラの世界で活動する）歌手であり、葛蘭「湖畔女郎」と比べると、違いは歴然としている。完全にクラシック音楽としての歌唱を聞かせる池に対し、葛蘭はポピュラー歌謡と声楽を巧妙にブレンドしているような印象を受ける。その点では李香蘭のレコードと共通しており、李香蘭の後継者としてのデビューを華々しく飾ったのだった。

「湖畔女郎」の裏面に収められた「初恋」は映画とは無関係であるようだが、李香蘭を思わせるようなソプラノが響きわたる背後でラテンのリズムが刻まれ、のちにマンボやチャチャなどのリズムに取り組むことになる葛蘭の将来を暗示しているかのようである。

さて、香港の「右派」映画人たちは、蒋介石の誕生日を祝い軍を慰問する目的で訪問団を組織し、一九五五年十月から十一月にかけて五十名が台湾を訪れているが、そのメンバーには葛蘭と梁楽音も含まれていた。葛蘭はこの台湾滞在中の一九五五年十一月十一日、初めて台湾のラジオのための録音を行っている。歌ったのは全部で五曲で、「湖畔女郎」「初恋」の他、やはり梁楽音作曲による「梅香」という曲も歌ったという。梁楽音自身も伴奏を担当している。報道では梁楽音のことを葛蘭の「音楽教師」と記している（「葛蘭今晩播唱新曲　寄語影迷慢談終身」『聯合報』一九五五年十一月十二日）。

残念ながら、梁楽音と葛蘭のコラボレーションは、これ以降は見られない。一方、彼女がスターの座に上り詰める一九

図3　李香蘭（右）と葛蘭（左）（出典：『国際電影』第44期）

五九年頃には、もう一人の作曲家と出会うことになる。それが服部良一である。

葛蘭と服部良一

葛蘭は一九五九年四月二十三日から五月十日にかけて日本に滞在した（葛蘭「扶桑行脚」『国際電影』第四四期、一九五九年六月）。東京では、山口淑子、服部良一の両者とも会っている（胡美芳が駐在歌手を務めていた音楽喫茶「夜来香」にも行っている）（**図3**）。葛蘭はまだ映画会社「泰山」にいた時に、監督卜万蒼《ぼくばんそう》の紹介で山口淑子と知り合ったと記しているので、彼女が山口に会ったのは、おそらく山口が『金瓶梅』の撮影で香港に滞在した時のことであろう。葛蘭は山口の紹介で服部の家に遊びに行き、レコードを聴いたり、服部からレコードを贈られたりしたという。葛蘭「扶桑行脚」には、「もしかすると彼は間もなく香港にやってくるかもしれない」という記載があり、この時点で服部の香港行きを予告していることは興味深い。だが、より興味深いのは服部が葛蘭に対して「君の声は李香蘭に似ているね」と言ったと記されていることで、服部が彼女をポスト李香蘭として位置づけていることが、ここから見て取れる。

服部が香港を訪れたのは同年十月十四日である。映画『女秘書艶史』（一九六〇年三月十日公開、葛蘭は出演していない）の

音楽を担当した他、レコード会社「百代」に楽曲を提供して、十一月一日に帰国の途に就いている。十月三十一日の送別会には、アメリカに行っていた葛蘭（新聞報道によれば二十九日に香港に帰着）も駆けつけたという（「日本著名音楽家　服部良一在香港」『国際電影』第四九期、一九五九年十一月）。葛蘭が主演し服部が楽曲を提供した『野玫瑰之恋』は、香港では一九六〇年十月四日に公開されている。映画中の楽曲は服部が香港に残した楽譜に基づいて録音が進められたのではないかと思われるが、葛蘭自身は服部から息継ぎのタイミングに至るまで細かい指導を受けたと証言している（『香港電影資料館通訊』第二十期、二〇〇二年。これはもしかすると『野玫瑰之恋』の録音時ではなく、服部が香港を再訪する一九六三年のことかもしれない）。

この映画のために服部が提供したのは、自ら作曲した「説不出的快活」、「同情心」の二曲と、彼が編曲したオペラ、オペレッタからの四曲、すなわち「蝴蝶夫人」（プッチーニのオペラ『蝶々夫人』の「ある晴れた日に」）、「卡門」（ビゼーのオペラ『カルメン』の「ハバネラ」）、「賭徒歌」（ヴェルディ『リゴレット』の「女ごころの唄」）、「風流寡婦」（レハール『メリー・ウィドウ』の「唇は黙して」）である（ただし後者二曲はレコード化されていない）。

「説不出的快活」は、もともと笠置シヅ子と旗照夫が歌った「ジャジャムボ」（一九五六）が原曲で、四拍子の伴奏と三拍子のメロディを合わせたような、複雑なリズムの楽曲である。また「同情心」は、服部らしいブルース調の楽曲である。服部の自作二曲に対し、声楽の素養を持つ葛蘭に合わせてだろうか、オペラ、オペレッタを歌わせているのも興味深く、このような雅と俗の共存も李香蘭をイメージさせる。特に「卡門」は、単なるオペラの再現ではなく、ラテンやブギウギのリズムを取り入れたアレンジになっている。あたかも、李香蘭のために「夜来香」をアレンジして「夜来香幻想曲」を作り上げたことを彷彿とさせる。

ところで、服部自身が関与したわけではないが、この映画のプロットにも李香蘭＝山口淑子を想起させられる箇所がある。映画のプロットの概略は以下の通りである。

葛蘭演じるナイトクラブの歌手・鄧思嘉は「野バラ」と人から称されるほど野放図な性格であるが、情に厚い一面もある。そのナイトクラブにピアニストとして採用されたのが張揚演じる梁漢華。堅物の彼だが、徐々に鄧思嘉の魅力に取りつかれ、彼女に惹かれるようになる。その後、刑務所から出獄したやくざ者の「独眼龍」（鄧思嘉の前夫）を誤って負傷させた梁漢華は入獄する。釈放後、鄧思嘉と暮らすも仕事を得られない彼に対し、鄧思嘉は密かに歌手業を再開する。だが、独眼龍の脅しにより梁漢華と別れることを決意。彼女の本心を知らぬ梁漢華は、彼女が心移りしたと思い、殺してしまう。
堅物の男性がショービジネス界の女性に夢中になり、裏切られる（と感じる）、というプロットは一九三〇年のドイツ映画『嘆きの天使』と共通しており、歌手の女性に裏切られ殺してしまう、というプロットは『カルメン』と共通している（映画中ではオペラ『カルメン』の「ハバネラ」も歌われる）。だが、ピアニスト、出獄した前夫などの設定からは、別の映画を踏まえているようにも思われる。それが、『四つの幻想』と併せて『香苑琵琶』として香港でも公開された山口淑子主演の『情熱の人魚』である。

『情熱の人魚』は、田口哲監督、松村俊雄脚本による一九五八年の映画で、水島道太郎演じるピアニスト堀田が、キャバレーに雇われ、山口淑子演じる歌手の道子と出会う。彼女の才能を感じた堀田は彼女をオペラ歌手へと育てようとするが、道子の夫の戸川が出所し、堀田から道子を連れ去る。だが、道子は堀田が来るのを待ち望んでおり、堀田は戸川をぶちのめす、というストーリー。ハッピーエンドで終わるところは『野玫瑰之恋』とは異なっているが、その骨組みとなるプロットを組み立てる上で、この『情熱の人魚』が参照された可能性は高いのではないだろうか。

『野玫瑰之恋』の脚本を担当した秦亦孚《しんえきふ》は、葛蘭のためにキャラクターを作り上げ脚本を書いたという（葛蘭口述「葛蘭――電懋像個大家庭」『国泰故事（増訂本）』香港電影資料館、二〇〇九年。また、「『野玫瑰之恋』擱浅　葛蘭将另有高就」台湾『中央日報』一九六〇年一月五日参照）。そうだとすれば、秦亦孚が香港で公開された『香苑琵琶』を見て、山口淑子と同様声楽の素養のある葛蘭に対して、この映画と似た役柄やプロットを充てがおうとしたことは大いに考えられる。

一九六三年三月二十三日、服部は再度香港を訪れている。この香港滞在期間には『教我如何不想她』、『小児女』の二つの映画の音楽に関わっているが、そのうち葛蘭が主演した『教我如何不想她』では、多くの挿入歌の作曲も手がけている。この映画では、服部の他、松竹歌劇団や日劇ダンシングチームの振り付けで活躍した県洋二が起用され、日本のミュージカル映画を意識した作りとなっている。特に興味深いのは、この映画のミュージカルシーンが世界各地を表象した（あるいはその要素を取り入れた）ダンスと歌（すべて葛蘭によって歌われる）から構成されていることである。ハワイ（楽曲「我愛夏威夷」）、南米（楽曲「火辣辣」）、日本（楽曲「桜花三島」）、スペイン（楽曲「英雄美人」）、アラブ（楽曲「阿刺伯聖

図4　『教我如何不想她』のミュージカルシーンで日本劇場が登場する場面

地）、アメリカ、イタリア、マレー半島、コーカサスなどの風景や音楽がステージ上で再現される。そこで思い起こされるのは、山口淑子が出演した『四つの幻想』も、日本、ハワイ、フランス、中国の楽曲から構成されていたことである。ミュージカルによる世界一周的な趣向は、『四つの幻想』と『教我如何不想她』に共通しているといえよう。『教我如何不想她』の世界一周的趣向は、服部のアイディアによるものなのか、脚本・監督の易文《えきぶん》のアイディアによるものかはわからないが、音楽映画を得意とし、多くの楽曲の作詞も手がけた易文も『四つの幻想』を含む『香苑琵琶』を見ていた可能性は低くないだろう。

　さらに、この映画のミュージカルシーンのうち、日本を描いたパートでは、ステージ上に「日本劇場」が描かれ、日劇ダンシングチームにオマージュを捧げているかのようでもある（**図4**）。これは、おそらくは、振り付けの県洋二に対して敬意を表するという意味が大きいだろう。また、易文は日本ロケ映画『蝴蝶夫人』（新華、一九五六）を監督した際には日劇ダンシングチームの協力を得てそのステージを映画に盛り込んでいるため、日本劇場に対する印象が深かったのかもしれない。だが、香港で公開された『香苑琵琶』の一部をなしていた山口淑子主演の『四つの幻想』も日劇ダンシングチームを起用した映画である。また、日本劇場は、李香蘭＝山口淑子が「日劇七回り半事件」という伝説を作った場所でもあった。このように、この映画のミュージカルシーンにも李香蘭の影が見え隠れしているのである。

　以上で見たように、葛蘭に対しては、梁楽音も服部良一も李香蘭のイメージを彼女に重ねてみていたように思われる。だが、彼女の活動は必ずしもそのイメージにはとどまらなかった。『千面女郎』(一九五九)では京劇、『啼笑姻縁』(一九六四)では大鼓など、中国の伝統芸能に基づく歌唱を披露し、また『曼波女郎』(一九五七)などではラテン・リズムを取り入れた楽曲を歌いこなす。このようにして葛蘭の歌声は、香港の国語流行歌(時代曲)が時流に合わせてさまざまな要素を取り込みながら発展していくのを支えたのである。

おわりに

本稿では胡美芳と葛蘭という、それぞれ主に日本と香港で活躍した二人の歌手を取り上げ、彼女たちの活動がどのような意味で李香蘭のイメージを引き継いでいるのかを確認した。

胡美芳が李香蘭を引き継いでいるのは、その歌唱スタイル自体というよりも、日本の歌謡界において李香蘭の穴を埋める中国人歌手という役割においてであった。だが、戦後の日本において時間が経つに連れ中国の記憶はしだいに薄れていく。胡美芳はやがて活動の場を失っていき、福音歌手としての活動に邁進することになった。

一方の葛蘭は、一九五〇年代から一九六〇年代にかけての香港の国語映画界、国語歌謡(時代曲)を支える女優・歌手である。彼女には声楽の素養があり、歌声も李香蘭に似通っていた。そのため歌声だけでなく、彼女の出演映画にも李香蘭の影が現れることとなった。このことは戦時上海を引き継いだ香港の流行文化を考える上で重要である。

日本と香港の双方における李香蘭イメージの継承や展開を追跡することは、上海文化の香港における継承という点だけでなく、日本と香港の文化交流を歴史的に考察する上でも益するところがあるだろう。本稿で扱った服部良一が日本と香港の文化交流史において重要な位置を占めることは言を俟たない。また、胡美芳も、香港に招かれてレコードを吹き込んでいる。一方の葛蘭は、日本で芸能活動を展開することはなかったが、彼女と同じ映画会社・電懋に属し、のちに婚姻によって義姉妹(夫同士が兄弟)となった尤敏《ユウミン》(一九三六―一九九六)は、日本でも李香蘭のイメージを継承する中国人スターとして映画出演し、人気を博したのである。

本稿が、上海文化の香港における継承、あるいは李香蘭イメージと日本=香港の文化交流を考える上で、何らかのヒントを提示することができれば幸いである。

中国語映画の「戦後」——女優李麗華とその主演作品を中心に

韓　燕麗

かん・えんれい——東京大学大学院総合文化研究科准教授。専門は映画学、中国語映画。主な著書に『ナショナル・シネマの彼方にて——中国系移民の映画とナショナル・アイデンティティ』（晃洋書房、二〇一四年）などがある。

中国は一九四五年の第二次世界大戦と日中戦争、そして一九四九年の内戦と、短い間に「戦後」を二度も経験した。長く苦渋に満ちた「戦後」処理のプロセスは、中国映画史そして中国映画の銀幕にいかなる痕跡を残したのだろうか。本稿は女優李麗華が主演した多種多様な北京語映画を分析することによって、中国映画の「戦後」について再考する。

はじめに

第二次世界大戦が終わるやいなや、中華民国政府は戦勝国として英国に香港の主権を返すよう求めたが、その後四年間にも及んだ内戦による混乱で返還の話は結論が出ないまま流れた。その数年のうちに、数多くの映画人が上海や旧満洲から香港へ移動し、北京語映画を香港の地で製作し始めたことは、周知の通りである。しかし中国を三分する状勢がその後半世紀も続くという歴史の大きな流れ、そして大陸から来た数多くの映画人が生涯そのまま香港に留まることになるという中国語映画史の大変動は、終戦直後の時点では誰も予測できなかったことであろう。国家ないし個人の前途がその後いかなる方向へ流されるかをまったくわからないという当時の映画人の置かれた状況が、一九四六年の香港において製作されたある一本の奇妙な北京語映画から推察できる。

映画『情焰』のヒロイン——上海から香港にやってきたモダンな富豪娘——を演じたのは、その年のミス・ホンコンに選ばれた李蘭《りらん》だった。水泳や乗馬などで体の曲線美を大胆に披露するヒロインに対し、香港ローカルのヒーローはまだ言葉を交わさないうちから、「あの方は上海から来られたお嬢さんでしょう。あのような方は香港にはもちろんいない。ハリウッドにさえいないでしょう」と羨望の目線を投げかける。その台詞から、当時の香港に居住する広東系の一般民衆がモダンな上海ガール、あるいは上海という都市に対して抱く憧憬の念をうかがえよう。しかしそのこと自体は「奇妙」でもなんでもない。作品が醸し出す「奇妙」さは、この全編北京語の映画に出演したのが、呉楚帆《ごそはん》など、これまで北京語映画に出演したことのない広東語映画のスターたちばかりだったということに集約される。彼らは時には理解不可能な広東語訛りの強い北京語を操りながら演技に苦心した。その後の香港映画史においてほとんど例を見ないこのような北京語映画が作られたのは、一九四六年の時点において、彼らは香港がまもなく中国政府の管轄下に置かれ、大陸全土で映画が公開されるという前提のもとに北京語で台詞を語ることに努めたためである。[1] しかし、前述したように、ほどなくして大勢の映画人が大陸から香港へ南下し、広東語を母語とする俳優の北京語映画における出番はなくなってしまう。

　これまで一般的に、戦時中に日本の国策映画会社に協力した責任への追及を回避するため、または共産党政権への嫌悪から、一部の中国映画人は大陸から香港へ移ったと理解されてきた。しかし上で述べてきたように、当時の香港は大陸から完全に断絶された楽園などではなく、むしろその先の数年での中国への返還を心配される、不安に満ちた場所であった。一方の中国は一九四五年の第二次世界大戦・日中戦争、そして一九四九年の内戦と、その短い間に「戦後」を二度も経験していた。当時の香港にいた映画人にとって、そのタイムスパンの長い「戦後」は、終わったばかりの戦争が残した敵国協力問題への清算と、直後のもう一つの戦争がもたらすイデオロギーの取捨選択の問題という、二つの難問に同時に直面せねばならないことを意味した。その長く苦渋に満ちた「戦後」処理のプロセスは、中国映画史そして中国語映画の銀幕にいかなる痕跡を残したのだろうか。今日の香港映画は戦前の上海映画が持つ娯楽至上主義の大衆文化としての性格を受け継いだものだと、もう一つの中国語映画史において一般的に理解されてきた定説があるが、われわれは「継承」という極めてわかりやすい言葉で戦後の苦難に満ちた再建の過程を安易に捉えすぎてしまっていないだろうか。本稿はこうした中国語映画史における大きな問題について考えるため、上海から香港へ南下した女優の中でも、もっとも多くの作品に出演し、同時に圧倒的な影響力を有した李麗華《りれいか》にスポットライトを当てる。当時の新聞や映画雑誌を通じて戦後における彼女の足跡を追いかけながら、現存する彼女が主演した多種多様な北京語映画を分析することによって、「戦後」が中国語映画に残した大きな爪痕の一端を探っていく。

一、戦後上海
――裁判所に呼び出された大女優

一九四六年十二月十八日付の『香港工商晩報』に、「滬高等法検査処　三訊男女落水影人（上海高等裁判所検査処　男女『落水』映画人へ三度目の訊問）」という目立つ標題の記事があった。「落水」という今やほとんど死語になっている言葉は、悪事を働くことの比喩であり、ここでは戦時中に敵側の日本に協力したことを指している。「漢奸」（売国奴、裏切り者）という言葉ほど強くないものの、「落水映画人」の前に付く「男女」の二文字は、男女複数名という意味以上に彼らを一括りにして弾劾する響きがあった。記事によれば、一九四六年十二月十日に行われた開廷訊問はすでに三回目であり、十一月に行われた二回には無断欠席した映画人が多かったという。

その「落水」映画人の中で、一九三九年に十五歳の若さで映画デビューを果たした女優李麗華は、主要人物の一人であった。[2] 一九三九年という年は、有名映画スターの多くが日本占領下の上海を脱出することによって生じた戦乱における人材枯渇というタイミングを意味すると同時に、日本が上海で「中華電影公司」を立ち上げ、日本占領地域の映画配給を一元的に管理し始めた年でもあったため、彼女の長い映画人生は当初から、敵国への協力という払拭しがたい陰影を帯びたことも意味していた。[3] 終戦当時、彼女は、「中華電影聯合公司」（以下、「華影」と呼ぶ）という日本が上海で設立した国策映画会社に所属し、華影の主要女優の一人であった。特に阪東妻三郎と共演した『狼火は上海に揚る』（中国語題名：春江遺恨、大映・中華電影合作、一九四四）では、彼女は日本語を操りながら日本人と親しく接する中国女性を演じたため、終戦直後の責任追及から逃れられない立場に置かれた。

もう一つ、李麗華が上記の開廷訊問において特に注目される理由として、彼女がその年に大ヒットした映画『假鳳虚凰』の主演女優だったことが挙げられる。お金持ちの結婚相手をつかまえるため、理髪師と未亡人の二人がお互いにお金持ちのふりをしてお見合いにのぞむ、という軽妙なタッチで展開されたスクリューボール・コメディは、終わったばかりの戦争がまるで存在しなかったかのような陽気さで戦後の人々の心に積もった重苦しい暗雲を吹き飛ばし、社会的センセーションを巻き起こすほどのヒット作となった。映画が公開されたのはまさに上記裁判が行われた一九四六年である。時の大女優が裁判所に現れた際、上海の記者たちはその出で立ちを以下のようにつぶさに観察し、描写した。

李はグレーのかかったネズミ色の洋式ズボンを履いており、足元にはブルーのスエードの革靴。黒い狐の毛皮コートを羽織り、手には黒い狐の毛皮マフを持っている。（中略）記者からの写真撮影の要望を許諾し、記者たちに囲まれた彼女は姿勢を正して微笑みながら撮影に応じた。（「滬高等法検査処　三訊男女落水影人」『香港工商晩報』一九四六年十二月十八日）

上記の描写からは、敵側と一味になった「落水」女優への糾弾どころか、輝く大スターへの羨望の目線しか感じられない[4]。実際、厳かな裁判所の入り口では、大勢の群衆が女優の到来を待ち望んでいた。その様子は、上海で発行された『申報』の記事にも詳細に報道されており、記事のタイトルはずばり「高検処門口争看女影人」（高等裁判所の入り口、我先に女優見物）である[5]。

写真撮影だけでなく、記者からの質問にも応じた李の発言について、「（李は）娘を出産したばかりで、昔のことに対して深い感慨を抱いている」と同記事は簡単にまとめている。ここから、新しい命の誕生に対する喜びと、過去を葬ることへの期待という二つの感情を読み取れるのではないだろうか。事実、翌年公開され、一九四六年年末の時点では企画中または撮影中だったはずの『三女性』という映画の中で、李麗華が演じた主人公は経済的に自立した戦後のキャリアウーマンであり、他の女性たちに「この苦難な時代に、われわれは自らの力で自分を養おう」と呼びかけたり、資金を募って託児所を開設したりするなど、まさに戦後の復興を女性目線で描いた映画であった。挿入歌の歌詞にあった「暗黒を追い払い、光明を長く留めさせよう。新しい中国の誕生を見よ、地に遍く快楽と自由が溢れている」という文言から、戦後における国家の新たな建設への憧憬と期待を容易に感じ取ることができる。戦後早期に達成できた映画製作現場への復帰、そして観客からの熱烈な歓迎は、『三女性』の監督である岳楓《がくふう》（『狼火は上海に揚る』の中国側監督でもあった）と李麗華を含む俳優たちに、戦中の行いについて不問のまま戦勝国の国民としての喜びを味わえると、未来を楽観視させたに違いないだろう。いわばここでは短期間ではあるが、国家イデオロギーは商業映画の市場原理とスター・システムの強力な働きに敵わなかったとでも言うべき現象が起こっていたのである。

その後、映画会社「永華」と結んだ契約で岳楓や李麗華はともに一九四八年に香港へ移ったが、ほぼ同時期に大陸から香港に移った監督や俳優陣も少なくとも数十人はいた。しかし香港への移動は、敵国協力の責任に対する追及の終わりを決して意味しなかった。香港へ移った翌年の一九四九年、九月十八日付きの香港『華商報』に李麗華の名で公開書簡が掲載された。文章の中で彼女は、『万紫千紅』などの華影が製作した映画に出演したという過去に対して、「悩みと不安を感じる」と胸の内を漏らし、「昔の自分は演技のことしか考えておらず、多くのことに対する考えがとても幼稚だった」、「今は誠心誠意自分を変えたいと思っている」と強く自己批判し、深い反省の念を示した。その反省の言葉から、戦時中に映画デビューし燦燦と輝いた東アジアの大女優李香蘭こと山口淑子による謝罪の言葉を思い出さずにはいられない。「若い、何もわからないころにやったことです。いまでは後悔しています」(6)。国家や民族の正義の名の元に、人々は二十歳前後の彼女たちに当時の状況下ではおよそ選択不能な決断を強要し、断罪し、そして謝罪させた。戦争という不条理な大渦に巻き込まれ翻弄される彼女たちに謝罪しようという人などどこにもいないにもかかわらず、である。

ところで、上海の記者たちの取材は裁判所に入る直前のところで止められたが、その日の裁判所では、一体どのような様子が繰り広げられていたのだろうか。長い間明かされなかった裁判所内部の様子について、半世紀後の一九九七年六月十三日、オーラルヒストリーの記録として香港電影資料館によって行われた公式インタビューに応じた李麗華は、初めて重い口を開いた。インタビューの記録映像に彼女は、いささか興奮した調子で裁判当日の様子を以下のように振り返った。「私は恐れていなかった。私は自分が果たして本当に漢奸だったのかはっきりさせたかった。法廷に行くと私は聞いた。『私はどう間違ったのか? 私はどうしてここに来ないといけないのか? 私が出演したのはすべて愛国の良い映画ばかりです。どうして私を漢奸というのか? そもそも何を以て漢奸というのか?』と」(7)。

半世紀の歳月が経ってもなおすらすらと彼女の口から繰り返された四つの問いから当日の状況がまるで映画のワンシーンのように目に浮かぶ。インタビュー映像に記録される彼女の口調と表情を見ていると、当時から彼女の考えはじつはいささかも変わらなかったのではないか、彼女にとって戦後の気持ちの整理はいまだ未完のままではないかと、思わずにいられないのである。少なくとも、李麗華は自らに対する糾弾を不服に思ったまま上海を離れ、香港にやってきたことは事実であろう。形式上のこととはいえ、彼女にとっての戦後処理の儀式は、上海ではなく大陸と切っても切れない緊密な関係にあった植民地の香港で行われたのだから。一九四六年の上海裁判所の一幕から一九四九年の公開謝罪文まで、女優李麗華の態度がうって変わった背後には何があったのだろうか。

二、戦後香港――「改造」されていく大女優

上海で大ヒットした『仮鳳虚凰』は約半年後の一九四七年七月十三日に香港でも公開された。上海ほどのセンセーションは起こらなかったものの、一九四八年四月の『工商晩報』に、南昌の両少女は李麗華を慕うあまり家出して上海まで会いに行ったという詳細な長文記事が掲載されたり、八月の『華僑日報』に『仮鳳虚凰』の主演女優李麗華がゴルフ場の開業イベントに出席したという記事が掲載されたり、香港における知名度は着実に上がりつつあるようだった。香港に移った後、彼女が最初に出演した映画は李萍倩《りへいせん》監督の『春雷』だった。一九四九年二月五日公開の『春雷』の新聞広告には、「『国魂』や『清宮秘史』と同額の資本を投入してこの現代劇の大作を完成！」という惹句が踊り、映画会社永華にとっては、大女優を起用し、セットや服装に大金を要する時代劇映画にも引けを取らないくらいの資金を投入して製作した期待の作品だったことが見て取れる。

香港で完成したこの映画の舞台は主に上海になっており、主人公たちはストーリーの中で青島、蘇州、広州と大陸各地を飛び回るが、香港はあくまで飛行機が不時着した場所に過ぎなかった。この設定からも、香港をかりそめの地としてしか考えておらず、いずれまた中国大陸に戻るだろうという南下映画人の心中を察することができよう。劇中で李麗華が演じた裕福な貴婦人は、夫が事故で失踪中に、突然現れた見るからに軽薄な女性から、夫の子だと言われた赤ちゃんを預かり、愛情を持って一人でその子を四歳まで育てる。四年後にめでたく夫の無事の帰還を迎えるというハッピーエンドは、戦後における男性の家庭への帰還を想起させる。中国語映画史において長年に渡って人気の衰えないやや古風で淑やかな慈母のイメージには、戦後映画らしく新しい世代を育てるための女性の役割を強調するような内容も加味されている。たとえばヒロインの台詞に、「私たち女性は、男に頼って生きれば良いわけではない。次世代の男たちの養育に対して私たち女性が責任を持たなければならない」と力説する箇所があった。また、彼女が歌った子守歌の歌詞には「人生は匆匆たるもの。世界は変化しつつあるもの。我々はもはや追いつけない。未来の世界はあなたに担ってもらわなくちゃ。坊やはやく大きく成長してね」というものがあり、戦後生まれの

新しい世代への期待と、戦後の立ち直りにおける女性の役割を二年前の『三女性』と異なる角度から描こうとする内容になっていると理解できよう。

しかしこの一見して無難な内容のメロドラマ映画は、当時の香港に数多くいる左翼映画評論家から猛烈な批判を受けた。複数の映画批評を見ると、その理由は主に二つに集約される。一つは、資産家であるヒーローはお金があるゆえに女性に誘惑され、子供まで作ってしまった。このような淫乱な人物を同情する対象として描くべきではないということ。二つ目には、その妻である李麗華が演じるヒロインは軟弱で古い倫理思想に支配された奴隷に過ぎない。夫の不貞をあたりまえのように受け入れるこのような貴婦人に家庭教育がわかるはずがないというものだ[8]。要するに、ここでは資産階級の古い倫理思想を拡散する映画としての『春雷』を批判しているわけである。さらに、映画の内容のみならず、厳しい批判の矢は監督と俳優たちに向けても放たれたという意味で、一般の映画評論と異なった。たとえばある評論の中で、俳優たちの名前を一人ずつ書き出した後に次のような文章が続く。「この人民解放戦争の時期において、あなたたちは前非を悔い改め進歩を図るべきである。あなたたちに良知があれば、この類いの映画への出演を断るべきである。このような映画に出演して皆からの軽蔑以外に何を得ることができるのか、自ら反省すべし!」[9]。この極めて強い口調の非難と「前非」という意味深い言葉などは、名指された俳優たちの内心に大きな驚きと不安をもたらしたことが想像できよう。また、上記の一文はそのまま、戦時中に彼らが日本の国策映画に出演したことに対する批判とも読めるのである。加えて、文中に見える「人民解放戦争」というのは国共内戦を指しており、一九四九年十月に共産党側の全面勝利で中華人民共和国の成立が宣告されたのは周知の通りであるが、一九四九年二月の時点ではすでに国民党軍の敗色が濃く、共産党政権による大陸制覇というその後を見据えた人が多くいたはずである。

そのように、大陸政権が大きく変動しようとする時勢の中で、李麗華は左翼映画人を中心に組織された読書会に積極的に参加し、時折、自己批判的な文章を発表するようになっていた。前節で引用した一九四九年九月十八日に発表した戦時中のことについての反省文も、そのうちの一つである。約一か月後の十一月四日付の『大公報』に、「女優李麗華は軍隊慰労のために千元を寄付」というタイトルの記事が掲載され、人民解放軍に大金を寄付した彼女は新政権に対して自らの立場を明確に表したといえよう。ちょうど同日の同じ版面には、「香港におけるあらゆる国家資産について人民政府はそれを接収し管理する権限を有する」というタイトルの記事が踊り、中華人民共和国政府が香港の主権を取り戻すことに対する強気の態度を示すような内容であった。その頃、中国大陸ではすでに新しい政権が成立しており、その年まだ二十五歳だった李麗華は、両党の政治的主張を十分に理解し、自らの政治的立場を自主的に選択したというより、時代の流れに身を任せたと考えるほうが妥当であろう。

その後の十一月二十二日の記事には、李麗華は左翼の婦人連合会に参加し、軍服の縫製作業にも参加したとある。その日から十二月中旬まで、『華僑日報』の娯楽欄には毎日、李麗華の写真が大きく掲載されており、彼女はまさに時流に乗った「政治的に正しい」女優として認められたのであった。そのような情況の中で、一九四九年後半から一九五一年前半までの約二、三年の間に、彼女が戦中および終戦直後の時期とまったく異なる女性像を銀幕に送り続けていたことは特筆に価する。以下、この時期に彼女が主演したいくつかの代表作を公開順に確認してみよう。

一九四九年九月二十四日に香港で公開した『海誓』は、「漁民の血と涙の生活を描いた、悲壮感漂う感動的な現実的大作」という宣伝文句の通り、貧しい漁民の悲惨な生活を描いた左翼的な色合いの極めて強い作品であった。永華映画会社から発行された叢刊は、漁民の娘を演じた李麗華の努力について以下のように特筆している。「ヒロインを演じた李麗華は、以前は華やかな現代劇を演じることがほとんどだったが、『海誓』の彼女は漁民の娘の姿で現れた。飾り気のない簡素な服装をまとい、いつもの彼女とは異なるおもむきを備えている。彼女によれば、これまでに演じたほかの作品と比べ、この映画を演じるために五倍もの精力を傾けたという」[10]。文章にあった「五倍」というのはおよそ彼女の偽りのない実感だったろう。いわばそこで女優としての演技と身体に対する大改造が行われたのである。同時期の大陸においても、ちょうど一九五〇年頃から知識人に対する「思想改造」運動が行われたが、その後数年にわたって続いた全国規模の「思想改造」はすなわち組織的な学習運動を通じてブルジョアの知識人をプロレタリアに改造していく過程であった。戦前から映画界で活躍し名声を得ていた映画俳優たちもむろん改造されるべき対象だが、彼らにとっての改造は「思想」という知覚レベルに留まらず、銀幕に現れる際の顔立ちと表情、動きや演技など身体レベルの改造も意味している。また後述するように、女優のみならず、男優もその改造の過程において同様に苦しんでいた。

一九五〇年五月十一日公開の『冬去春来』は四川省の農村

を舞台にした北京語映画である。都会生まれ都会育ちの李麗華にとって、映画の中で描かれる内陸農村の生活はおよそ遠い世界に違いないが、新聞広告には「李麗華近年随一の代表作」と絶賛の言葉が記されていた。(11) 実際、継ぎはぎだらけの襤褸《ぼろ》を身にまとい、鋤を肩に担いで畑仕事をする李麗華の姿は、それまでの彼女のイメージと大きくかけ離れたものであった。彼女が演じた貧農の娘はその貧しさゆえに悪徳地主の妾にされ、重労働と暴力に耐えながらいつも泣いていた。こっそりと彼女に会いに来た老父は目の前で殴られて死んでしまい、昔の恋人も地主に掴まえられて監禁された。一年後の中国大陸で作られた『白毛女』(一九五一年三月大陸公開)という名作と非常に似通った悲惨な状況が続く中、農民たちは「解放軍はもうすぐ来る。もう恐れることはない」と互いに励まし合い、力を合わせて地主に反抗し、最後には彼女と恋人を救出した。共産党政権そして人民解放軍の到来を機に悪辣な反動地主が打倒され、虐げられた貧民が救い出されるという物語設定は、中華人民共和国成立後の中国大陸では映画や演劇の舞台で不断に反復されるパターンの一つであるが、一九五〇年の香港で『冬去春来』のような映画が完成・上映されたという事実は、この時期の中国語映画史を考える際に大陸と香港をむしろ切り離さないで理解すべきことを再確認させてくれる。

一九五一年に公開された『血海仇』も、十五年も父親と離れ離れだった貧乏な田舎娘が、資産階級からの圧力によりとうとう父親が死ぬまで再会をかなえられなかったという悲惨極まりない物語であった。この作品においても、女優李麗華のトレードマークとも言える速い動きの目遣いと小悪魔的な笑顔が完全に銀幕から消え去り、代わりに現れたのは活気と輝きのない目といつも泣顔の無産階級の田舎娘であった。

上記の三作に代表される農民女性の他、都会に暮らす労働階級の女性(『誤佳期』、一九五一)また決して裕福ではない知識人の女性(『火鳳凰』、一九五一)も李麗華はこの時期に演じたが、この二作ともに男性主人公の思想改造に重点を置いた映画であった。『誤佳期』に登場する工場労働者の主人公は「自分のことは自分で解決し、人の力を借りる必要はない」という考え方の持ち主だったが、李麗華が演じる彼の恋人は、「われわれ貧乏人は一人の力では何もできない。みんなで力を合わせてやっと事を成し遂げられる」と彼を説得し続けた。恋人と工場で働く友人たちの影響下で最後に主人公は、「団結こそ力」だと悟ったという無産階級の団結を謳歌する物語であった。『火鳳凰』はヨーロッパ留学から帰ってきた画家を主人公に、彼が一介のブルジョア知識人から「労働人民の一員」と自認するようになっていく思想改造の過程を描いた映画である。映画広告に使われる「象牙の塔から出て十字路（原文「十字街頭」）へ歩みだす」(12)という文言はむろん、一九三七年の上海で作られた左翼映画の名作『十字街頭』を暗に指している。『十字街頭』の中では、大学を卒業した青年たちは彷徨のすえ、最後は一緒に肩を並べて革命の道を歩みだしたのであった。『火鳳凰』は海外で教育を受けたブルジョア知識人の新生を、中国神話に見える火に飛び込む鳳凰の新生に喩えたものであるが、その「新生」は明らかにブルジョア的思想の払拭を指していた。

しかしここで注目すべきは、劇中の主人公の新生よりも、映画に出演した俳優の「新生」である。主人公を演じた劉《りゅう》瓊《けい》が書いた「私の起点」という文章は、映画が製作・公開される間に複数の新聞に転載されている。その中で劉瓊は、撮影初日に最初のショットを撮るために自らの演技の問題により二十回ないし三十回も撮り直しさせられ、自分にとってそのことは「極大的傷害」、極めて大きな傷だったと語っている。一九三四年に俳優デビューした劉瓊は十七年もの俳優歴を持ち、一九五一年当時には幾本かの監督経験もしたベテランという自負もあった。撮影現場におけるダメだしは彼にとって受け入れがたいものだったろう。記事の中で彼は、撮影がない休日にみんなで各部門の仕事に対して意見を出し合うという新しい「決めごと」について書いていた。そこで彼は、「主人公の感情を理解できておらず、役に入り込むことができていない。いつものような硬い演技だ」などの厳しい意見を言われた。それに対して彼は、「私のこれまでの俳優キャリアにとって、大きな破壊行為を受けたと言わざるを得ない。しかしこのような破壊は決して壊滅を意味するものではなく、新生を意味するものだ！」と自らの演技が鍛えられ、かつ「新しい起点」を見つけたと明るく文章を締め括っている。いわばここでは、銀幕上で画家に対する思想改造を行う役を演じることによって、銀幕外では俳優に対する身体改造も同時進行で行われていたことになる。『火鳳凰』の出演体験について、李麗華が「愉快に仕事する」という短い文章を書いているが、劉瓊が書いた文章ほど詳しい記述はなかった。しかし、劉瓊と同じように彼女にとってもこれまで経験したことのない役を演じることであるため、撮影現場ではまた「五倍」あるいは数倍もの力と神経を注いだに違いない。演技の面から俳優に対して行われた身体的「改造」は、中国大陸の映画撮影現場でも行われていたのだろう。社会主義文化の一環として生まれ変わろうとする新中国の映画は、ナラティブのみならず、新たな演技スタイルそして撮影スタイルも要請したのである。これまでの中国映画と一線を画す人民映画の独特なスタイルの生成過程についてまだ検討の余地があるが、これについては更なる研究が待たれる。

三、もう一つの「戦後」——謝り続ける大女優

一九五二年一月十日、香港の植民地政府は左翼思想の持ち主と目される八名の映画人を強制的に香港から退去させることを宣告し、十五日にはさらに二名をリストに追加した。強制退去させられた十名のうちには、劉瓊も含まれている。『火鳳凰』の主演女優として、李麗華はどのような心境でこの前例のない事実を受けとめたのだろう。加えて香港では、前年の一九五一年末から住民の身分証明書を普及させる施策が推し進められ、大陸と香港の間は以前のようにほとんど何の制限もなく自由に行き来することができなくなっていった。香港と大陸の間の壁をより越えがたいものにした植民地政府のこの動きは、中華人民共和国が香港の主権をすぐに取り戻せないという前提があってこそのものであろう。事実、一九五〇年に勃発した朝鮮戦争に介入してしまった中国は香港の主権を取り戻すための交渉をする余裕をなくし、また冷戦構造が頂点に達しつつある中で、中国政府にとっては香港を西側世界につながる窓口として残したほうがむしろ好都合だったのである。このような情勢の大きな変化は、大陸から南下してきた映画人にとって、香港に留まって大陸政権と決別するという選択ができるようになったことを意味する。

一方、一九五二年の香港映画業界を見てみると、この年に公開された北京語映画の興行成績上位一〇作品のうち、李麗華が主演を務めたものは三本も含まれていた。中国大陸政府とのつながりの強い映画会社で左翼的メッセージの含意される映画に出演し続けることが、植民地政府から追放され、好調に伸びていた香港でのキャリアを放棄することに繋がったと見ることができよう。この時、その影響力を認めた台湾の国民党政府も、李麗華を右派の陣営に囲いこもうと積極的に動いていた。その後、李麗華の選択は、一九五三年二月に『今日世界』で公開された謝罪文で明確にされることになる。文章の中で彼女は、以前左翼映画人が組織した読書会に参加したことで「道を間違えた」と過ちを認め、自分は左翼映画人に利用されたにすぎなく、今後は「自由陣営の映画会社に入り映画に出演したい」との意思表示を行った。(13) 同年に彼女は、自由映画人協会という右派映画人による協会に入会し、翌年には台湾を訪問し、当時の総統である蔣介石に謁見したのであった。

一九五三年一月、かつて上海で大ヒットした『仮鳳虚凰』がニュープリントをもって再上映されると香港の新聞や雑誌で大々的に報道されていた。『仮鳳虚凰』の再上映がまさに二度目の「戦後」を経た李麗華の再出発を象徴するような出来事であろう。前年の一九五二年に公開された映画『拝金の人』の広告には、「李麗華三年来唯一の代表作」という宣伝文句があり、「唯一」という言葉はいわば一九五二年までの三年間、つまり彼女が左派映画会社で映画に出演していた時期を丸ごと抹消しようとするかのような響きがある。しかしこの「三年来唯一の代表作」の中で彼女は、富豪の娘と自称する裁縫業を営む家の娘を演じ、『仮鳳虚凰』における父親がお金持ちの華僑だと嘘をつく未亡人の役という似通ったコンテクストを反復しているのみならず、そこに登場するヒーローも金持ちのふりをする虚栄心の強い男であり、そうしたギャップによって笑いを生じさせるストーリーは五年前の『仮鳳虚凰』とほぼ同様のパターンを示している。いわば李麗華にとってこの映画への出演は、五年前の自分にいったんリセットする儀式であったとも言えよう。二つ目の「戦後」、つまり中国国内で起きた国共内戦に対する戦後処理は、ここに至ってようやく形式上の終結を迎えることができたのである。(14)

その後の香港映画界における李麗華の活躍ぶりは、贅言を要しないほど輝かしいものであった。一九五六年の日本ロケで撮った『蝴蝶夫人』では中国語を話す日本人女性役という戦時中の『狼火は上海に揚る』と相対する役を演じて見せたり、翌年アメリカへ渡った後の作品であるハリウッド映画『China Doll』(邦題『戦火』)ではアメリカ軍人の恋人を演じたり、シャーリー・ヤマグチの名で『Navy Wife』(一九五六)に出演した山口淑子と同じようなことを同じ時期にやって見せた。その戦中・戦後における変貌ぶりと世界を飛び回る活力は、山口淑子と比肩する東アジア映画史における重要な存在として再認識されるべきであろう。「戦後」の洗礼を二度も受けた一九五〇年代半ば以降の彼女の女優人生は、引退を迎える一九七〇年代まで順風満帆そのものであった。二〇一五年、生涯一〇〇本以上の映画に出演した李麗華は台湾で第五二回金馬奨終身名誉賞を受賞し、翌年二〇一六年には第三五回香港金像終身名誉賞を受賞する。戦後の数年間、ただひたすら謝り続けていた大女優は、六十年以上も前に二度ほど経験した「不名誉」な戦後処理について言及されることなく、長い女優人生の最後にようやく「名誉」を手に入れたのである。

おわりに

本稿は女優李麗華の戦後数年における動きを追跡し、彼女が出演した映画について分析することによって、中国語映画において「戦後」が持つ意味合いという大きな問題の一端を探ることを試みた。かつて李麗華が直面していた問題とその取捨選択は、一人の女優が左派と右派の間で文字通り右往左往していたという個別的な問題を超えて、中国語映画史の大きな流れの中で理解するべきだろう。

一九四五年に始まった内戦、そして一九四九年の中国大陸における新政権の成立、およびその後数年に渡って続いた不透明な政治情勢ゆえ、中国映画人にとっての戦後処理は複雑で時間を要するものであった。当時の香港における北京語映画には、遠くない将来、中国大陸の人民映画の一部になることが不可避だろうという予測があったからこそ、李麗華を始めとする一部の俳優たちはそれまでとまったく異なる姿で中国語映画の銀幕に現れた。その後数十年も続く中国映画のスタイルが大きく変貌していくプロセスは、中国大陸と香港でほぼ同時に始まり、そして進められていったのである。一九四五年または一九四九年という線引きで大陸と香港を切り離してそれぞれの映画史を構築するのではなく、少なくとも一九五二年頃までの香港における北京語映画の製作は、中国大陸と切っても切れない緊密な関係にあったため、中国語映画史としてその全体図を俯瞰する視点が必要であろう。

また、これまでにも言われてきたような、香港映画は戦前の上海から娯楽至上主義を継承したのだ、とするやや単純な解釈は、戦後における中国語映画の苦渋に満ちた再生過程を見落としていると言わざるを得ない。南下した映画人によって上海スタイルがそのまま香港にもたらされたというよりも、戦後の洗礼を受けた香港の映画と映画人は、非常に政治性の強い映画が多作された時期を経てようやく、できるだけ現実的な話題から乖離する香港映画の独自な主流スタイルを徐々に立ち上げていったのである。

注

（1） 一九三六年に中華民国政府から方言映画禁止令も出されていた。広東語映画業界の請願により執行時期を引き延ばされたが、終戦に伴い厳格に執行される可能性があった。詳細は下記拙著の第Ⅰ部第一章「香港における広東語映画と国民統合の問題」を参照されたい（『ナショナル・シネマの彼方にて――中国系移民の映画とナショナル・アイデンティティ』（晃洋書房、二〇一四年））。

（2） 李麗華の生年については一九二四年と一九二五年の二つの説があるが、本稿では一九二四年生まれとする。

（3） 幼少時から京劇の稽古を受けた彼女は、最初は厳春堂に抜擢され、藝華という映画会社に入ったが、やがて上海租界にあった映画会社がすべて日本の国策映画会社「中華聯合製片公司」に再編されていくにつれ、彼女もその映画会社の一員となった。

（4）「上海高等裁判所検査処　男女『落水』映画人へ三度目の訊問」（『香港工商晩報』一九四六年十二月十八日）。

（5）「高検処門口争看女影人」（『申報』一九四六年十二月十一日）。

（6）山口淑子『「李香蘭」を生きて』（日本経済新聞社、二〇〇四年）八三頁。

（7）一九九七年に香港電影資料館が行った李麗華インタビュー映像より。

（8）廖鶴「嗚呼『春雷』」（『大公報』一九四九年二月七日）。梓甫など七人の共同執筆「筆伐篇　声討『春雷』」（『大公報』一九四九年二月十一日）。梅朶「『春雷』的目的何在?」（『文滙報』一九四九年二月二十一日）。

（9）梓甫など七人の共同執筆「筆伐篇　声討『春雷』」、同上。

（10）永華電影叢刊、第八号、頁数不詳。

（11）『大公報』一九五〇年五月十一日。

（12）『中原晩報』一九五一年十一月五日掲載『火鳳凰』の広告より。

（13）『今日世界』一九五三年二月、第四六号。なお、筆者はその資料を実見しておらず、蘇涛『浮城北望　重絵戦後香港電影』（北京大学出版社、二〇一四年）七六頁から引用している。しかし一九五三年以降における李麗華の動きを見ると、彼女がその頃に左から右へと大きく転向したのは間違いないことであろう。

（14）もっとも、大陸の中国政府は大女優の影響力を十分に承知し、彼女を左翼の陣営に抱え込む努力を放棄することがなかったため、戦後の処理は一九五三年の時点で完全に終わったかどうか、まだ断言できない。例えば、一九五七年に中国大陸政府は『火鳳凰』の出演報酬を彼女に支払い、彼女はそれを受け取るためはるばる広州まで赴いたという記録が残っている。

【付録】

用語集【 】内は登場する論文

（榊原真理子編集）

音楽

○古関裕而（こせき・ゆうじ）（一九〇九―一九八九）

福島県出身。銀行勤務を経てコロムビア専属の作曲家となる。「露営の歌」、「暁に祈る」、「〽若い血潮の予科練の～」と海軍航空隊を称える「若鷲の歌」等、多くの軍国歌謡を手がけた。戦後はラジオドラマ主題歌「とんがり帽子」、「君の名は」、NHKスポーツ中継オープニング曲、一九六四年東京オリンピック入場行進曲「オリンピックマーチ」等、夢と希望を謳い上げ作風を一新。プロ野球団の応援歌の数々、全国高校野球の歌「栄冠は君に輝く」、特撮映画ゴジラシリーズ『モスラ』の「モスラの歌」等、古関メロディーは今日も流れている。福島県福島市に古関裕而記念館がある。【星野】

○服部良一（はっとり・りょういち）（一九〇七―一九九三）

大阪で生まれ育ち、エマヌエル・メッテルに師事。タイヘイレコード、ニットーレコードを経て一九三六年に日本コロムビアの専属作曲家となる。ジャズなどの影響を受けたスマートな流行歌で一世を風靡し、戦後においても日本の流行音楽界を代表する作曲家であった。戦時上海や戦後の香港でも活躍。代表曲に「蘇州夜曲」、「東京ブギウギ」など。没後に国民栄誉賞受賞。【西村】

○山田耕筰（やまだ・こうさく）（一八八六―一九六五）

作曲家、指揮者。西洋音楽の専門教育を受けた最初期の日本人音楽家であり、オーケストラの組織や日本語詞による歌曲創作など、日本における西洋音楽の確立に尽力した。特に詩人の北原白秋との唱歌・童謡で知られ、南満洲教育会の要請を受けて『満洲唱歌集』に「待ちぼうけ」や「ペチカ」を提供している。日中戦争下では陸軍省報道部嘱託となり、漢口従軍。さらに音楽挺身隊を率いて国内外に遠征し、一九四二年には満洲（新京・ハルビン・奉天）やモンゴルでも演奏活動を行った。【葛西】

○李香蘭（り・こうらん）（＝山口淑子、一九二〇―二〇一四）

歌手、女優。満鉄で中国語を教えていた父のもと、奉天で生まれる。オペラ歌手に声楽を師事し前座で歌っていたところ、日本語が話せる中国人歌手を探していた奉天放送局にスカウトされ、李香蘭という名で一九三三年にラジオデビュー。一九三八年には中国人女優として満映に専属し、主演映画の劇中歌のヒットと相俟って人気を博す。『白蘭の歌』や『支那の夜』といった親善映画では、日本人との交流によって抗日感情が払拭される中国人少女役を演じた。戦後は漢奸裁判にかけられるが放免され日本に帰国し、本名の山口淑子名義で映画・テレビに出演。後年は参議院議員としても活動した。【葛西、星野、晏、西村】

○白光（はく・こう、Bai Guang）（一九二一—一九九九）

北京出身の歌手、女優。川喜多長政が製作した親善映画『東洋平和の道』（一九三八）で銀幕デビュー。翌年には給費を得て日本に留学しオペラ歌手の三浦環に師事、のちに東京音楽学校選科で学ぶ。留学中はコロムビアの専属歌手も務め、レコード吹き込みやラジオ出演に従事した。一九四三年に帰国後、中国での女優・歌手活動を本格的に開始し、戦後は香港映画界に進出。映画『蕩婦心』、『一代妖姫』等で主演・主唱し、四〇年代から五〇年代にかけてスターとしての人気を誇った。【王、葛西、星野】

○梁楽音（りょう・らくおん、Liang Leyin）（一九一〇—一九八九）

神阪中華会館書記の息子として神戸に生まれ育つ。天津への留学などを経て中華民国領事館に勤務。戦時下の上海で映画音楽の作曲家として活躍、戦後は香港に移り、作曲活動を続けた。代表曲に「売糖歌」、「月児湾湾照九州」など。【西村】

○胡美芳（こ・びほう、Hu Meifang）（一九二六—二〇〇九）

和歌山市で生まれ育ち、日中開戦後一家で上海に引き揚げる。上海では歌手として舞台にも立つ。北京で終戦を迎え、日本に戻り歌手として再デビュー。チャイナメロディーを得意とする歌手としてレコードや映画で活躍した。晩年はキリスト教に入信し福音歌手としても活動した。【西村】

○葛蘭（かつ・らん、Ge Lan/Grace Chang）（一九三三— ）

本籍は浙江海寧、上海で育ち香港へ移住。一九五二年に映画会社・泰山影業公司に入り、翌年『七姉妹』で映画デビュー。一九六四年にかけて香港の国語片（標準中国語映画）のスターとして活躍した。声楽の素養を持った歌手としても活動し、ほとんどの出演映画でその美声を披露した。出演作に『曼波女郎』（一九五七）、『野玫瑰之恋』（一九六〇）、『星星、月亮、太陽』（一九六一）など。【西村】

ダンス

○蔡瑞月（さい・ずいげつ、Tsai Jui-yueh）（一九二一—二〇〇五）

台湾の台南生まれ。現代舞踊家・石井漠の台湾公演をきっかけに舞踊家を志し、東京でまず漠に師事、のちに石井みどりのもとに移籍し、戦後まで石井みどり舞踊団の主要ダンサーとして日本占領地域と日本国内で舞踊公演した。日本敗戦後、台湾に戻り台南と台北に舞踊研究所を開設するが、一九四九年共産党スパイ容疑で逮捕、収監された。五二年に釈放後は再び舞踊団を主催し、台湾の民族舞踊の推進に尽力した。現在も台北には蔡瑞月舞踊研究社が保存され、定期的に講習やパフォーマンスが行われている。【星野】

話劇

○郭沫若（かく・まつじゃく、Guo Moruo）（一八九二―一九七八）

小説家、詩人、劇作家、歴史・考古学研究者。四川省楽山県出身。成都の中学を経て日本に留学、旧制六高から九州帝大医学部に進学する。在学中に郁達夫《いくたっぷ》らと創造社を組織して創作を開始。帰国後は広東で国民革命に加わり、北伐に従軍するが、蒋介石と対立し、一九二七年に共産党に入党する。日中戦争期には上海で『救亡日報』社長を務めた後武漢に移り、第二次国共合作下の軍事委員会政治部にて宣伝工作を担当した。建国後は中国文学芸術界聯合会の主席など、文化界の代表的知識人として要職を歴任した。『郭沫若全集』全二十巻（人民文学出版社、一九八二～八五）がある。【阿部】

映画

○夏衍（か・えん、Xia Yan）（一九〇〇―一九九五）

劇作家、ジャーナリスト。浙江省杭県出身。苦学の末に日本留学に派遣され、明治専門学校（現在の九州工業大学）から九州帝大工学部に学ぶ。在学中に創作を始める。また、在学中に国民党に入党、日本で組織工作に当たるが、一九二七年蒋介石のクーデター後に共産党に入党。三〇年、左翼作家聯盟結成時には中心的役割を果たす。日中戦争期には『救亡日報』編集に従事した後、香港を経て重慶で抗日劇作家およびジャーナリストとして活動した。建国後も映画・演劇の脚本家として活躍。文化大革命中は迫害を受けたが文革終了後に名誉回復し、文化界の重職を務めた。『夏衍全集』全十六巻（浙江文芸出版社、二〇〇五）がある。【阿部】

○川喜多長政（かわきた・ながまさ）（一九〇三―一九八一）

映画製作者、輸入業者。日中戦争中に日本の映画代表として、上海で映画事業を統合し、中華聯合製片［股份有限］公司（中聯）や、中華電影聯合［股份有限］公司（華影）の総責任者を務めた。戦後、国際映画祭を通じて日本映画を世界に紹介し、世界中の映画人たちと交流を深め、国際的映画人として活躍した。【邵】

○鈴木重吉（すずき・しげよし）（一九〇〇―一九七六）

映画監督、脚本家。一九二六年の『土に輝く』（松竹）で初監督。一九三〇年に脚色・監督を務めた『何が彼女をさうさせたか』（帝国キネマ）がヒットし、社会主義思想の影響を受けた「傾向映画」の代表作となった。一九三八年、盧溝橋事件下の若い農民夫婦の避難行を描いた『東洋平和の道』（東和商事）を監督した後、満映に入った。一九三九年、オムニバス映画『富貴春夢』の「プロローグ」篇（李香蘭主演）を監督した。同年、満映北京出張所製作課長として北京に赴き、新民映画協会の映画製作に携わり、「構成」として文化映画『黄河曙光』、『水禍天禦』を製作した。華北電影股份有限公司設立後、同社の撮影課長を務め、文化映画『胡同』、『綿花』などの「構成」を担当した。北京新街口大街にあった華北電影股份有限公司映画製作所のスタジオの設計者でもある。【張】

○張善琨（ちょう・ぜんこん、Zhang Shankun）（一九〇七―一九五七）

映画製作者、プロデューサー。一九三四年新華影業公司（Xinhua Film Company）を創立、数多くのヒット映画を製作。日本軍が上海を全面占領した一九四二年に川喜多長政に協力、上海の十二の映画製作会社を統合、中華聯合製片［股份有限］公司（中聯）の董事兼総経理に就任。一九四三年、華影に合併された際も中国側の最高責任者。戦後、香港で映画製作を続けた。一九五七年ロケ地日本で心臓病の発作により逝去。【邵、王】

○永田雅一（ながた・まさいち）（一九〇六―一九八五）

実業家、映画プロデューサー、プロ野球オーナー、馬主。昭和初期から後期（一九三〇年代後半~八〇年代前半）に活動。大映社長として『羅生門』など、戦後初めて世界に進出を果たした作品を製作した。プロ野球パ・リーグの初代総裁でもある。一九五四年に、永田は東南アジア映画祭を創始し、第一回を東京で開催した。その後、名前を変えてアジア映画祭（一九五七~八三）として行われた。ちなみにこの映画祭は一九八四年にアジア太平洋映画祭と改称を重ね、アジア各国の映画業界にとっては一定の機能を果たして今日に至っている。【晏】

○ランラン・ショウ（邵逸夫、Shaw, Run Run）（一九〇七―二〇一四）

香港の企業家である。香港映画の製作会社である邵氏兄弟（ショウ・ブラザーズ／Shaw Brothers）や、香港最大のテレビ局無綫電視（Television Broadcasts Limited, TVB）の創立者としても知られる。日本映画の技術を求め、戦後の香港映画界に日本映画監督やカメラマンを招聘し、香港映画を撮らせた。その後のテレビ時代の先導者として、香港のメディア王と呼ばれた。晩年において慈善家として、中国大陸の教育に資金を援助し、各地の大学に逸夫ビルを残している。

【晏】

○李麗華（り・れいか、Li LiHua）（一九二四―二〇一七）

上海生まれ、本籍は河北。京劇俳優の両親のもとで稽古を受けていたが、一九四〇年上海で映画女優となり、『秋海棠』、『春江遺恨』等でヒロインを演じて人気を博した。四八年香港へ渡り、百本以上の映画で多様な役柄を演じた。六二年『武則天』、六三年『楊貴妃』でカンヌ国際映画祭最優秀女優賞ノミネート。七三年米国に移住、香港で没した。【韓】

○スター・システム（Star System）

映画スタジオ／会社が宣伝キャンペーンを有利に展開するために、人気のある俳優の髪型、表情、写真撮影のポーズを定め、演じる役のキャラクターを制限するだけでなく、公の発言、マスコミ向けのゴシップの内容まで決定し、彼らの社会的なイメージをコントロールするシステム。一九二〇年代ハリウッドの映画制作とその宣伝方法に由来する。【韓】

○中華電影聯合［股份有限］公司（略称：華影）

一九四三年、日本が汪兆銘政権統治下の華中、華南の映画製作と配給を一体化するために、中華聯合製片［股份有限］公司（中聯）および上海影院［股份有限］公司を日本の国策会社・中華電影と合併した映画会社。役員は汪兆銘国民政府の高官および川喜多長政、張善琨、石川俊重が重職を占めた。スタッフ、俳優三千人余りを擁し、劇映画やニュース映画を製作した。日本敗戦後、蒋介石の国民政府に接収された。【韓、邵、王】

○中華聯合製片［股份有限］公司（略称：中聯）

一九四二年、日本占領下で映画事業会社十二社を合併改組し、汪兆銘政府の国策を担う映画会社として設立された。劇映画製作を業務とし、董事兼総経理を張善琨、副董事長を川喜多長政が務めた。一九四三年に再び合理化で二社と合併改組され、中華電影聯合股份有限公司（華影）となる。【王】

○満映十六ミリ映画国策

一九四〇年、「全満県旗公署映画班設置に関する件」として、一六ミリトーキー映画による全満映画対策の総合的一元化案がまず弘報処に提出され、この原案に基づき協和会・民生部・治安部・満映など各部署にまたがる審議が進められた。その後、「十六粍映画利用と規格統一」として弘報処より発表され、各省や県・旗公署に通達、実行に移された。いわゆる、満映の一六ミリ映画国策である。【楊】

○日本光音工業株式会社

一九三六年四月、写真化学研究所（ＰＣＬ）の植村泰二によって設立された。その後、東宝傘下で終戦直後まで、一六ミリフィルムの携帯型映写機メーカーとして業界をリードした。日本光音工業株式会社が製造した光音一六ミリトーキー映写機Ｄ型は、満映に七十台納入され、各省・特種会社・蒙疆政府に供給された。満映巡映隊の満洲各地での巡回映写に使われた。【楊】

○朝日軽映写隊

朝日新聞社販売所の映画宣伝機関。朝日世界ニュースを中心に、数本の文化映画で一回のプログラムを編成し、隊員一名が光音一六ミリトーキー映写機を携行して各地で出張上映を行った。【楊】

○新民会

正式名称は中華民国新民会。一九三七年十二月二四日、北支那方面軍の主導で華北に設立された、現地民衆に対する親日化工作を担う臨時政府と表裏一体の民衆団体である。新民会は北京に中央指導部を置いて、傘下各機関の統制、各種工作の企画指導、職員の養成を行なった。地方にも各省、道、市、県に指導部を設け、中央指導部の指示を受けて民衆工作を行なった。中央指導部内には、中央指導部委員会、総務部、教化部、厚生部があり、演劇、映画、放送など、民衆宣伝工作を担当する部署は教化部宣伝科（のちに宣伝局へ改組）であった。映画製作の企画、巡回映写の実施など、映画宣伝工作の担当は映画班であった。【張】

○新民映画協会

一九三八年一月、北支那方面軍が対民衆の宣撫宣伝や現地日本軍の映画製作に協力するため、満映を利用し、現地の民衆教化団体新民会の指導を受けさせるという映画工作方針を定めて、それにより満映側が北京にスタッフを派遣して設立した映画機構である。一九三八年二月末、北京燈草胡同三〇号に事務所兼映画現像場を設け、映画館増設による日本映画配給網の整備、宣撫映画の製作など、本格的な活動を開始した。一九三八年五月、事務所が王府井大街八一号に移転後、燈草胡同の社屋は映画製作専用施設となる。一九三九年十二月、華北電影股份有限公司に吸収合併された後、王府井大街の事務所は、華北電影股份有限公司本社になったが、映画製作施設であった燈草胡同の社屋は、一九四〇年十一月に火事で焼失した。【張】

○興亜影片製作所

一九三九年二月に加賀村留吉、石井忠朗、于夢堃《うむこん》らによって北京西城巡捕胡同八号に設けられ、宣撫班専属映画製作所として宣撫映画の製作を担った。一九三九年十二月の解散まで、石井忠朗が脚本、于夢堃が演出、下倉彌一郎が撮影、鈴木広昌らが漫画を担当した『春天的北京』（一巻）、『東亜的黎明』（三巻）、『可怕虎烈拉』（三巻）、『悪魔的私語』（三巻）四作の短編アニメ映画を製作した。【張】

○淪陥映画

淪陥は日本占領を指す中国語。相関して、孤島（上海の共同租界・フランス租界）、国統区（または大後方。国民党支配地区）、解放区（共産党支配地区）がある。一九三〇、四〇年代、汪兆銘政府の指導による国策映画、左翼知識人による抗日や救国、反欧米などの映画が大量に製作された。【王】

○新興映画運動

一九三一年の満洲事変、一九三二年の第一次上海事変で日本軍が侵攻した後、中国では救国、抗日の気運が一気に高まった。一九三〇年代半ば、夏衍、洪深《こうしん》、田漢《でんかん》ら左翼知識人が、上海において救国、抗日、反帝国主義、国防などを掲げて大量に映画製作を行った。国民党による検閲・弾圧を受ける中、今日にも残るものも含め多くの作品が製作され、映画技術向上や俳優が充実する時期となった。左翼映画運動ともいう。夏衍・程《てい》歩《ほ》高《こう》監督の『狂流』（一九三三）が初の左翼映画とされる他、代表的な作として、『漁光曲』（蔡楚生監督、一九三四）、『桃李劫』（袁牧之監督、一九三四）、『風雲児女』（許幸之監督、一九三五）などがある。【王】

影絵

○徳順影戯社

路《ろ》耀《き》峰《ほう》が一八九七年に組織した、北京西四北大街毛家湾西口にある北京西派皮影戯（影絵芝居）の一座である。路耀峰とその五人の子が中心となって、人形の製作から操作、お囃子を担当した。「路家班」とも称される。日中戦争勃発以降、北京で活動していた皮影劇団は経営困難に陥り、相次いで解散した。一九四〇年頃、北京に残った皮影劇団は徳順影戯社のみとなった。北京大柵欄の新新勧業場内の新羅天劇場、新街口西街の祥順成布店などで上演活動を行なったが、上演の依頼が少なく、皮影戯では暮らしていけなかったため、仕事がない時は、路耀峰らは人力車夫をして生計を立てた。【張】

美術

○張光宇（ちょう・こうう、Zhang Guangyu）（一九〇〇—一九六五）

画家、漫画家、工芸家。中国では一般に、「装飾芸術」の大家と見なされている。一九二〇年代、同人「漫画会」を設立、中国における漫画の発展に中心的な役割を果たした。中華人民共和国建国以降は、中央美術学院を経て、中央工芸美術学院教授を務める。代表

作は連作「民間情歌」（一九三五〜一九三七）、『西遊漫記』（一九四五）など。【城山】

○葉浅予（よう・せんよ、Ye Qianyu）（一九〇七―一九九五）

画家、漫画家。中国漫画の開拓者の一人。一九二〇、三〇年代、禿げ頭にどじょう髭の中年男性、王先生を主人公とした漫画、「王先生」シリーズの制作で一躍有名になる。中華人民共和国以降は漫画から中国画へ転向し、ダンスを題材とした中国画で一家を成した。一九四〇年代の代表作には、「戦時的重慶」（一九四一）、「逃出香港」（一九四二）、「打箭爐日記」（一九四六）、「天堂記」（一九四八）などがある。【城山】

○八人漫画聯展

一九四五年三月十五日から二十日まで、重慶の中蘇文化協会で開催された展覧会。張光宇、葉浅予、廖冰兄《りょうひょうけい》、特偉《とくい》、丁聡《ていそう》、余所亜《よしょあ》、沈同衡《しんどうこう》、張文元《ちょうぶんげん》といった、当時の中国において著名な漫画家の作品を展示した。日中戦争時期の重慶における、大型の漫画展覧会の一つである。三月二十日以降も各地を巡回し、一九四六年春まで続いた。【城山】

○救亡漫画宣伝隊

漫画を手段として抗日プロパガンダを行った団体。一九三七年の上海にて、葉浅予を隊長、張楽平《ちょうらくへい》を副隊長として成立。上海を出発した後、南京、武漢、桂林など中国の内陸部において、デモや街頭展を行った。一九三九年には分裂し、張楽平を隊長とした部隊が広西省上饒へ、特偉を隊長とした部隊が重慶に向かう。一九四〇年三月解散。【城山】

○人間画会

一九四七年、香港で成立した大型の美術団体。画家の黄新波《こうしんは》を中心に、張光宇、王琦《おうき》、黄玉《こうぎょく》、方成《ほうせい》、特偉、丁聡、廖冰兄などが集った。漫画関係では、一九四八年十一月に雑誌『這是一個漫畫時代（邦訳：これは漫画時代だ）』を刊行している。中華人民共和国が成立すると自然消滅した。【城山】

その他

○『救亡日報』

一九三七年八月、上海文化界救亡協会の機関誌として発刊。盧溝橋事件（三七年七月七日）を発端とする第二次上海事変（同年八月十三日）後間もない上海租界で、文化界の抗日統一戦線を指向する新聞として創刊された。郭沫若が社長、夏衍が総編集を担当した。三七年十一月、上海陥落に伴い停刊すると、郭沫若と夏衍は広州に移り、三八年一月に同地で復刊するが、同年十月には広州陥落に伴い再び停刊。夏衍は桂林へ避難し、三九年一月に同地で復刊。桂林版は、皖南事変（国民党と共産党の武力衝突）を受けて四一年二月末に発禁になるまで刊行された。【阿部】

○恤兵部（じゅっぺいぶ）
日露戦争時より陸軍内に設置された、兵隊の為に国民から寄付や献金を集める組織。慰問物資の収集、運搬、兵隊への慰問袋配給、慰問団の選別と派遣、従軍将兵の慰安のために配布する読み物・投稿雑誌『陣中倶楽部』の発行等を行った。【星野】

○陪都（ばいと）
旧時には首都の他に設けられた仮の都のこと。日中戦争期の文脈では重慶を指す。【阿部】

○中華民国臨時政府
一九三七年七月七日盧溝橋事件勃発以後、日本軍は華北に侵攻し、同年十二月十四日、北京に華北親日政権中華民国臨時政府を設立した。臨時政府は行政委員会、議政委員会、司法委員会からなり、最高指導者の主席は空位とし、行政委員会の王克敏《おうこくびん》が政権の代表者を務めた。一九四〇年三月三十日、南京に成立した中華民国国民政府（汪兆銘政権）に吸収合併されて華北政務委員会と改称した。華北政務委員会の統治範囲は、これまで臨時政府が支配してきた河北、山西、山東、河南の四省と北京、天津、青島の三特別市の他、日本軍が新たに占領した江蘇省北部と安徽省北部が加わった。【張】

あとがき

二〇一四年九月七日、李香蘭という芸名で一世を風靡した山口淑子が死去した。日本人なのか中国人なのかという謎に包まれながら女優・歌手・政治家として活動し、プロパガンダや政治とも深く関わりながら満洲、東京、上海、ハリウッド、香港など世界の各地に足跡を残した彼女の生涯は研究者の関心を惹くのに十分であり、死去直後からテレビの特集番組や書籍、イベントなどで彼女の名前を度々目にすることになった。こうして生前にもまして脚光を浴びるようになった彼女は、本書においても重要な主人公の一人となっている（特に晏論文、西村論文）。二〇一七年には、本書のもう一人の主人公、李麗華（邵論文、韓論文で言及）もあの世に旅立った。

だが、本書は彼女たちの訃報によって企画されたわけではない。巻頭の星野幸代「「日中戦争下の芸術家群像」から移動する身体芸術プロパガンダ研究へ」にも記されているように、本書は星野氏を代表とする科学研究費共同研究「戦時下中国の移動するメディア・プロパガンダ——身体・音・映像の動態的連関から」（平成二十四〜二十六年度）に端を発している。これは、日本と中国を中心とする東アジアにおいて、映画や音楽に加え、舞台芸術などを含めたメディア・プロパガンダと人々の移動がどのように関係したのかについて検討するものであった。この研究課題を一人で体現するような存在であった山口淑子の訃報が飛び込んできたのは、まさにこのプロジェクトが進行中の頃だった。

この共同研究は、やはり星野氏を代表とする科研費共同研究「中国建国前夜のプロパガンダ・メディア表象——劇場文化と身体芸術のコラボレーション」（平成二十七〜二十九年度）、「建国初期中国を移動する身体芸術メディア・プロパガンダ——

戦時期からの継承と展開」（平成三十～令和三年度）へと発展して来た。日中戦争期から中華人民共和国建国（一九四九年）前後、さらには建国後へと、徐々に対象とする時代が移って来たことになる。これらとは別に、平成二十七年度から二十九年度にかけて、筆者を代表とする科研費共同研究「20世紀半ばの上海から香港への文化人の移動と文化的越境についての総合的研究」も進行していた。上海から香港へと移動した映画人の代表格である李麗華が死去したのはこのプロジェクトの進行中のことである。本書はこれらの共同研究の成果に加え、共同研究には直接関わってはいなかったものの、近いテーマを研究する気鋭の研究者にも寄稿していただいて完成したものである。

本書に収められた論考が分析の対象としているのは、時代としてはおおむね日中戦争期から一九六〇年代まで、地域としては主に中国、（イギリスの植民地であった）香港、日本にまたがっている。その中でも本書の中心となるのが日中戦争期で、序論、第Ⅰ部、第Ⅱ部に収められているのはすべてその時代に関する論考である。

日中戦争は中国では抗日戦争と呼ばれるが、当時の中国は大きく分けて日本が支配する淪陥区、国民党が支配する大後方（あるいは国民党統治区を略して国統区）、そして共産党が支配する解放区（共産党側の呼称）の三つの地域に分かれている。本書においては、阿部論文と城山論文が主に大後方を扱い、王論文、邵論文、張論文、そして星野論文が主に淪陥区を扱っている。楊論文は日本国内および日本の支配地域における映写機を取り上げ、葛西論文は日本国内におけるプロパガンダを扱っている（もちろんそこには中国人歌手も関係しているのだが）。

第Ⅲ部では主に一九五〇年代から六〇年代までの日本および香港が分析の対象とされており、晏論文が主に日本映画、韓論文が主に香港映画を扱い、西村論文は日本・香港双方の流行音楽や映画を扱っている。

本書を全体的に見ると、ジャンルとしては映画についての論考が多数を占めている。研究者の層の厚さからいっても致し方ないところはあるが、それでも演劇を扱った阿部論文、漫画を扱った城山論文、そして音楽を扱った葛西論文を収録できたのは幸いであった。一方、戦時下における解放区・大後方についての論考が少ない印象は否めない。今後の研究の深化が待たれる。

ところで、プロパガンダは大衆に訴求する必要があるため、通俗性が求められる。張論文では、日本占領下の映画会社・華北電影においても、エンターテインメントとしても楽しめ教育的効果も追求した劇映画が作られていたことが示される。星野論文では「皇軍慰問」が戦時下の芸人たちに活動の場を提供したことが示され、城山論文では、張光宇のプロパガンダ漫画と民間形式との関係について論じられる。葛西論文では、プロパガンダのための音楽家たちの越境が取り上げられ、そのような音楽活動がエキゾチシズムと結びついていることが示される。西村論文が論じる戦後の李香蘭（山口淑子）とその後継者の活動は、このようなエキゾチシズムの戦後への延伸と考えることができるだろう。晏論文は、戦中の日本で高まった中国古典への関心が戦後へと延伸されていくことを論じている。

通俗性の追求が、時としてプロパガンダの方向性に変化を与えたり、戦後のポピュラー文化へと延伸したりする一方で、占領下のプロパガンダ芸術の現場では、意識的あるいは無意識に抵抗と従属のせめぎ合いが起こっていた。王論文と邵論文は、映像や関連するテクストをそのような文脈から解読しようとする試みである。その他にも、阿部幸夫氏の遺作となった演劇を中心とする大後方の文化人についての論考、小型映写機というメディアそのものに着目した楊論文、李麗華が左派と右派の間で動揺していた時期に着目した韓論文など、どの論文も着実な資料調査に裏打ちされており、読み応えある内容になったと自負している。

本書によってプロパガンダ、移動、文化をめぐる研究の可能性を切り開くことができれば幸いである。戦中と戦後の連続性、プロパガンダと通俗性との関係を含め、我々の前には今なお多くの研究すべきテーマが広がっている。各執筆者のご協力に感謝すると同時に、さらなる優れた研究者がこのようなテーマの研究に参画してくれることを望む次第である。

李香蘭＝山口淑子生誕一〇〇周年の春に。

西村正男

執筆者一覧（掲載順）

星野幸代　阿部幸夫　王騰飛
邵迎建　張新民　楊韜
城山拓也　葛西周　晏妮
西村正男　韓燕麗　榊原真理子

【アジア遊学247】

移動《いどう》するメディアとプロパガンダ
日中戦争期から戦後にかけての大衆芸術

2020年3月31日　初版発行

編　者　西村正男・星野幸代
発行者　池嶋洋次
発行所　勉誠出版株式会社
〒101-0051　東京都千代田区神田神保町3-10-2
TEL：(03)5215-9021(代)　FAX：(03)5215-9025
〈出版詳細情報〉http://bensei.jp/

印刷・製本　㈱太平印刷社
組　　版　デザインオフィス・イメディア（服部隆広）

ISBN978-4-585-22713-7　C1320

243中央アジアの歴史と現在 ―草原の叡智

松原正毅　編

244前近代東アジアにおける〈術数文化〉

水口幹記　編

241 源実朝 ―虚実を越えて

渡部泰明　編

242 中国学術の東アジア伝播と古代日本

榎本淳一・吉永匡史・河内春人　編

240 六朝文化と日本 —謝霊運という視座から

蒋義喬　編著

アジア遊学既刊紹介

238 ユーラシアの大草原を掘る ―草原考古学への道標

草原考古研究会　編

序言　草原考古研究会

Ⅰ　総説

草原考古学とは何か―その現状と課題向　林俊雄

Ⅱ　新石器時代から初期鉄器時代へ

馬の家畜化起源論の現在　新井才二

青銅器時代の草原文化　荒友里子

初期遊牧民文化の広まり　髙濱秀

大興安嶺からアルタイ山脈　中村大介・松本圭太

アルタイ山脈からウラル山脈　荒友里子

バルカン半島における草原の遺跡―新石器時代から青銅器時代を中心に　千本真生

Ⅲ　冶金技術

草原地帯と青銅器冶金技術　中村大介

草原地帯の鉄　笹田朋孝

Ⅳ　実用と装飾

鹿石　畠山禎

初期遊牧民の動物紋様　畠山禎

草原地帯における青銅武器の発達　松本圭太

鍑―什器か祭器か　髙濱秀

草原の馬具―東方へ与えた影響について　諫早直人

帯飾板　大谷育恵

石人　鈴木宏節

Ⅴ　東西交流

蜻蛉(トンボ)珠からみる中国とユーラシア草原地帯の交流　小寺智津子

草原の冠―鳥と鳥の羽をつけた冠　石渡美江

草原の東から西につたわった中国製の文物　大谷育恵

ビザンツの貨幣、シルクロードを通ってさらにその先へ―四～九世紀　バルトゥオーミエイ・シモン・シモニェーフスキ(翻訳：林俊雄)

Ⅵ　注目される遺跡

トゥバの「王家の谷」アルジャン　畠山禎

スキタイの遺跡―ルィジャニフカ村大古墳を巡る問題　雪嶋宏一

サルマタイの遺跡―フィリッポフカ古墳群を巡って　雪嶋宏一

サカの遺跡―ベレル古墳群について　雪嶋宏一

匈奴の遺跡　大谷育恵

突厥・ウイグルの遺跡　鈴木宏節

239 この世のキワ ―〈自然〉の内と外

山中由里子・山田仁史　編

口絵／関連年表

序章―自然界と想像界のあわいにある驚異と怪異　山中由里子

Ⅰ　境―自然と超自然のはざま

自然と超自然の境界論　秋道智彌

中国古代・中世の鬼神と自然観―「自然の怪」をめぐる社会史　佐々木聡

怪異が生じる場―天地と怪異　木場貴俊

百科事典と自然の分類―西洋中世を中心に　大沼由布

怪物の形而上学　野家啓一

Ⅱ　場―異界との接点

平安京と異界―怪異と驚異の出会う場所〈まち〉　榎村寛之

驚異の場としての「聖パトリックの煉獄」　松田隆美